Reinhold Gravelmann
Jugend online! Soziale Arbeit offline?

Reinhold Gravelmann

Jugend online! Soziale Arbeit offline?

Digitale Lebenswelten junger Menschen als Herausforderung für die Praxis Sozialer Arbeit

Der Autor

Reinhold Gravelmann, Dipl. Pädagoge, Dipl. Sozialpädagoge, ist Referent in einem Bundesverband für Erziehungshilfe, Eltern-Medientrainer der Landesstelle Jugendschutz Nds. und freiberuflicher Autor und Referent unter anderem zu Migration/Flucht, Neue Medien sowie Themen aus dem Feld der Kinder- und Jugendhilfe, insbesondere Kitas.

Homepage: www.referent-gravelmann.de

Dieses Buch ist erhältlich als:
ISBN 978-3-7799-7594-6 Print
ISBN 978-3-7799-7595-3 E-Book (PDF)

1. Auflage 2024

in der Verlagsgruppe Beltz · Weinheim Basel
Werderstraße 10, 69469 Weinheim

Herstellung: Hanna Sachs
Satz: xerif, le-tex
Druck und Bindung: Beltz Grafische Betriebe, Bad Langensalza
Beltz Grafische Betriebe ist ein klimaneutrales Unternehmen (ID 15985–2104-100)
Printed in Germany

Weitere Informationen zu unseren Autor:innen und Titeln finden Sie unter: www.beltz.de

Inhalt

1. Einleitende Vorbemerkungen

Die Fachorganisationen und Verbände, die Leitungskräfte der Einrichtungen und die pädagogischen Fachkräfte sind permanent mit den Auswirkungen der digitalen Entwicklungen konfrontiert: eine Auseinandersetzung kann nicht vermieden, nicht umgangen und nicht verdrängt werden. Dafür sind die Einflüsse der Digitalisierung zu tiefgreifend. Es haben sich in berauschender Geschwindigkeit revolutionäre Umwälzungen vollzogen, die sich individuell, gesellschaftlich und strukturell auswirken. Ein Ende ist nicht absehbar, wie zuletzt der mit Künstlicher Intelligenz funktionierende Chatbot ‚ChatGPT' gezeigt hat (Kapitel 6). Digitalisierung ist nicht mehr eine Thematik unter vielen, sondern in allen Feldern der Sozialen Arbeit von zentraler Relevanz, sie ist zu einem Kernthema geworden bzw. sie müsste diesen Stellenwert zugeschrieben bekommen.

Die (zunehmende) Digitalisierung der Lebenswelten erfordert fachliche Diskurse über bereits vollzogene sowie anstehende Veränderungen und Weiterentwicklungen sozialpädagogischer Arbeitsabläufe, des Professionsverständnisses und vor allem eine Offenheit der Disziplin und der in ihr agierenden Personen für die neuen Herausforderungen. Angesprochen sind eine Vielzahl von Organisations-, Praxis- als auch Haltungsfragen.

Das Buch trägt den Titel „Jugend online! Soziale Arbeit offline?" Damit ist eine inhaltliche Eingrenzung vorgenommen, eine Aussage getroffen und eine Frage gestellt. Sie als Leserin oder Leser wissen somit, wo der Fokus liegt: Die digitalen Lebenswelten junger Menschen werden beschrieben und analysiert, es wird der Frage nachgegangen, wie die Profession der Sozialen Arbeit, insbesondere die Kinder- und Jugendhilfe, in Bezug auf Digitalisierung aktuell aufgestellt ist und sich zukünftig aufstellen muss und schließlich wird im gesamten Buch durchgängig die Rolle der Fachkräfte thematisiert.

Jugend online!

„Durchgehend online" – ein Hit von zwei Jugendlichen, der allein bei YouTube 27 Millionen Mal geklickt wurde. Er beschreit, dass junge Menschen sich permanent in digitalen Welten aufhalten, während Erwachsene nicht „checken", was die jungen Menschen reizt, was sie erleben und wie sie dort agieren. Dass Jugendliche dauerhaft ‚on' sind, zeigen die jährlichen Studien Jugend-Information-Medien (JIM-Studien) ebenso wie der Alltag in Familien, Schulen und in sämtlichen Feldern der Sozialen Arbeit.

Auf allen Kanälen sind Jugendliche als Konsument*innen und Agierende unterwegs. Das Smartphone ist für junge Menschen der Nabel zur Welt, das Internet ist für sie ein Entwicklungs-, Erprobungs-, Entdeckungs- und Ermöglichungsraum mit vielfältigen Chancenoptionen und zugleich erheblichen Gefährdungspotenzialen. Die Sozialisation junger Menschen hat sich entsprechend verändert, die digitalen Welten sind innerhalb weniger Jahre zu einem neuen, hoch bedeutsamen Sozialisationsfaktor avanciert. Die Kernherausforderungen des Jugendalters, die der 14. Kinder- und Jugendbericht mit Verselbstständigung, Selbstpositionierung und Qualifizierung benennt, vollziehen sich immer mehr in digitalen Kontexten. Es findet ein digitales Abnabeln von der Erwachsenenwelt statt, einer Erwachsenenwelt, die Schwierigkeiten hat, den äußerst schnellen wie komplexen Entwicklungen zu folgen.

Das vorliegende Buch gibt Einblicke in die digitalen Lebenswelten Jugendlicher, an vielen Stellen kursorisch, an anderen Stellen exemplarisch vertiefend (Kapitel 4). Die Dynamiken und einige jugendrelevante Inhalte des Netzes werden in den Blick genommen, damit Fachkräfte Sozialer Arbeit junge Menschen und ihre digitalen Welten besser verstehen lernen, ein Grundwissen über relevante Plattformen erlangen und sich mit spezifischen Internetphänomen wie Influencing, E-Sport oder digitale Spielen auseinandersetzen und diese in ihrer Funktion und ihrem Reiz nachvollziehen können und in ihren Arbeitsalltag einbeziehen (ebenfalls Kapitel 4). Es wird exemplarisch aufgezeigt, welche Veränderungen vonstattengehen und welche Implikationen für die Jugendlichen, die Fachkräfte und die Soziale Arbeit damit verbunden sind. Vertiefend werden Chancen und Risiken aufgegriffen, unter anderem die Entwicklung der sexuellen Identität in Zeiten von Tinder und Youporn (Kapitel 5).

Soziale Arbeit offline?

„Soziale Arbeit geht online" – so der Titel der Zeitschrift „Sozialmagazin" der Ausgabe 1/2012. Ist Soziale Arbeit tatsächlich online gegangen? Wie digital ist die Soziale Arbeit? In einem Lied der Klaus Lage-Band heißt es: „Tausend mal berührt, tausendmal ist nix passiert. Tausend und eine Nacht und es hat Zoom gemacht!" (Lage 1984). Das „Zoom" in dem Lied bezieht sich auf ein Verliebtsein, welches sich nach vielen Jahren alltäglichen Zusammenseins überraschend einstellt. Vergleichbares ist der Sozialen Arbeit durch die Coronapandemie widerfahren, als die Videoplattform „Zoom" einschlug. Das Verhältnis zu Zoom (und ähnlichen Plattformen) mag keine Liebesbeziehung geworden sein, aber die Soziale Arbeit hat diese digitalen Möglichkeiten zumindest schätzen gelernt. Zoom-Meetings wurden zum Sinnbild einer sich plötzlich verändernden Sozialen Arbeit, auf der Leitungs- wie auf der Praxisebene. Der langjährige Tiefschlaf in vielen Feldern Sozialer Arbeit in Bezug auf digitale Medien wurde unerwartet mit einem Knall beendet und die Digitalisierungsprozesse haben an Fahrt aufgenommen (Kapitel 2 und 7).

Der Blick auf die Digitalisierung der Sozialen Arbeit ist in diesem Buch einerseits facettenreich und muss dennoch zugleich bruchstückhaft bleiben. Nicht alle Aspekte, wie etwa ethische Fragen, die Auswirkungen EDV-basierter Systeme auf Klientel und Fachkräfte oder die veränderten Aus- und Fortbildungskonzepte konnten aufgegriffen werden. Zudem wäre beispielsweise ein spezifischer Blick auf junge Menschen mit Behinderungen lohnend oder etwa die Digitalisierungsauswirkungen im Kontext der Jugendsozialarbeit. Dennoch: es werden rechtliche Grundlagen aufgezeigt (Kapitel 8), vielfältige Informationen und Denkanstöße gegeben, Veränderungen beschrieben, Analysen vorgenommen und Herausforderungen benannt – von der Ausarbeitung und Umsetzung von Medienkonzepten über neue digitale Zugänge zu den Jugendlichen oder der Präsenz Sozialer Arbeit auf den Social-Media-Plattformen bis zum Einsatz von Künstlicher Intelligenz.

Da dieses Buch die Jugend in den Fokus rückt, werden explizit exemplarische Vertiefungen für das Feld der Kinder- und Jugendhilfe vorgenommen. Wie sind die Erzieherischen Hilfen (Kapitel 11) und die einrichtungsbezogene Offene Kinder- und Jugendarbeit aufgestellt (Kapitel 12) und welche Handlungserfordernisse bestehen? Wie weit ist die Profession auf dem Weg, digitale Räume für ihre Angebote und die Zugänge zur jugendlichen Klientel zu nutzen? Am Beispiel der Onlineberatung wird diese Entwicklung beschrieben, dabei werden die Chancen offensichtlich, ebenso die Begrenzungen wie die Handlungsnotwendigkeiten (Kapitel 10). Die Coronakrise hat eines mehr als deutlich gemacht: Es bedarf digitaler Ausstattungen, vertiefter Kenntnisse sowie grundlegender Strategien, Konzepte, Herangehensweisen der Sozialen Arbeit im Digitalisierungskontext.

Fachkräfte sind gefordert

Die Fachkräfte, die mit jungen Menschen arbeiten, sind täglich gefordert, mit den Veränderungsprozessen in den Institutionen wie bei der Klientel umzugehen. Wie sind sie aufgestellt, wie vorbereitet sind sie? Wie ist ihr Kenntnisstand? Wie agieren Fachkräfte im beruflichen Alltag zwischen rechtlichen und einrichtungsspezifischen Vorgaben (Kapitel 8), pädagogischen Erfordernissen und den vorhandenen Spannungsfeldern in den digitalen Welten? Es existieren nicht auflösbare Ambivalenzen. Ambivalenzen etwa zwischen dem Bedürfnis junger Menschen, im Netz präsent zu sein, und der Prekarität der Daten oder zwischen der bestehenden Gefahr, sich in der Unendlichkeit der Internets zu verlieren (Süchte, Informationsflut, Filterblasen, Fake News …) und andererseits der Option umfänglicher Gestaltungs-, Informations- und Teilhabemöglichkeiten (Kapitel 5).

Angesichts der enormen Vielzahl von Chancen wie Risiken benötigen junge Menschen Orientierung und Unterstützung, um sich in den Ambivalenzen der digitalen Welten zurechtzufinden. Es ist Aufgabe der Fachkräfte Sozialer Arbeit, ihnen Medienkompetenz zu vermitteln, sie angesichts der vielfältigen Gefährdungen zu schützen, damit junge Menschen sich nicht in den Fallstricken des Netzes verheddern. Zugleich gilt es, bei allen Jugendschutzerfordernissen, jungen Menschen zu vertrauen, ihnen Freiräume zu belassen, sie zu bestärken in ihrem Tun, ihnen auch gewisse Risiken zuzumuten und ihnen Fehler zuzugestehen. Jugendliche werden auf Gefährdungen im Netz stoßen, sie werden auf Internetseiten surfen, die ihnen nicht guttun, sie werden (auch in den digitalen Welten) risikohaftes Verhalten zeigen. Aber wie sehr auch versucht wird, Jugendliche zu schützen – es wird nicht gänzlich gelingen, zudem gehören auch negative Erfahrungen zur Sozialisation, um an diesen zu wachsen und durch sie zu lernen. Fachkräfte müssen neben den Schutzanliegen immer auch die Befähigung und die Teilhabeoptionen mitdenken und in ihrem Handeln berücksichtigen. Nur in diesem Dreiklang kann Medienbildung und auch Jugendschutz gelingen.

Ein Blick zurück ist zur Einordnung der Gegenwart hilfreich. Wie wurden die Medien/die Mediennutzung vor dem digitalen Zeitalter gesehen? Wo gibt es Parallelen und wo zeigen sich Unterschiede zu den heute ‚neuen' Medien (Kapitel 2)? Entsprechend muss der Blick in der Folge nach vorne gerichtet sein: Wie wirken sich die digitalen Veränderungsprozesse in der Arbeit mit Jugendlichen aus? Welche Fragen stellen sich, etwa in Bezug auf die eigene Haltung zu Medien oder die Bereitschaft, sich auf die jugendlichen Lebenswelten einzulassen? Durch eine Vielzahl von Denkanstößen und Aspekten sowie Reflexionsfragen wird die Leserin bzw. der Leser angeregt, sich intensiver mit einzelnen Themenfeldern zu befassen (u. a. Kapitel 9). An verschiedenen Stellen sind Hinweise unter die Kapitel eingefügt, die der Vertiefung dienen können oder bei der praktischen Umsetzung im Alltag unterstützen, beispielsweise Hinweise zu Medienkonzepten, zu Informationsseiten oder zu Onlineberatungsmöglichkeiten für Jugendliche.

Last but not least

Die Kapitel sind so verfasst, dass sie einen prägnanten Über- und Einblick geben. Sie enthalten grundlegend bedeutsame Informationen und bieten vereinzelt Vertiefungen, sie sind allgemein verständlich formuliert und erfordern kein Spezialwissen. Die Kapitel stehen für sich, können also auch einzeln gelesen werden. Die Beiträge sind sowohl für eher medienaffine Leser*innen geeignet als auch für diejenigen, die bislang Zurückhaltung beim Thema Digitalisierung zeigen.

Und selbstverständlich kommt auch die Sicht der Jugendlichen in dem Buch zur Geltung, damit authentischer nachvollziehbar ist, wie Jugendliche ‚ticken', wie junge Menschen ihre real-digitalen Welten wahrnehmen.

Das Buch soll die Leserinnen und Leser vor allem zur Reflexion anregen – zur Reflexion über die Profession, über die Institutionen Sozialer Arbeit, über das Alltagshandeln als Fachkräfte und über die Lebenswelten der jungen Menschen sowie über konkrete Handlungserfordernisse.

2. Ein Blick zurück nach vorn – Konstanz und Veränderung

Die jeweiligen technischen Neuerungen in den letzten Jahrzehnten und die mit den jeweils ‚neuen' Medien stets verbundenen kritischen Sichtweisen vieler Menschen auf die Weiterentwicklungen lassen sich historisch gut nachzeichnen. Dabei kann eine Verbindungslinie zur Kritik an heutigen Entwicklungen des digitalen Zeitalters gezogen werden, wobei zugleich zentrale Unterschiede zu benennen sind.

Auf die Soziale Arbeit bezogen kann festgehalten werden, dass Medien einerseits in allen Feldern der (Jugend-)Arbeit eingesetzt werden, zugleich aber oft Medienkritik geäußert wird. Und Jugendmedienschutz und Jugendmedienbildung spielten schon immer eine Rolle. Eine Konstante, die aber im digitalen Zeitalter mit besonderen Herausforderungen verbunden ist.

Eine weitere Konstante ist die, dass Krisen zu beschleunigten Prozessen beitragen und zu positiven wie kritischen Entwicklungen führen können. Die Coronakrise erwies sich als ein Kipppunkt, als Katalysator für die Digitalisierungsdiskussionen in der Sozialen Arbeit. Und die Pandemie löste nicht nur Diskussionen aus, sondern führte unmittelbar zu erheblichen Veränderungen in der Praxis Sozialer Arbeit. Das nachfolgende Kapitel wirft einen Blick zurück und zugleich nach vorne.

a. Medien und Medienkritik in früheren Zeiten

Anthropologisch gesehen war die Weltsicht schon immer auch über Medien vermittelt, da Mediatisierung in allen Lebensbereichen Einfluss auf die Menschen genommen hat. Medien sind spätestens seit dem Buchdruck ein bedeutender Sozialisationsfaktor und beeinflussen die Rahmenbedingungen von gesellschaftlicher Teilhabe, formalen und non-formalen Bildungsprozessen in Schule ebenso wie im Alltag oder in der Sozialen Arbeit.

Durch die digitalen Medien, insbesondere die sozialen Netzwerke, vollzieht sich seit Jahren ein rasanter Wandel in der Medienwelt. Ein Rückblick macht dies deutlich. Vor allem aber wird die Konstanz sichtbar, mit der ‚neue' Medienentwicklungen stets kritisch beäugt wurden. Heute werden digitale Medien oder zumindest Teilaspekte der ‚neuen' Medien vielfach skeptisch betrachtet, etwa von Pädagog*innen oder Eltern.

Medien, die einst als neu und ‚in' galten oder kritisch gesehen wurden, verloren innerhalb kürzester Zeit an Relevanz. So verschwanden weitgehend oder gänzlich: der Röhrenfernseher, der Plattenspieler, der VHS-Rekorder, der Kassettenrekorder, das Fax, analoge Kameras, mobile CD-Player, 3,5 Zoll Diskettenlaufwerke, Walkmans, Telefone mit Wählscheiben und auch das Festnetztelefon ist längst nicht mehr Standard und aus Sicht junger Menschen ein Relikt alter Zeiten. Die Möglichkeit, ein Telegramm aufzugeben, wurde Ende 2022 eingestellt. Ein Telegramm mit 160 Zeichen kostete zuletzt 13 Euro (ZDF 29.12.2022) – ein Anachronismus im Zeitalter von WhatsApp und Co. Bei seiner Erfindung handelte es sich um eine bedeutende Errungenschaft von Kommunikation mittels Technik.

Exemplarisch werden die rasanten Veränderungsprozesse am Beispiel des Zeitungsmarktes deutlich. Lange Zeit galt sie als selbstverständlich: die gedruckte Zeitung. Seit 1991 sanken die Verkaufszahlen der Printausgaben der Tageszeitungen in Deutschland von 27,3 Millionen auf 14,6 Millionen Exemplare in 2022 (Statista 2023). Im Bereich der Jugendzeitschriften wird dies an dem ehemaligen Leitmedien junger Menschen, der Bravo, deutlich. Es hat sich innerhalb weniger Jahre ein Niedergang des einst übermächtigen Platzhirsches im Jugendmedienmarkt vollzogen. Vom Höchststand der gedruckten Auflage von fast 1,6 Millionen Heften 1991 sackte die Anzahl der interessierten Leser*innen auf unter eine Million in 1998 und betrug 2020 nur noch knapp 60.000. Zudem wurde die Häufigkeit des anfänglich wöchentlichen Drucks auf sechs Ausgaben im Jahr reduziert (ivw 2023). Die Jugendzeitschrift von heute ist das Internet.

Als die Printmedien aufkamen, wurde im Wörterbuch von 1809 von Lesesucht gesprochen. Lesesucht, die „Sucht, d. h. die unmäßige, ungeregelte und auf Kosten anderer nöthiger Beschäftigungen befriedigende Begierde zu lesen, sich durch Bücherlesen zu vergnügen" (König 1977 zitiert nach Wampfler 2014, S. 14). Wenn das Wort ‚Lesesucht' durch die heutzutage diskutierte ‚Computerspielsucht' oder ‚Internetsucht' ersetzt wird, so passen die Aussagen gut in die heutige Zeit.

Ein anderes Beispiel ist das Röhrenfernsehgerät. Ein wuchtiger Apparat, meistens im Wohnzimmer stehend, in brauner Farbe, versehen mit drei Knöpfen, die händisch zu drücken waren, um zwischen ARD, ZDF und dem Landesprogramm, dem Dritten, auszuwählen zu können. Das TV-Gerät war außerdem mit einer abschließbaren Klappe versehen. Somit war das Medienangebot von den Inhalten wie von der Nutzungszeit her begrenzt, leicht kontrollierbar und es bestand die Möglichkeit der einfachen Medienzugangsbeschränkung, indem per Schlüssel der Zugriff auf das Gerät verhindert werden konnte. Dieses Fernsehgerät hat nur noch wenig gemeinsam mit den heutigen smarten TV-Geräten. Diese bieten eine enorme Programmvielfalt, vor allem wegen diverser seit 1984 zugelassener und sich über Werbeeinnahmen finanzierender Privatsender (Goege 2012) oder internationaler TV-Angebote – Fernsehen rund um die Uhr ist möglich, ebenso zeitversetztes TV. Zudem bestehen fast unbegrenzte Speichermöglichkeiten sowie eine Verbindung zum Internet, von der Fernbedienung und der Bildqualität ganz zu schweigen. Somit sind die Kinder- und Jugendschutzherausforderungen deutlich gestiegen.

Seit der Erfindung des Fernsehens und seiner massenhaften Verbreitung gab es TV-Kritik. Vielen Pädagog*innen ist Neil Postman bekannt, der 1984 in seinem Buch ‚Wir amüsieren uns zu Tode' große Bedenken bezüglich bildvermittelnder Formate äußert. Für ihn war das Fernsehen ein oberflächliches Medium, das Bildung, Katharsis und Reflexion verhindert, weil das Auge nie ruht und ständig Neuem ausgesetzt ist (Postman 1985, S. 86, 88). Auch wurde die Nutzungsdauer problematisiert, wie die Auswirkungen von Gewaltdarstellungen auf die (jungen) Menschen. Die Passivität vor dem Gerät einerseits und „Unruhe" in Folge von Fernsehkonsum andererseits rückten in den Blick, altersunangemessene Filme, zu viel Freizügigkeit und zunehmend brutalere Darstellungen wurden ebenfalls bemängelt, zudem wurde eine Verrohung der Gesellschaft vor allem durch Sendungen im Privatfernsehen ausgemacht, wo bis dato geltende Moralgrenzen überschritten wurden (exemplarisch sei das ‚Dschungelcamp' genannt, bei dem z. B. „Ekelaufgaben" erfüllt werden mussten). In der Pädagogik wurde beispielsweise die Serie „Die Super Nanny" (2004) heftig diskutiert und kritisiert (u. a. Brandes 2010). Eine Pädagogin beriet in einem Realityformat Familien in Erziehungsfragen. Ältere Fachkräfte werden sich an die Sendung und die Diskussionen erinnern, was zeigt, wie heftig die ausgelöste Debatte über dieses völlig neue Format war. Unter anderem wurde kritisiert, dass die Pädagogin, die in den Familien vor der Kamera ihre Ansätze präsentierte, die Familien bloßstellte und sie der Öffentlichkeit preisgab. Aber weite Teil der Bevölkerung bzw. diejenigen Eltern, die Unterstützung für die Erziehung ihrer Kinder suchten, nahmen die Sendung dankbar an. Hamburger schrieb damals, dass die Sendung sich im Verlauf qualitativ weiterentwickelte und mit Wirksamkeits- und Qualitätsprüfungen sowie Rückblenden auf vorher gezeigte Fälle, ein Niveau erreicht hat, „das vielen Formen der beruflichen (Real-)Praxis noch zu wünschen wäre" (Hamburger 2010, S. 25).

Wampfler benennt ein weiteres Beispiel dafür, wie die jeweils neu erfundenen Medien nach ihrer Verbreitung in der Gesellschaft auf kritische Zeitgenossen stießen. In Bezug auf das Kino bringt sie ein Zitat von Gaupp aus dem Jahr 1912, der von einer „Zeit nervöser Hast und Vielbeschäftigtheit" spricht, von „mannigfältigsten Reizen, die auf die jungen Seelen einströmen", von „oberflächlichem Erfassen", einem „passiven Hinnehmen". Zugleich verweist er darauf, dass die pädagogische Erfahrung lehrt, dass es ein aktives Erfassen und Gestalten der Außenwelt bedarf, um das Gesehene zu verarbeiten. Nur aus ruhiger eindringlicher Beobachtung könne selbstständiges und schöpferisches Denken entstehen, nicht jedoch im Kino, wo sich Bild an Bild dränge und keine Zeit zur Verarbeitung sei (vgl. Wampfler 2014, S. 15). Auch hier finden sich eindeutige Parallelen zur Kritik an heute ‚neuen' Medien und ihre Auswirkungen auf junge Menschen. Ebenso bei Aussagen aus den 50er Jahren, die die Folgen des gesellschaftlichen Wandels auf die Kindheit beschreiben: „Diagnostiziert werden Merkmale wie ‚zunehmende

Technisierung des Lebens', ,gesellschaftliche Umschichtungen' und ,Wertschwankungen'" (Sozialpädagogische Blätter 1954, zitiert nach Hafenegger 2019, S. 16). Es gibt zugleich „eine ,Sehnsucht nach Gemeinschaft' und ,hinter der Sachlichkeit' und ,Anonymität' des modernen Lebens zeigen sich ,Gefährdung', ,Unsicherheit' und ,Lebensangst'. Es ist eine krisenhafte Zeit, mit der ,die junge Generation' konfrontiert ist, unter anderem von einer ,beängstigenden, Materialisierung' und ,Unsicherheit', einer ,Reiz- und Vergnügungswelt'" (Würschinger 1957 zitiert nach Hafenegger 2019, S. 16 f.). Auch hier eine ähnliche Tonlage, wie sie heute vorzufinden ist.

Ein weiteres Beispiel stammt von Nin aus dem Jahr 1971. Sie sieht eine „bedrohliche Zeit, in der mechanische Stimmen, Radio und Telefon, an die Stelle menschlicher Beziehungen treten, und die Absicht, mit Millionen in Verbindung zu sein, schafft eine zunehmende Verarmung von Vertrautheit und Menschlichkeit" (Nin 1971, zitiert nach Wampfler, 2014, S. 16). Heute wird in Bezug auf die digitalisierten Welten (Social-Media, digitale Spiele ...) oft ähnlich argumentiert, nämlich dass die räumliche Distanz problematisch ist, da das reale Gespräch mit einem unmittelbaren Gegenüber fehlt. Die Kommunikation wird als eingeschränkt beschrieben, da das Gegenüber nicht mit allen Facetten seiner Persönlichkeit wahrgenommen werden kann. Gestik, Mimik und Körperhaltung können nicht auf die Gesprächspartner*innen wirken. Eine Kritik, die ebenso auf das Telefon angewandt werden kann, doch das Gespräch ohne ein unmittelbares Gegenüber ist in Bezug auf Telefonate zur Normalität geworden – bei digitalen Medien besteht sogar die Option der Zuschaltung per Video.

Als der Walkman 1979 auf den Markt gebracht wurde, kam Kritik auf, da er die Konversation „töten würde", zu Vereinzelung führe und ein Sicherheitsrisiko in den Straßen sei. Im Bundesstaat New Jersey in den USA wurde 1982 sogar ein Walkman-Verbot in der Öffentlichkeit beschlossen (Mingels 2019).

Hält man sich diese Beispiele vor Augen, kann man Hüther und Podehl (2005) zuzustimmen, wenn sie formulieren: „Recht besehen ist die Geschichte der Medienpädagogik eine Geschichte der Reaktion auf die jeweils „neuen Medien" und die durch sie hervorgerufenen Irritationen (...). Nach einer Phase teilweise vehementer Ablehnung und eindringlicher Warnung folgt die medienpädagogische Annäherung" (Hüther / Podehl 2005, S. 116).

Aber: so naheliegend die Vergleichbarkeit der historischen Beispiele mit den aktuell ,neuen' Medien auf den ersten Blick scheint, so ist sie dennoch nur eingeschränkt möglich. Zum einen macht die mobile Nutzung der multifunktionalen Smartphones einen fundamentalen Unterschied aus, da die Nutzer*innen permanent erreichbar sind, eine dauerhafte Verbindung mit allen Implikationen besteht. Vom Nabel zum Kabel ... Zum anderen gab es bis dato keine vollkommene Durchmediatisierung der Welt und des Alltags eines jeden Menschen. Auch sind die enormen Entwicklungsgeschwindigkeiten, die virale Verbreitung von Informationen, die Unübersichtlichkeit der Informationsflut und die Vielfalt der

Angebote, die Abhängigkeiten von Digitalkonzernen, der Verlust der Privatheit, die umfänglichen Auswirkungen auf alle Lebenswelten von den Familien über die Kita bis zum Senior*innenheim anders zu bewerten als bei den ehemals ‚neuen' Medien. Zudem sind die Auswirkungen der digitalisierten Welt für den Einzelnen nicht mehr durchschaubar und entziehen sich weitgehend seinen Einflussmöglichkeiten. Dennoch besteht auch bei den heutigen neuen Medien kein Grund, in Kulturpessimismus zu verfallen. Zwar sind unzweifelhaft viele spezifische Gefährdungen und kritische Aspekte zu benennen, die sich sowohl gesellschaftlich, politisch wie individuell oder auch in der Profession Sozialer Arbeit zeigen und noch zeigen werden. Zugleich sind die Kassandrarufe, etwa des Neurowissenschaftlers und Psychologen Spitzer, deutlich zu schrill. Er warnt eindringlich vor Gefahren für Gesundheit (Sucht, Abstumpfung, Depressionen ...) und Bildung (abnehmende Lernfähigkeit, nachlassendes Gedächtnis ...) und in Bezug auf die Gesellschaft (sozialer Abstieg, zunehmende Gewalt ...). Er malt das Schreckensgespenst einer „Digitalen Demenz" (Spitzer 2012).

b. Digitale Revolution verändert Lebenswelten

Der Rückblick macht deutlich, dass Medien schon immer einen bedeutenden Einfluss auf die Lebenswelten von Menschen hatten und es schon immer technische Fortschritte zu verzeichnen gab, die auch kritisch gesehen wurden und zum Teil noch werden. Der Blick zurück auf die letzten Jahre zeigt jedoch eine nie gekannte explosionsartige Entwicklung, weshalb von einer digitalen Revolution gesprochen werden muss. Es sind gigantische Transformationsprozesse ausgelöst worden und ein Ende ist nicht in Sicht. Es ist kaum noch vorstellbar, dass das Internet für jedermann/jederfrau erst seit den 90er Jahre nutzbar ist, der Weltkonzern Google, milliardenschwer und weltweit Einfluss nehmend, erst seit 1997 existiert. Ein unfassbarer Aufstieg innerhalb weniger Jahre. Gleiches ist für das Smartphone festzustellen, entwickelt erst 2007, findet es sich keine 25 Jahre später in fast jeder Hand und Hosentasche. Der Blick auf Messenger zeigt ebenfalls sehr deutlich, wie gigantisch schnell die digitalen Mediennutzungsmöglichkeiten zugenommen haben und in der Gesellschaft Verbreitung fanden. In China etwa der Dienst WeChat (der Name ist Programm) und in den westlichen Ländern vor allem der Messenger WhatsApp, der erst seit 2009 auf dem Markt ist und in Deutschland bei Jugendlichen im Alter von zwölf bis neunzehn zu der mit Abstand bedeutsamsten und meistgenutzten App auf dem Smartphone avancierte (MPFS 2022, S. 26 ff.). WhatsApp steckt bildlich gesprochen noch in den Kinderschuhen, diese haben aber weltweit riesige Fußstapfen hinterlassen. Somit steht auch WhatsApp als Beispiel für die schnelle Verbreitung neuer Medien, ebenso für die Machtkonzentration in den Händen weniger Digitalkonzerne, denn der Messenger wurde 2014 von Facebook (dem heutigen „Meta") für 19 Milliarden

Dollar aufgekauft (Klein 2019, S. 1f.). Auch Künstliche Intelligenz hat zunehmend Auswirkungen auf das Leben der Menschen. So schlug der Bot ChatGPT Ende 2022 mit brachialer Gewalt ein und wurde in kürzester Zeit zu einem von Massen genutzten Bot, der die Debatten beherrscht (Titel des Magazins Stern vom 16.03.2023: „Was erschaffen wir da gerade?“ oder Der Spiegel vom 04.03.2023: „Die neue Weltmacht“). Der Bot steht beispielhaft für Künstliche Intelligenz (KI) und für nicht enden wollende Digitalisierungsprozesse (ausführlicher dazu im Kapitel 6).

Letztlich haben die digitalen Entwicklungen allesamt enorme Spuren in sämtlichen gesellschaftlichen Feldern sowie im Leben eines jeden Einzelnen hinterlassen. Somit kommt kein Mensch und kein Arbeitsfeld, keine Institution und keine Gesellschaft umhin, sich diesen Veränderungen mit den vielfältigen Chancen und zugleich erheblichen Risiken zu stellen. Gleichgültig, wie man den Entwicklungen gegenübersteht, die Auseinandersetzung mit der Digitalisierung und Mediatisierung der Lebenswelten ist unumgänglich auch für die Berufstätigen und Ehrenamtlichen in allen Feldern der Sozialen Arbeit und in ganz besonderer Weise in den Arbeitsbereichen mit jungen Menschen. Schließlich adaptieren junge Menschen die neuen Entwicklungen besonders schnell und integrieren sie in ihren Alltag.

c. Relevanz der Digitalisierung in der Sozialen Arbeit

Wie verändert sich das Rollenverständnis in der Theorie und Praxis Sozialer Arbeit durch Digitalisierung? Oder genauer: Wie muss sich das Rollenverständnis verändern? Damit ist die zentrale Frage benannt. Ein „weiter so“ kann und darf es in diesem Zusammenhang nicht geben. Grundmaxime Sozialer Arbeit ist es, die Lebenswelt ihrer Klientel zu berücksichtigen. Folglich ist auch die Digitalisierung in den Fokus zu rücken. Gerade junge Menschen leben in digitalisierten Welten, ihr Lebensentwurf unterscheidet nicht mehr zwischen einer „real“ und „virtuell“ (Deutscher Bundestag 2017, S. 273 ff.). Dies zu erkennen, zu akzeptieren, konzeptionell darauf zu reagieren und in der Praxis aufzugreifen, ist zweifellos Aufgabe Sozialer Arbeit. Sowohl in den Ausbildungs- und Studiengängen wie in theoretischen Konzepten und den vielfältigen Arbeitsfeldern Sozialer Arbeit muss sich ein grundlegender Wandel vollziehen. Dabei lassen die rasanten Entwicklungen kaum Raum für lange Ausbildungs-, Entscheidungs- und Entwicklungsprozesse auf fach-politischer und organisationaler Ebene. Die Jugend wartet nicht auf die Soziale Arbeit. Sie ist im digitalen Spiel-Feld immer den berühmten Schritt voraus, um nicht zu sagen, mehrere Schritte. Erziehungsberechtigte, Fachkräfte und die organisationalen Ebenen hinken hinterher, wobei – insbesondere ausgelöst durch die Coronapandemie – auch deutliche Weiterentwicklungen festzustellen sind. Dennoch: Die Diskrepanz zwischen den rasanten Veränderungen im

Digitalsektor einerseits und den eingeschränktem Anpassungstempo und auch der begrenzten Veränderungsmöglichkeiten von Sozialer Arbeit bleibt, ebenso die zwischen Fachkräften und jungen Menschen, ihrer Klientel.

Im „Handbuch Kinder- und Jugendhilfe" (Schröer et al. 2002) finden sich auf 1174 Seiten nur neun Seiten zum Thema Medien. Damals spielten die digitalen Welten nur eine geringe Rolle und andere Medien waren für die Sozialarbeit in ihrer Relevanz in keinster Weise vergleichbar mit heutigen digital durchdrungenen Lebenswelten. Erstaunlich und bezeichnend ist es jedoch, wenn 20 Jahre später in der achten aktualisierten Auflage vom „Fachlexikon Soziale Arbeit" (Deutscher Verein für öffentliche und private Fürsorge e. V. 2022) die Relevanz der digitalen Entwicklungen immer noch nicht erkannt zu sein scheint. Unter Begriffen wie Digitalisierung, Digitalität, Mediatisierung, Social-Media, digitale Datenerfassung/Akten ... finden sich keine Einträge. Und beim Stichwort „Spiel" wird so getan, als hätten digitale Spiele keinen Einzug in die Kinder-, Jugend- und auch Wohnzimmer der Erwachsenen gefunden. Der digitale Wandel findet nicht statt – wohlgemerkt in einem umfänglichen Lexikon mit hunderten Stichworten zu Sozialer Arbeit. Die digitalen Neuerungen werden lediglich unter der Kategorie „Medienbildung" aufgegriffen. Fatal, zumal digitale Welten sehr viel mehr umfassen als „nur" Medienbildung. Einerseits wird der Wandel nicht erkannt und nicht zur Kenntnis genommen und auch in der Praxis findet er nur unzureichend Niederschlag, sodass Domes in Bezug auf die Digitalisierung und die Kinder- und Jugendhilfe von einer bestehenden „Leerstelle" (Domes 2016, S. 102) spricht. Andererseits ist diese Ignoranz mittlerweile eine Ausnahme. Schon recht früh (vgl. Kapitel 6) zeigt sich in vielen Fachzeitschriften Sozialer Arbeit durchaus eine breite Beachtung des Themas. Garkisch stellt in einer Analyse 2017 erhebliche Zuwächse an Fachpublikationen und wissenschaftlichen Beiträgen in Bezug auf die Kinder- und Jugendhilfe fest (Garkisch 2017). In den Kinder- und Jugendberichten, die von Expertinnen und Experten in jeder Legislaturperiode für die Bundesregierung erstellt werden, findet die Mediatisierung in Bezug auf die Lebenswelten der jungen Menschen erstmals im 11. Kinder- und Jugendbericht Erwähnung (Deutscher Bundestag 2002), dann vertiefter im 14. Kinder und Jugendbericht (Deutscher Bundestag 2013) auch unter dem Aspekt der Auswirkungen der Digitalisierung auf die Kinder- und Jugendhilfe. Im 15. Kinder- und Jugendbericht folgt schließlich eine umfassende Thematisierung der virtuellen Lebenswelten unter dem Titel „Zwischen Freiräumen, Familie, Ganztagsschule und virtuellen Welten" (Deutscher Bundestag 2017, S. 273 ff.).

Aktuell kann fast von einer Publikationsflut zu Digitalisierungsthematiken in der Kinder- und Jugendhilfe/in der Sozialen Arbeit gesprochen werden, was als Zeichen dafür zu werten ist, dass einerseits die mit der Digitalisierung zu bearbeitenden Themen sehr vielfältig sind, aber ebenso dafür, dass die hohe Relevanz der Thematik(en) für alle Felder der Sozialen Arbeit mittlerweile erkannt worden ist (Kutscher et al. 2020; Matthies et al. 2023). Ebenso findet sich im Netz eine fast unüberschaubare Anzahl an Homepageseiten, die sich an die Kinder und Jugendlichen selbst, die Eltern und/oder Fachkräfte wenden und eine breite Vielfalt an Fachbeiträgen, Videoclips, Tipps, Projektideen, Beratungs- und Fortbildungsangeboten u. a. m. zur Digitalisierung und Medienbildung beinhalten.

Auch die Wohlfahrtsverbände haben sich auf den Weg gemacht. Seit 2017 läuft ein vom BMFSFJ gefördertes Projekt mit dem Titel „Zukunftssicherung der Freien Wohlfahrt durch Digitalisierung“. In einem gemeinsamen Positionspapier vom BMFSFJ und den Wohlfahrtsverbänden wird die Notwendigkeit einer strategischen Gestaltung der Transformationsprozesse hervorgehoben und die große Herausforderung, die Digitalisierung diskriminierungsfrei voranzubringen, damit bestimmte Zielgruppen nicht (weiter) abgehängt werden, weshalb sowohl die die Verbandsstrukturen als auch die Angebotsstruktur für die Nutzer*innen digital weiterentwickelt werden müssen (BMFSFJ/BAG Wohlfahrtspflege 2020). Dabei darf die Auseinandersetzung mit der Digitalisierung „kein Sahnehäubchen“ sein (Deutscher Caritasverband e. V. 2019, S. 5), sondern sie setzt einen permanenten Gestaltungswillen voraus (ebd.), zu dem unter anderem auch der Einsatz von Social-Media mit den vielfältigen Möglichkeiten, aber auch Risiken gehört. Erste Überlegungen zur Implementierung von Social-Media in sozialen Organisationen gab es schon frühzeitig (Erz 2013), aber fanden nur bedingt einen Niederschlag in der Praxis.

Soziale Arbeit hat in den letzten Jahrzehnten bereits vielfältige Veränderungsprozesse vollzogen. Während anfänglich selbst die PC-Nutzung oft noch strittig war, haben mittlerweile digitalisierte Arbeitsprozesse Eingang in die Soziale Arbeit gefunden. Informationstechnologien werden insbesondere für administrative Aufgaben genutzt. Digitalisierte Formen der Datenerfassung und Datenverarbeitung sind vielfach Standard. Es gibt zudem Arbeitsfelder, in denen digitale Optionen auch fachlich genutzt werden, etwa im Kontext des hybriden Streetworks (Brock 2017) oder beim Kinderschutz (Bastian/Schrödter 2019; Kutscher 2021). Eine Homepage online zu stellen, ist für soziale Einrichtungen seit Jahren selbstverständlich, für die intra- und interorganisationale Kommunikation sind digitale Medien und Techniken nicht mehr wegzudenken (vom Outlookkalender über Doodle zur Terminabsprache mit Externen, Mails oder Programmen für die gemeinsame Bearbeitung von Texten), sie sind Alltagsbestandteil der Arbeit. Planungs- und Evaluationsprogramme oder Umfragetools werden vermehrt eingesetzt, ebenso wird die Standardisierung von Arbeitsprozessen mittels IT-Technik umgesetzt oder angestrebt, Personalakquise findet zunehmend unter Einsatz digitaler Mittel statt, Messengerdienste innerhalb der Teams oder in der Kommunikation mit der Klientel werden (trotz Datenschutzrisiken) immer öfter genutzt, Plattformen zum Beispiel zur Suche von freien Plätzen bei Trägern der Erziehungshilfe und softwarebasierte Diagnoseprogramme finden Anwendung. Onlineberatungen gehören seit Jahren zum Angebot. Somit sind einige Veränderungen im Arbeitsfeld angekommen. Einerseits. Andererseits gibt es weiterhin große Vorbehalte beispielsweise in Bezug auf die Veränderung des Selbstverständnisses von Sozialer Arbeit, einer befürchteten Ökonomisierung durch Verbesserung der Effizienz und Effektivität in Kombination mit Leistungskontrollen oder weiter ansteigenden Dokumentationspflichten. Auch wird eine Stigmatisierung der Klientel befürchtet, wenn sich etwa in der digitalen Akte Negativeintragungen über die Jahre anhäufen (Recht auf Vergessen) oder in Bezug auf das Spannungsverhältnis von Standardisierungen pädagogischer Hilfeleistungen, während zugleich vielfältige Lebensentwürfe und Problemlagen individuelle Handlungserfordernisse mit sich bringen. Hinzu kommen Ausstattungsprobleme (fehlende Finanzen oder bis dato fehlendes Interesse) oder rechtliche Vorbehalte, um nur einige Aspekte zu benennen.

Tipp:

Für eine grundlegendere und vertiefende wissenschaftliche Auseinandersetzung mit den Auswirkungen der Digitalisierung auf die Soziale Arbeit kann auf das Handbuch „Soziale Arbeit und Digitalisierung" (Kutscher et al. 2020) zurückgegriffen werden. Das Buch ist im Beltz-Verlag erschienen. Es kann käuflich erworben oder auf der Verlagsseite kostenlos downgeloadet werden.

d. Veränderungsprozesse durch die Coronapandemie

Krisen führen immer auch zu Veränderungsprozessen, denn sie erfordern oft schnelle Anpassungsleistungen von Menschen und Institutionen. Schon zum Höhepunkt der Flüchtlingszuwanderung 2015 hat sich gezeigt, dass unverhoffte, krisenhafte Ereignisse herausfordern und zugleich zum Aufbrechen von Verkrustungen beitragen können (u. a. in der Zusammenarbeit, bei bürokratischen Prozessen, bei der Unterbringung, bei dem Aufbau einer ehrenamtlichen Hilfestruktur). Ähnliche Um- und Aufbrüche waren in der Coronakrise feststellbar. Anschaulich wird diese Veränderungsgeschwindigkeit und -notwendigkeit exemplarisch am QR-Code. Vor der Pandemie fristet der OR-Code ein Schattendasein und ist den meisten Menschen kein Begriff. Entsprechend wurde der Code kaum verwendet, obwohl er bereits bei seiner Entwicklung 1994 als bedeutsame Schnittstelle zwischen der analogen und der digitalen Welt gilt. 2019 geben nur neun Prozent der Deutschen an, den Code schon mal genutzt zu haben. Ein Coronajahr später sind es bereits 72 Prozent (Schwarzer 2021). Heute ist die Nutzung im Alltag angekommen und der Code ist nicht mehr wegzudenken.

Im Kontext der Coronapandemie wurde oft das Bild des Brennglases einerseits und des Katalysators andererseits benutzt. Wie in einem Brennglas zeigte sich, wo in der Gesellschaft Mangellagen, Probleme und blinde Flecken bestehen.

Zugleich waren die Zeitungen gefüllt mit Meldungen aus sämtlichen gesellschaftlichen Bereichen, in denen plötzlich neue Entwicklungen im Zeitraffer stattfanden. Auch in der Sozialen Arbeit wurden durch die Pandemie bestehende strukturelle wie fachliche Problembereiche und somit Veränderungsbedarfe sichtbar. In allen Feldern Sozialer Arbeit, von den Erzieherischen Hilfen über die Jugendarbeit oder die Jugendsozialarbeit, wird schnell der Ruf nach einem Digitalpakt laut, der die Bereitstellung finanzieller Mittel ebenso beinhalten soll wie eine fachliche Qualifizierung der Mitarbeitenden (AFET et al. 2021; KJS 2021; DBJR 2021). Schließlich hat sich gerade in der Krise deutlich gezeigt, dass bei der technischen Ausstattung in den Einrichtungen wie bei den digitalen Kompetenzen vieler Leitungs- wie Fachkräfte Lücken bestehen.

Impliziert waren mit der Coronakrise somit – neben allen hoch problematischen Auswirkungen – auch Chancen für neue (Handlungs-)Optionen in pädagogischen Kontexten und Chancen für eine neue Ausrichtung sozialer Einrichtungen.

Die erzwungene Umstellung hat zu radikalen Brüchen mit bis dato gültigen Standards und Gewohnheiten Sozialer Arbeit geführt. Erstaunlich schnell vollzieht sich an vielen Stellen das, was in den letzten Jahren in Bezug auf Digitalisierung nicht oder nur sehr langsam gelang. Die Pandemie erzwingt auf fachlicher Ebene, auf Leitungsebene wie bei den handelnden Akteuren vor Ort die längst notwendige Auseinandersetzung mit digitalen Techniken, auch werden die digitalen Kompetenzen vieler Jugendlicher erkannt und genutzt.

Eine Umfrage unter Einrichtungen der Sozialwirtschaft weist aus, dass die Digitalisierung während der Coronakrise stark zugenommen hat, verbunden mit einer steigenden Akzeptanz bei Kund*innen wie Mitarbeiter*innen. Digitale Bildungsangebote, verbandliches Intranet, Kontakte zur Klientel und Onlineberatungen haben an Bedeutung hinzugewonnen (Klemm 2021). Die Coronapandemie erwies sich als ein hoch wirksames „Beschleunigungsmomentum für Veränderungsprozesse“ (Gravelmann 2022) und hat dazu geführt, dass das Digitalisierungsthema im Alltag der Sozialen Arbeit auf breiter Ebene angekommen ist. Zu nennen sind beispielsweise eine erhebliche Zunahme digitaler Kontakte unter Fachkräften, mit Kooperationspartner*innen und der Klientel, die Ermöglichung von Homeoffice (auch in einigen wenigen Feldern Sozialer Arbeit), eine verstärkte Diskussion über die Einsatzmöglichkeiten digitaler Instrumente und eine große Anzahl von digitalen Fachtagungen und Fortbildungen. Insbesondere „Zoom“ wird zum Synonym für Veränderungen. Innerhalb kürzester Zeit finden Videokonferenzen enorme Verbreitung. Zoom, Skype, Webex, Microsoft Teams etc. werden zu vielgenutzten Arbeitsinstrumenten. Diese Option bestand bereits Jahre vor der Coronapandemie, aber eine Anwendung fand in sozialen Kontexten (und ebenso in vielen anderen Arbeitsfeldern) so gut wie nicht statt. Heute ist kaum noch vorstellbar, dass die Chancen dieser Digitaltechnik für Konferenzen, Absprachen oder Tagungen nicht genutzt wurden. Heinz Müller vom Institut für Sozialpädagogische Forschung Mainz (ISM) hat die Auswirkungen berechnet. Vor der Coronapandemie hat er im Zeitraum von 2018 bis 2020 mehr als 6.500 Kilometer per Bahn zurückgelegt, um als Referent vor Ort zu sein. Damit verbunden war ein Aufenthalt von rund 80 Stunden in Zügen. Die Pandemie führte entsprechend zu erheblichen Zeiteinsparungen und trug zur Kostenminimierung sowie zum Klima- und Umweltschutz bei (nicht-öffentlicher Vortrag bei einer Vorstandssitzung des AFET 2021).

Zu den Auswirkungen der Pandemie auf die Digitalisierung in sozialen Arbeitsfeldern kann zusammenfassend mit Kreidenweis festgehalten werden: „Wo gestern noch der Chor der Bedenkenträger posaunte, dass Soziale Arbeit nur im Face-to-Face-Kontakt möglich sei, wird nun eifrig gezoomt und gestreamt und die erstaunliche Erkenntnis ist: Es tut gar nicht weh, und ja: es funktioniert – manchmal sogar effizienter als in Präsenz. Die hektische Betriebsamkeit freilich, die vielerorts aus der Not heraus entfaltet wurde, bedarf nun wieder eines Innehaltens, eines reflektierten Blicks – fachlich, organisatorisch, technisch und auch ethisch“ (Kreidenweis 2021, S. 4). Ob der Trend in den nachfolgenden Jahren anhält oder ob der Vor-Corona-Alltag wieder einkehrt, ist nicht absehbar, jedoch werden bestimmte Veränderungen sicherlich nicht wieder aufgegeben werden. Zugleich bleiben erhebliche Umgestaltungs- und Weiterentwicklungsbedarfe auf der Agenda, für deren Umsetzung die Leitungskräfte der Sozialwirtschaft etliche Probleme sehen, denn es mangelt aus ihrer Sicht an technischer Ausstattung, fehlenden Zeit- und Finanzressourcen sowie an kompetenten Mitarbeiter*innen (Klemm 2021).

3. Jugendsozialisation im digitalen Zeitalter

„Generation digital!“ (BKE 2011), „Generation Online!“ (Deutscher Bundestag 2013, S. 43) „Generation mobil!“ (BAG Kinder- und Jugendschutz 2012), „Generation Social Media!“ (Wampfler 2014). Diese prägnanten Schlagworte machten schon früh deutlich, dass die digitalen Medien die junge Generation prägen und für das Aufwachsen junger Menschen enorme Relevanz haben. Jugendsozialisation ohne digitale Medien ist unvorstellbar geworden. Der 14. Kinder- und Jugendbericht spricht von einer „Mediatisierung des Aufwachsens“ und stellt eine zunehmende Bedeutung des medialen Wandels für Identität, Alltag, Kultur und Gesellschaft fest (Deutscher Bundestag 2013, S. 181). Die Zeitschrift „unsere jugend“ wählte für das Cover 4/2012 den Titel: „Web 2.0: Ich bin verbunden, also bin ich“. Darin drückt sich aus, dass die digitalen Medien mehr sind als ‚nur‘ eine neue technische Entwicklung, die von jungen Menschen genutzt wird. Die Medien formen das ‚Sein‘ der jungen Menschen mit, sind zentraler Faktor ihrer Sozialisation geworden.

a. Zu bewältigende Entwicklungsaufgaben

Jugend ist eine Lebensphase, die in jeder Gesellschaft anders zeitlich eingeordnet und anders bewertet wird. Der Kinder- und Jugendbericht spricht von einer sozialhistorischen Konstruktion (Deutscher Bundestag 2017, S. 75). Der Bericht sieht eine „entgrenzte“ Jugendzeit, die weit ins dritte Lebensjahrzehnt reicht, da der Auszug aus dem Elternhaus ebenso wie schulische und berufliche Verselbstständigungen oder Familiengründungen später erfolgen (ebd., S. 91 f.). Das Sozialgesetzbuch VIII spricht bis zum Ende des 13. Lebensjahres von Kindheit, im Alter von 14 bis 18 Jahren von Jugend und 19- bis 27-Jährige gelten als junge Erwachsene.

Die Jugendzeit ist gekennzeichnet durch einen starken Einfluss von fördernden, unterstützenden und bildenden Institutionen. Aber auch kontrollierende Instanzen prägen diese Zeit. Zudem sind mit dem jeweiligen Lebensalter bestimmte Rechte und Pflichten verbunden (Wächter 2017, S. 459).

In der Jugendphase bestehen Entwicklungsaufgaben in Bezug auf körperliche, seelische und soziale Veränderungen, es geht es in der Pubertät um die Klärung der Geschlechterrolle und dem Aufbau neuer, elternunabhängiger sozialer Beziehungen, insbesondere zur Gleichaltrigengruppe. Zudem vollzieht sich eine Ablösung vom Elternhaus, auch wenn die ganz große Mehrzahl der jungen Menschen mit der familiären Situation sehr zufrieden ist, dort Halt, Orientierung und Unterstützung erfährt (Deutscher Bundestag 2017, S. 8 und 200 ff.) und der Schritt in ein eigenständiges Leben daher oft erst spät erfolgt. Im Alter von 22 bis 25 Jahren leben immer noch 38 Prozent der jungen Menschen bei den Eltern (ebd., S. 215 f.).

Der 15. Kinder- und Jugendbericht fasst die Aufgaben in der Adoleszenz unter die Begrifflichkeiten Qualifizierung, Selbstpositionierung und Verselbstständigung. Junge Menschen müssen eine Allgemeinbildung erlangen und sozial wie beruflich handlungsfähig werden (Qualifizierung), sie müssen in der Lage sein, Verantwortung zu übernehmen (Verselbstständigung) und in der Gesellschaft eine Position finden, die mit sozialer Zugehörigkeit mit Verantwortungsübernahme verbunden ist, aber zugleich individuelle Freiheiten beinhaltet (Selbstpositionierung) (Deutscher Bundestag 2017).

Letztlich geht es in der Jugendphase um herausfordernde Entwicklungsaufgaben und Fragen der Persönlichkeitsbildung: Was macht mich aus/wer bin ich? Wo stehe ich in meinem sozialen Umfeld? Wie finde ich meinen Platz in der Gesellschaft? Der Kinder- und Jugendbericht spricht von einem Lebensabschnitt, „in dem ein ‚eigener' Lebensentwurf im Kontext privater, ökonomischer und öffentlicher Erwartungshaltungen sukzessive zu gelingen hat" (Deutscher Bundestag 2017, S. 98).

Jugendliche ringen heutzutage um ihre Identität in realen wie im digitalen Räumen. Es bedarf dieser (Frei-)Räume für Kommunikations- und Interaktionsgelegenheiten. Die Jugendzeit lässt sich als eine Lebensphase beschreiben, die erhebliche psychische und soziale Veränderungen beinhaltet und durch Individualisierung, Pluralisierung und Entstrukturierung immer mehr „zu einer spannungsreichen riskanten Lebensphase von hoher biografischer Ungewissheit" wird (Wächter 2017, S. 460), wozu auch die erweiterten Erfahrungsräume digitaler Art beitragen.

In der Jugendzeit werden individuelle und gesellschaftliche Grenzen ausgetestet und überschritten, die Jugend ist bereit, Risiken einzugehen und die Pubertät ist zugleich mit Risiken für die Heranwachsenden behaftet – und zwar in der ‚realen' wie in der digitalen Lebenswelt. Die digitale Welt bringt neue Gefährdungen mit sich. Da diese Welten mit ihren Risiken vielen Eltern und Pädagog*innen weniger vertraut sind als die realen Lebensumwelten, bestehen vielfach besondere Ängste und Bedenken. Zugleich fehlen in den digitalen Sozialisationsräumen in der Regel die Eltern oder Pädagog*innen, mit denen die Jugendlichen die (positiven wie negativen) Erfahrungen reflektieren können, weshalb die herausfordernde, unüberschaubare digitale Welt zu einer Überforderung des jungen Menschen führen kann. Zur erfolgreichen Bewältigung der Entwicklungsaufgaben (auch im digitalen Raum) sind spezifische Kompetenzen erforderlich, um potenzielle Risiken so weit als möglich zu minimieren – Kompetenzen, die die jungen Menschen ebenso benötigen wie die Erwachsenen. Und es stellt sich sowohl für Eltern als auch für pädagogische Fachkräfte die Frage, wie eine angemessene Begleitung bei der Nutzung von Internet, Social-Media-Kanälen oder bei digitalen Spielewelten aussehen kann.

b. Digitale Medien als neue Sozialisationsinstanz

Digitale Medien sind zu einer neuen, hoch bedeutsamen Sozialisationsinstanz avanciert. Folglich müssen soziale Organisationen und Fachkräfte Sozialer Arbeit Kenntnisse über die Veränderungen im Sozialisationsprozess erwerben und den digitalen Sozialisationsraum erschließen (ohne die Lebenswelt der jungen Menschen zu okkupieren). Chancen und Risiken müssen entsprechend bekannt sein und aufgegriffen werden (vgl. Kapitel 5).

Die virtuellen Räume mit ihren sozialen Netzwerken sind für junge Menschen eine neue Form, Beziehungen aufzubauen, zu pflegen, zu erproben, oberflächliche Kontakte sind ebenso möglich wie intensivere, zudem können sie im unmittelbaren Lebensumfeld bestehen oder zu irgendeinem Menschen irgendwo auf dem Globus geknüpft werden. Die digitalen Welten stecken voller Entdeckungs,- Erfahrungs- und Ermöglichungsoptionen. Einerseits verbunden mit Chancen, sich zu finden, zugleich besteht die Gefahr, sich zu verlieren.

In der Pubertät entwickeln Jugendliche Strategien, um der Autorität der Erwachsenen zunehmend zu entrinnen und sich in eigene Räume zurückzuziehen zu können, ob Jugendzentrum, Jugendfreizeit, Clique, Disco oder in virtuelle Welten – Ablösung als Normalität. Dennoch sind die Prozesse herausfordernd für die Jugendlichen selbst, wie auch für Eltern und Fachkräfte. Schon in der realen Welt ist für Erwachsene der Zugang zu den (Entwicklungs- und Erprobungs-)Räumen Jugendlicher kaum möglich, aber von den digitalen Lebenswelten sind sie sehr weitgehend oder gänzlich ausgeschlossen. Pädagog*innen und Eltern haben nur begrenzte Möglichkeiten nachzuverfolgen, was die jungen Menschen im Netz treiben, welche Seiten sie aufsuchen, mit wem sie in Verbindung stehen, was sie in den sozialen Medien von sich preisgeben … Die Jugendlichen befinden sich zwar körperlich innerhalb des häuslichen Rahmens oder zum Beispiel in einer stationären Einrichtung, verabschieden sich aber dennoch in die digitalen Welten und entziehen sich auf diese Weise dem elterlichen/pädagogischen Zugriff. Fichtner beschreibt dies anschaulich in einem Beitrag für den ‚Spiegel':

> „(…) die kleinen Biester – die Geräte, nicht die Kinder – sind einfach zu mächtig, als dass man sie komplett kontrollieren könnte. (…) Alles in allem habe ich mit dem Thema meinen Frieden gemacht, seitdem ich ahne, dass sich der Krieg um die Bildschirmzeichen um etwas anderes dreht. Mir scheint, dass er nur eine neue Spielart des uralten Prozesses der Abnabelung ist, den Eltern und Kinder auf ewig ausgesetzt bleiben. Kinder machen sich nach und nach ins Leben davon, so ist das, und die El-

tern ihrerseits müssen loslassen. Früher waren dabei mehr Fahrräder und Mopeds im Spiel. Heute ist das mobile Internet das bessere Vehikel" (Fichtner 2015, S. 54).

Die digitalen Optionen der Abgrenzungsmöglichkeiten sind eine neue Variante in der Sozialisation junger Menschen (Deutscher Bundestag 2013, S. 177 ff.). Insbesondere die Social-Media-Plattformen stellen Werkzeuge bereit, die junge Menschen bei ihren biografischen Entwicklungsaufgaben einsetzen können. Das Netz bietet ihnen vielfältige Freiräume für die Identitätsarbeit und Beziehungspflege, es ermöglicht Erfahrungen von früher Autonomie und kann zur Verselbstständigung über Medienpraxen beitragen. Die Jugendlichen können sowohl Konsument*in oder Rezipient*in sein oder als aktive Gestalter*innen agieren. Im Grunde handelt es sich bei den Aktivitäten im Netz um Aktivitäten, die in der ‚realen' Welt ebenfalls stattfinden: Sich treffen, sich austauschen, sich zeigen, flirten, Musik hören, tanzen, Spaß haben, spielen, Spannung erleben, Grenzen austesten, Freunde kennenlernen, Statusfragen klären, etwas erleben ... Es gilt, einen Entwurf seiner Persönlichkeit zu konturieren. In der ‚realen' Welt wird etwa zu Hause das Zimmer gestaltet, man geht shoppen, kreiert je nach Kontext wechselnde Outfits, probiert verschiedene Rollen aus. Auch im Netz haben junge Menschen ihre Räume, stylen sie, verändern ihr Aussehen durch digitale Bearbeitungsprogramme, treten vielleicht je nach Kontaktperson(en) unterschiedlich auf, kaufen digital Produkte der ‚Held*innen'/Influencer*innen/Gamer*innen/Spielestars, gestalten einen Avatar nach ihren Vorstellungen, präsentieren sich als Künstler*innen auf Plattformen wie TikTok oder Instagram etc. Die meisten Jugendlichen nutzen verschiedene Plattformen, nehmen dabei eine Vielzahl von Identitätsrollen und Selbstdarstellungsmustern ein und pflegen unterschiedlichste Gruppenzugehörigkeiten, Beziehungen und Kontexte. Zwar unterscheiden sich die Plattformen durchaus in den Optionen, dem Design oder der Nutzer*innengruppen, doch gibt es grundlegende Gemeinsamkeiten, nämlich dass die Nutzer*innen sich auf Netzwerkplattformen ein Profil anlegen, wo sie sich mit Informationen über die eigene Persönlichkeit, etwa das Aussehen, Hobbys, Kompetenzen oder Ähnlichem präsentieren. Ausgehend von diesem Profil können Nutzer*innen soziale Beziehungen zu anderen registrierten Mitgliedern aufnehmen, sie zu den Kontakten hinzufügen, mit ihnen in Verbindung bleiben und sie somit an ihrem Leben teilhaben lassen und umgekehrt, am Leben der Anderen teilnehmen.

4. Jugend online! – Einblicke in die medialen Welten junger Menschen

Während in anderen Bereichen Erwachsene oft einen Wissens- und Erfahrungsvorsprung haben, den sie an die Kinder / Jugendlichen weitergeben können, trifft dies auf digitale Welten zumeist nicht zu. Insbesondere sind Erwachsene wenig vertraut mit digitalen Spielen und Social-Media-Angeboten wie TikTok, Instagram und Snapchat, die Teenager*innen besonders ansprechen (Gebel et al. 2022, S. 12).

Zugleich haben Eltern wie Fachkräfte Sozialer Arbeit den originären Auftrag, junge Menschen auf dem Weg ins Erwachsenenalter kompetent zu begleiten und ihrem Erziehungs- und Bildungsauftrag zu entsprechen – in digitalen wie nicht-digitalen Räumen. Wie kann das gelingen bei zugleich begrenzten Kenntnissen, Fähigkeiten und Zugängen Erwachsener? Und wie können insbesondere junge Menschen in prekären Lebensverhältnissen unterstützt werden? Denn die soziale Lebenslage ist – wie in vielen anderen gesellschaftlichen Bereichen – ein zentraler Faktor, der stark Einfluss darauf nimmt, wie die Medien genutzt werden und welche Wirkungen sie entfalten (AGJ 2014, S. 4 f.). Fragen, denen sich Eltern wie Fachkräfte der Sozialen Arbeit stellen müssen, zumal die Jugendzeit von „herausragender Bedeutung [ist] um Fähigkeiten zum kompetenten Umgang mit modernen Informations- und Kommunikationstechnologien" zu erlernen (Gnambs / Senkbeil 2023, S. 4). Erwachsene bleiben in der Verantwortung, junge Menschen zu begleiten und zu unterstützen, schließlich sind digitale Kulturtechniken für die Teilhabe an der Gesellschaft dem Lesen, Schreiben und Rechnen gleichzustellen (ebd., S. 2).

a. Aufwachsen in digitalen Welten

Der in jeder Legislaturperiode für die Regierung erstellte Kinder- und Jugendbericht hat sich erstmals 2013 ausgiebig mit der Mediatisierung des Aufwachsens befasst. Er benennt dabei die Ambivalenzen, die auch Fachkräfte Sozialer Arbeit tagtäglich wahrnehmen. Ambivalenzen „zwischen Teilhabepotenzialen, Entprivatisierung und Ungleichheitsproduktion" (Deutscher Bundestag 2013, S. 181) sowie zwischen Chancen und Gefährdungen (ebd., S. 181 ff.). Diese Chancen- und Risikobewertung nimmt auch der 15. Kinder und Jugendbericht in einem eigenen, umfänglichen Kapitel zum digital-vernetzten Leben Jugendlicher vor (ebd., 273 ff.). Die Autor*innen betonen, dass Jugendliche mit Grenzverschiebungen konfrontiert sind „zwischen Öffentlichkeit und Privatheit und Präsenz und

Kopräsenz, aber auch zwischen Körper und Technik" (Deutscher Bundestag 2017, S. 296). Junge Menschen müssen deshalb „digitale Grenzarbeit" (ebd.) leisten. Außerdem stellt der Bericht fest, dass der Zugang zu neuen Medien nicht zu der erhofften Gleichheit beiträgt, sondern sich gesellschaftliche Ungleichheitsstrukturen bei den Bildungs- und Teilhabechancen in digitaler Ungleichheit (*digital divide*) fortsetzen. Diesen Exklusionsprozessen muss Soziale Arbeit durch „differenzierte mehrdimensionale bzw. diversitätssensible Betrachtung der Medienwelten Jugendlicher" entgegenwirken (ebd., S. 298).

Im Folgenden werden nach einer Einführung über das Aufwachsen in mediatisierten Welten einige zentrale Aspekte digitaler Lebenswelten junger Menschen dargestellt – an dieser Stelle noch ohne auf die kritischen Aspekte einzugehen. Wie ist das Mediennutzungsverhalten Jugendlicher? Warum stehen das Smartphone, die digitalen Spiele und die Social-Media-Plattformen so hoch im Kurs? Was macht ihre Faszination aus? Welche Trends sollten Eltern und Fachkräfte kennen? Es werden Entwicklungen beschrieben und Hintergrundinformationen geliefert. Die Einblicke sind für die Akteurinnen und Akteure im Feld Sozialer Arbeit, insbesondere der Kinder- und Jugendhilfe, bedeutsam, um grundlegendes Wissen über zentrale Bereiche jugendlicher Lebenswelten zu gewinnen, den digitalen Welten. Was treibt junge Menschen um? Wo liegen ihren Interessen, was reizt sie? Wie (inter)agieren sie? Was ist ‚anders' als in realen Welten einerseits und wo bestehen Gemeinsamkeiten der für junge Menschen schon lange nicht mehr getrennten ‚realen' und der ‚digitalen' Räume?

i. Junge Menschen in sozialen Medien – „Durchgehend online"

YouTube-Stars der ersten Generation waren die Lochis. Die Zwillinge Heiko und Roman Lochmann begannen im Alter von zwölf Jahren mit dem Dreh von Videos, die sie auf YouTube unter dem Namen „Die Lochis" veröffentlichen. Die Brüder gehören zu den größten Social-Media-Stars ihrer Generation. Mehr als 2,65 Millionen YouTube-Abonnent*innen, drei Millionen Instagram-Follower*innen und über 1,5 Millionen Facebook-User*innen können sie vorweisen. Sie werden mehrfach ausgezeichnet und für Preise nominiert. Seit 2019 stellen sie keine Veröffentlichungen auf YouTube mehr ein (https://dielochis.de/bio). Mittlerweile hatten sie ein Vermögen erworben, das auf vier Millionen Euro geschätzt wird (von Sydow 2020). Wie viele YouTuber und Influencer*innen weiteten sie ihr Geschäftsfeld aus: Musik, Kinofilme, Buchveröffentlichungen.

Der Durchbruch gelang ihnen 2013 mit „Durchgehend Online", ihrem ersten eigenen Song, der mittlerweile über 27.000.000 mal abgerufen wurde (Stand 18.02.2023). Er gibt offensichtlich das Gefühl der jungen Generation wieder. „Durchgehend Online" beschreibt die Medienwelten junger Menschen und das Unverständnis der Erwachsenen:

„Guten Morgen! Was geht ab?
Mit Facebook beginnt mein Tag
Smartphone raus, Fotos machen
Das sind alles Jugendsachen
Meine Mom checkt's net
Für sie ist alles Hightech
‚Damals gab's ka Internet!'
‚Jetzt schon!' ‚Was ein Dreck!'
Ich mache Fotos für Instagram
Ich poste Sachen, die man liken kann
Ich geh' auf YouTube, mach' den Laptop an
Die Online-Generation klopft an
[Refrain]
Hallo Welt, kannst du mich hören?
Du darfst mich nicht beim Chatten stören
Mein Tagesablauf ist sehr klein
Denn ich bin, bin, bi-bi-bin durchgehend online
Online, online, durchgehend online
Online, online, durchgehend online
(...)" (Genius 2023).

„Meine Mama check's net ..." – genau darin liegt das Problem, wenn Eltern, Fachkräfte Sozialer Arbeit oder Lehrer*innen nicht mehr wissen, was junge Menschen beschäftigt, wie ihre (digitalen) Lebenswelten ausschauen, was sie denken, fühlen, erleben, spielen, posten. Insbesondere seitdem sich das Smartphone zu einem Alltagsgegenstand entwickelt hat, den (fast) jede und jeder bei sich trägt, sind viele Menschen „Durchgehend online".

ii. Das Smartphone als Nabel zur Welt

Seit 1998 wird jedes Jahr mit der JIM-Studie (Jugend-Information-Medien) der Medienumgang der 12- bis 19-Jährigen durch den Medienpädagogischen Forschungsverbund Südwest untersucht. Da die JIM-Studie als Langzeitprojekt angelegt ist, können allgemeine Entwicklungen und Trends nachvollzogen werden. Zugleich wird in einzelnen Untersuchungen spezifischen Fragestellungen nachgegangen, um aktuelle Medienentwicklungen aufzugreifen. In der ersten Studie taucht das Wort „Handy" nur bei einer einzigen Abfrage auf und lediglich acht Prozent der 12- bis 19-Jährigen waren im Besitz eines Mobiltelefons (MPFS 1998, S. 57 f.), im Jahr 1999 sind es auch erst 14 Prozent. Dann kommt es zu einem rasanten Durchbruch. In der genannten Altersgruppe findet innerhalb nur eines Jahres zu einer Verdreifachung statt. 49 Prozent der Jugendlichen besitzen im

Jahr 2000 ein Smartphone, darunter 27 Prozent der 12- bis 13-Jährigen und bereits 65 Prozent der 18- bis 19-Jährigen (MPFS 2000, S. 53). Keine fünf Jahre später verfügen 84 Prozent der 12- bis 13-Jährigen und 92 Prozent der 12- bis 19-Jährigen über ein eigenes Mobiltelefon, wobei keine Unterschiede nach Bildungsstand festzustellen waren (MPFS 2005, S. 48). Der Bericht merkt an, dass angesichts der hohen Ausstattungsrate nur noch eine moderate Steigerung zu erwarten ist (ebd.); nicht einmal dreizehn Jahre sind vergangen, nachdem das erste Smartphone auf den Markt kam. Im Jahr 2022 nennen schließlich 96 Prozent der Jugendlichen ein internetfähiges Handy ihr Eigen (MPFS 2022, S. 58).

Tipps:

- Die Jugend-Information-Medien-Studie (JIM) wird seit 1998 durchgeführt. Die Befragungsergebnisse sind kostenlos downloadbar. Zudem werden die Ergebnisse in Form von PowerPoint-Präsentationen zur Verfügung gestellt.
- Die Kindheit-Internet-Medien-Studie (KIM) nimmt sechs bis 13-Jährige in den Blick • www.mpfs.de/studien

Die Relevanz von Social-Media und digitalen Spielen nahm in den letzten Jahren ebenso rasant zu, wobei der Zugriff vor allem über das mobile Enddatengerät, das Smartphone erfolgt. Smartphones sind als multimediale Plattformen ‚der' Draht zur (Um-)Welt. Ihre Relevanz für die Teilhabe an der Gesellschaft und für die Verbindung zu Gleichaltrigen ist evident. Eine 17-jährige Jugendliche beschreibt es wie folgt:

> „Wie oft ich mein Smartphone täglich in die Hand nehme, das ist die falsche Frage. Richtig wäre: Wie oft lege ich es überhaupt aus der Hand? Mein Smartphone ist meine Zeitung, mein MP3-Player, mein Taschenrechner, meine Kamera. Und mein ganzer Freundeskreis. Andere Frage: Wie oft stehen sie einfach da und tun gar nichts? Lesen kein Buch, hören keine Musik, unterhalten sich nicht. Ziemlich selten, oder? Nun, so geht es mir auch, nur dass sich alle diese Tätigkeiten bei mir eben in meinem kleinen Gerät konzentrieren. Unterwegs Google ich mal schnell, wie ich von A nach B komme, ich schaue nach, wann dieses oder jenes im Geschäft öffnet, wann noch mal der Kinofilm beginnt. Sitze ich im Bus, dann strecke ich mir die Stöpsel in die Ohren, lausche TKKG-Hörspielen. Das haben Sie früher auch gemacht, oder? Nur habe ich dafür eben keine Rückenschmerzen, weil ich keinen Rucksack mit Walkman, Kamera, Buch und Stadtplan mit mir herumtragen muss. Die Rufe von Erwachsenen, dass das Smartphone die Kommunikation verhindert, kann ich nicht nachvollziehen. Ich kommuniziere doch permanent! Seit ich mein neues Smartphone habe, also seit einem dreiviertel Jahr, habe ich 48.641 Nachrichten gesendet und 53.938 Nachrichten empfangen. Das sind etwa 400 Nachrichten pro Tag (...) Für Sie hört sich das wahr-

> scheinlich an, als wäre ihr Albtraum wahr geworden. Für mich ist das Alltag. Und ohne mein Smartphone würde der zusammenbrechen (...). Das Gerät, das für sie vermutlich eher das Image eines Gameboys hat, ist inzwischen eben auch ein Arbeitsinstrument. Leider wird es in der Schule immer noch verdammt. Im Klassenzimmer, in den Schulfluren, im Pausenhof – überall ist das Smartphone theoretisch verboten. Natürlich benutzen wir es trotzdem heimlich. Überlegen Sie doch mal: An den meisten Arbeitsplätzen ist das Handy erlaubt. In den modernen Büros geht nichts mehr ohne Laptop und selbst ein Diensthandy gehört zum Standardequipment. Warum sollte den Schülern der Umgang damit verboten werden, um nach ihrem Abschluss selbstverständlich zu erwarten, dass sie sich damit auskennen? Ich lege das Smartphone auch deshalb selten aus der Hand, weil es die Kommunikation beschleunigt und ich allen Menschen, die mir wichtig sind, ständig ganz nah bin" (von Bremen 2017).

Dieser Einblick wirkt sicherlich für viele Erwachsene verstörend und dürfte von ihnen mit dem Kofferwort „Smombie" (Smartphone und Zombie) belegt werden. Auch wenn die beschriebene Dimension nicht verallgemeinerbar ist, so macht der Beitrag sehr deutlich, wie hoch relevant das Smartphone für eine ganze Generation geworden ist. Das Smartphone hat vielfältigste Funktionen, die es den Nutzer*innen leichter machen, eigene Interessen zu verfolgen, Gleichgesinnte zu finden, Vorlieben zu entdecken und ihnen nachzugehen, Kompetenzen zu entwickeln oder den Alltag oder Erlebnisse in Wort, Bild und Film festzuhalten. Vor allem ermöglicht es die Technik, Inhalte nicht nur zu dokumentieren, sondern sie zu bearbeiten, zu posten oder weiterzuleiten. Das Smartphone sowie andere digitale Medien dienen nämlich in erster Linie als Kontakt- und Kommunikationsmedium (soziale Netzwerke, Messengerdienste ...). Außerdem können neue Medien zur Informationsgewinnung genutzt werden (z. B. Suchmaschinen, Lexika ...), Unterstützung im Alltag bieten (Terminkalender, Gesundheitsapps, QR-Code, Routenplanung ...) oder zur Unterhaltung dienen (Videos, Musik, Spiele ...). Auch Teilhabe- und Partizipationsmöglichkeiten werden durch neue Medien angeregt (Wikipedia, YouTube, Petitionen ...), zugleich jedoch nur in geringem Maße genutzt.

Zentral ist bei der mobilen Kommunikation weniger der Austausch von Sachinformationen, sondern das „Eingebunden-Sein" in die Gruppe(n) Gleichaltriger, das Herstellen eines Zusammengehörigkeitsgefühls, der Austausch von Gedanken und Erlebnissen, die Nähe zu anderen, oft schlichtweg nur der Austausch von Floskeln oder Belanglosigkeiten aus dem Alltag, ähnlich dem Smalltalk am Gartenzaun. Diese Verbundenheit über digitale Medien kann zur emotionalen Stabilisierung von Personen und Beziehungen beitragen (Deutscher Bundestag 2017, S. 277). Ich poste, also bin ich.

iii. Social-Media – Selbstdarstellung, Kommunikationsplattform und Kommerz

Unter Social-Media werden digitale Kommunikationskanäle verstanden, die der Vernetzung von Nutzer*innen dienen. Die Nutzer*innen (User*innen) können über die Plattformen miteinander kommunizieren, Inhalte wie zum Beispiel Fotos oder Filme erstellen oder mit anderen User*innen teilen. Um die Plattform nutzen zu können, muss durch den User oder die Userin ein Profil angelegt werden. So weit dürfte das allgemeine Wissen reichen. Auch dürften die meisten Erwachsenen, ob Eltern oder Fachkräfte, etliche der Social-Media-Plattformen kennen und selbst nutzen. Es gibt Portale, auf denen sich fast ausschließlich Erwachsene aufhalten wie zum Beispiel LinkedIn als Plattform für berufliches netzwerken oder der Kurznachrichtendienst Twitter (Umbenennung im Juli 2023 zu X). Ebenso sind die Alternativen zu WhatsApp wie die Messengerdienste Signal oder Telegram weitgehend bekannt.

Des Weiteren gibt es Social-Media-Angebote, die sowohl von jungen Menschen als auch Erwachsenen genutzt werden: Facebook, das Videoportal YouTube und WhatsApp nehmen eine prominente Rolle ein. Diese Dienste gehören zum Meta-Konzern (bis 2021 unter dem Name Facebook firmierend) und stehen quasi erst seit „gestern“ zur Verfügung (Facebook seit 2004, YouTube seit 2005, WhatsApp seit 2009), haben aber innerhalb weniger Jahre weltweit Milliarden Nutzer*innen für sich gewinnen können und dem Konzern enorme Gewinne in die Kassen gespült. Wenige weltweit agierende Digitalkonzerne dominieren den Markt – eine ungeheure Machtkonzentration in den Händen von einigen Männern wie Marc Zuckerberg, Jeff Bezos, Elon Musk, Bill Gates und Co. Eine Gefährdung für Bürger*innen und Staaten gleichermaßen. Dennoch werden die Dienste von (fast) jeder und jedem genutzt.

iv. Social-Media-Plattformen junger Menschen

Für Akteure und Akteurinnen im Feld der Sozialen Arbeit, insbesondere der Kinder- und Jugendhilfe, ist es von hoher Relevanz zu wissen, welche Plattformen junge Menschen nutzen, was ihren Reiz ausmacht, was dort geschieht und warum sie bei jungen Menschen „angesagt“ sind. Nur mit entsprechenden Kenntnissen kann ein Gespräch mit Jugendlichen auf Augenhöhe erfolgen und nur wenn Risiken und Chancen bekannt sind, kann entsprechend seitens der Fachkräfte (re)agiert werden.

Der Begriff ‚Social‘ verweist auf das Vernetzen mit anderen und die Interaktion durch das Teilen und Empfangen von Informationen von anderen. Mit ‚Media‘ ist das Instrument der Kommunikation gemeint, also das Internet. Die Social-Media-Plattformen weisen grundlegende Gemeinsamkeiten auf. Sie bieten jungen Menschen die Möglichkeiten und die Räume, Entwicklungsaufgaben der Jugendzeit anzugehen. Ihre Funktion besteht darin, Unterhaltung zu bieten, sich zu vernetzen, Freundschaften herzustellen, Kontakte zu halten, zu kommunizieren, sich zu präsentieren, Inhalte zu teilen oder zu liken etc. Die Plattformen, die vor allem von Jugendlichen genutzt werden, wie TikTok, Snapchat oder Instagram, enthalten zudem Komponenten, die besonders bei jungen Menschen auf Interesse stoßen, wie zum Beispiel Bearbeitungs- und Filterfunktionen oder Special-Effects. Der Blick in die JIM-Studie 2022 zeigt, welche App für die Jugendlichen die Wichtigste ist. Ohne Vorgaben bei drei Antwortmöglichkeiten nannten 79 Prozent WhatsApp. Es folgen Instagram mit 31 Prozent, TikTok mit 24 Prozent und YouTube mit 23 Prozent, 19 Prozent geben Snapchat und 12 Prozent den Musikstreamingdienst Spotify an, Facebook liegt bei zehn Prozent, Google bei sechs und Netflix bei drei Prozent (MPFS 2022, S. 26 f.). Bei der Nutzungshäufigkeit zeigen sich ähnliche Befunde: 93 Prozent nutzen WhatsApp regelmäßig. Instagram folgt auf dem zweiten Platz: 62 Prozent der 12- bis 19-Jährigen sind regelmäßige Nutzer*innen, gefolgt von TikTok mit 54 Prozent, 45 Prozent bei Snapchat, 18 Prozent bei Facebook. Aber auch Discord (vorwiegend als Gamingplattform genutzt), Pinterest, Facetime (einem Chatdienst von Apple), Twitch und Twitter liegen noch im zweistelligen Bereich zwischen 11 und 16 Prozent (ebd., S. 29). Auffällig sind bei den Nutzungspräferenzen die Unterschiede zwischen den Altersstufen sowie zwischen den Geschlechtern. So ist bei den Diensten, die vor allem im Gamingbereich verwendet werden, eine deutliche Dominanz der Jungen feststellbar, während bei Instagram, TikTok, Snapchat, Pinterest und Facetime die Mädchen eine erheblich stärkere Präsenz zeigen (ebd.).

Im Folgenden werden exemplarisch drei aktuell von Jugendlichen stark genutzte Social-Media-Plattformen kurz vorgestellt, um einen Einblick in die Lebenswelten zu geben, die wesentliche Funktionen kennenzulernen und um den Reiz dieser Apps nachvollziehen zu können. WhatsApp als bedeutendste App wird nicht berücksichtigt, da diese App auch von Erwachsenen intensiv genutzt wird und daher bekannter ist als TikTok, Instagram und Snapchat.

Instagram („Insta“)

Der Name Instagram setzt sich zusammen aus den beiden Worten „Instant Camera“ (Sofortbildkamera) und „Telegram“ (Telegramm), womit zum einen der Aspekt des Fotos benannt ist, zum anderen Telegramm für Schnelligkeit steht (Potor 2021). Bei der Instagram-App steht nämlich Bildmaterial im Fokus, das bearbeitet und versandt, geliked und kommentiert werden kann, weshalb als Logo für Instagram eine stilisierte Kamera gewählt wurde. Die Fotos erinnern durch ihr Format und die Rahmung dabei an Polaroid-Fotos (Schau hin 2023). Mit der App, die schon kurz nach ihrem erfolgreichen Start von Facebook aufgekauft wurde (Potor 2021), können den jeweiligen Abonnent*innen der User*innen auch Live-Streamings geboten werden, die es ermöglichen, unmittelbar zu sehen, wo die Person sich gerade aufhält und was sie macht. Dabei kann entsprechend live kommentiert werden. Feeds (eine Liste von Beiträgen, die ständig aktualisiert werden) und Storys (kurze zeitlich begrenzte Clips aus mehreren automatisch ablaufenden Sequenzen) sind ebenso möglich wie das Anschauen von Beiträgen, die ein Algorithmus empfiehlt. Die eingestellten Beiträge können als privat oder öffentlich gekennzeichnet werden, Kommentare können ebenso öffentlich erfolgen oder nur an diejenigen gerichtet sein, die den Post eingestellt haben (Schau hin 2023).

Instagram erreicht unter den 14- bis 19-Jährigen nach WhatsApp den zweiten Rang bei den Nennungen der Top-Apps und spricht vor allem ältere Jugendliche an, wobei Mädchen Instagram mit 38 Prozent deutlich häufiger zu ihren Favoriten zählen als Jungen mit nur 25 Prozent (MPSF 2022, S. 28). Instagram, von den Jugendlichen meist nur als ‚Insta' abgekürzt, wird von 62 Prozent der jungen Menschen regelmäßig genutzt (ebd., S. 60). Instagram ist – wie alle von Jugendlichen favorisierten Apps – kostenlos als Download erhältlich.

TikTok

Facebook, Instagram, X (ehedem Twitter) und WhatsApp sind amerikanische Netzwerke. TikTok gehört der chinesischen Firma Bytedance, ebenso wie Douyin, eine Plattform mit gleichem Aufbau für den Markt in China. Monatlich sollen 500.000.000 Millionen Menschen die Plattformen nutzen. TikTok (bis 2018 unter dem Namen musical.ly bekannt) wird vor allem von Kindern und Jugendlichen genutzt. Sie ist die am häufigsten heruntergeladene App (Schau hin 2023a). Den Kern der Plattform bildet eine umfängliche Musikdatenbank mit kurzen Musikclips. Die Jugendlichen wählen sich die Musik und „performen" bzw. tanzen dazu, singen Playback oder schauspielern. Die Musikvideos können zudem mit Effekten, Zeitraffern und Filtern bearbeitet oder in Zeitlupe abgespielt werden. Je origineller die Darbietungen, umso höher die Klickzahlen. Gerade junge Menschen lieben es, sich auf originelle, witzige und kreative Art und Weise zu präsentieren und ihren Stars nachahmen und diese Videos dann bei TikTok, Instagram, WhatsApp und Co zu teilen. Über eine Suchfunktion können immer neue Videos, Sounds oder Personen gefunden werden. Zudem bietet die App Interaktionsmöglichkeiten über Chat- und Kommentarfunktionen. In den letzten Jahren wurde das Spektrum bei TikTok um Comedy, Beauty, Sport und Do-it-yourself erweitert (ebd.). Wie bei allen Apps finden ständige Weiterentwicklungen statt. Im Mai 2023 befand sich die Künstliche Intelligenz ‚Tako' in der Erprobungsphase (Maciej 2023).

TikTok ist bei Jugendlichen in Deutschland auf einem steilen Wachstumskurs. Laut JIM-Studie 2020 nutzten 26 Prozent der Jungen und 40 Prozent Mädchen zwischen zwölf und 19 Jahren die App täglich oder mehrmals die Woche (MPFS 2020, S. 41). Zwei Jahre später beträgt der Anteil regelmäßiger TikTok-Nutzer*innen bei den 12- bis 19-Jährigen bereits 54 Prozent (MPFS 2022, S. 29). Die Plattform fasziniert vor allem die 12- bis 13-jährige Mädchen. Mit zunehmendem Alter lässt das Interesse deutlich nach (MPFS 2021, S. 33 ff., MPFS 2022, S. 28, 39). Die meisten Abonnent*innen auf TikTok hat die 16-jährige Charli D'Amelio mit 107,5 Millionen Follower*innen (Kazaz 2023). In Deutschland ist vor allem Younes Zarou gefragt. Er hat über 53 Millionen Follower*innen (Stand Juni 2023) und wurde durch seine kreativen Videos bekannt, in die er visuelle Effekte einbaut und deren Zustandekommen er anschließend erklärt (Klicksafe 2023).

Ende 2022 machte TikTok Schlagzeilen, weil durch die Plattform ein Run auf das Medikament Ozempic ausgelöst wurde, das bei Diabetiker*innen eingesetzt wird. Das Medikament wurde auf TikTok als Schlankheitsmittel gehypt und führte zu Engpässen in den Apotheken (Moll 2022). Auch dies ein Beispiel dafür, dass Erwachsene oft erst mit Verzögerungen von digitalen Trends erfahren, manchmal erst, wenn sie sich negativ bemerkbar machen. Dabei wurde der Hashtag #Ozempic 350 Millionen Mal (!) in sozialen Medien geteilt (ebd.).

Snapchat

Snapchat gehört bei Kindern und Jugendlichen zu den beliebten Apps und wird – wie andere Apps auch – zur Kommunikation und zur Unterhaltung genutzt. Fotos und Videoclips (‚Snaps') können mit Texten, Filtern und Emojis bearbeitet werden. Sie können spontan verschickt oder zuvor abgespeichert und dann bearbeitet werden. 3D-Effekte sind möglich, Verzerrungen durch Linsen, Farbveränderungen, Gestaltungselemente können eingesetzt werden u. a. m. Ein Markenzeichen für Snapchat ist, dass die versendeten Inhalte innerhalb weniger Sekunden verschwinden, sie somit nur kurz angeschaut werden können, es sei denn, der Absender trifft die Auswahl, dass das Foto/Video dauerhaft verwendbar sein soll oder das Foto wird einer ‚Story' zugefügt, wo es dann 24 Stunden sichtbar ist. Auch die klassischen Funktionen von Social-Media-Apps sind vorhanden: es bestehen (Gruppen-)Chatfunktionen, Freundschaften können per Ikons bestätigt werden (bei Snapchat in Form von Herzen und Flammen), redaktionelle Inhalte, insbesondere über Influencer*innen, werden angeboten, ebenso Spiele, zumeist Gruppenspiele, die mit befreundeten oder unbekannten Personen gespielt werden können.

Bei Snapchat lassen sich ist einer Übersicht die Standorte der Mitnutzer*innen, an denen sie ihren Snap verschickt haben, anzeigen ebenso wie Orte und Ereignisse, die für junge Menschen relevant sind (Konzerte, Kneipen, Treffs, Shops). Wird die Kamera lange auf ein Objekt gerichtet, schlägt ein Algorithmus Anwendungen vor, die dazu passen, zum Beispiel könnten bei einem Kuchen Rezepte angezeigt werden. Zudem sind Käufe über die App möglich, eine eigene virtuelle Währung (Snapchat Token) kann mit echtem Geld erstanden werden, außerdem existiert eine Premium-Version von Snapchat mit spezifischen Funktionen, die ebenfalls käuflich zu erwerben ist (Schau hin 2023b). Sehr schnell hat Snapchat auf die Entwicklung des ChatGPT-Bots reagiert und die Künstliche Intelligenz ‚My AI' (eine abgespeckte Version vom ChatGPT-Bot) bereits Anfang 2023 integriert (Maciej 2023). ‚My AI' ist an oberster Stelle der Freundschaftskontakte gelistet und ist datenschutzrechtlich nicht unproblematisch, da der Bot im Gegensatz zu sonstigen Chats alle Gespräche und Anfragen speichert. ‚Schau hin' nennt als eine weitere Gefährdung zum Teil problematische Antworten durch die KI und führt als Beispiel an, dass eine Frage nach Freund*innen in der näheren Umgebung andere Snapchatnutzer*innen vorschlägt oder Apps anzeigt, die es ermöglichen, Menschen vor Ort zu treffen (Schau hin 2023c).

Die vielfältigen Funktionen, die hier an drei Beispielen kurz aufgeführt wurden, machen deutlich, wieso der Reiz dieser wie anderer Apps gerade für junge Menschen so enorm groß ist. Vieles ist machbar und es wird viel geboten: von der Selbstdarstellung und Persönlichkeitsperformance über kreative Gestaltungsoptionen, dem Empfangen und Verbreiten von Informationen über vor allem jugendtypische Themen, Kontaktanbahnungsmöglichkeiten und Unterhaltungsangebote, sie ermöglichen Inhalte spontan zu produzieren, zu teilen, zu kommentieren oder sich inspirieren und unterhalten zu lassen. Lifestyle in allen Facetten ist dabei in den Social-Media-Kanälen das zentrale Thema.

BeReal

Gelegentlich wechseln Präferenzen der User*innen, sodass Plattformen mal mehr oder weniger angesagt sind. So war Facebook bei jungen Menschen lange Zeit ‚out', weil die Plattform zunehmend von Erwachsenen in Anspruch genommen wurde. 2020 nutzten Jugendliche diese Plattform wieder vermehrt (MPFS 2021, S. 37). Nur selten können neue Social-Media-Plattformen einen Durchbruch erzielen. 2020 kam die Social-Media-App „BeReal" auf den Markt, die sich dem Trend der permanenten Selbstvermarktung durch gestylte und bearbeitete Bilder entgegenstellt. Bei BeReal sollen reale und authentische Fotos aus dem Leben der Nutzer*innen gepostet werden. Das Besondere: Die App fordert seine User*innen einmal täglich per Pushnachricht zu einer dem Nutzer bzw. der Nutzerin zuvor nicht bekannten Uhrzeit auf, ein Foto ihrer aktuellen Situation aufzunehmen und mit Freund*innen zu teilen. Dafür haben die User*innen zwei Minuten Zeit, was für Authentizität der Bilder sorgen soll. Anders als beispielsweise bei Instagram kann auch nur dieses eine Foto hochgeladen und geteilt werden (jugendschutz.net 2023). Die App ist eine der Spielarten von Social-Media-Plattformen und wurde nach dem Erscheinen stark nachgefragt. Die Idee ist im September 2022 mit fast identischem Ansatz unter dem Namen ‚Now' von TikTok übernommen worden (Klicksafe 2022). Abzuwarten bleibt, ob es sich um einen kurzzeitigen Hype handelt oder die App langfristig Erfolg haben wird. In der JIM-Studie 2022 spielte sie im Ranking der beliebtesten Apps keine Rolle (MPFS 2022, S. 26 f.). Kritik erfährt die App vor allem wegen Sicherheitsmängeln und dem Druck, der auf junge Menschen ausgeübt wird, weil schnelle Reaktionen erforderlich sind und es dadurch zu unüberlegtem Handeln kommen kann (jugendschutz.net 2023).

v. Altersgrenzen und Schutzfunktionen

Für alle Apps gibt es in den Geschäftsbedingungen Mindestaltervorgaben (z. B. Instagram und Snapchat ab 13 Jahren, WhatsApp gemäß der Datenschutzgrundverordnung ab 16 Jahre). Die Altersvorgaben sind nicht pädagogisch begründet, sondern dienen ausschließlich der Absicherung der Anbieter, um Gesetzesvorgaben zu entsprechen. Eine Alterskontrolle findet nicht statt. Für eine Nutzung der Apps ist die Zustimmung der Eltern erforderlich, die auch unabhängig vom Mindestalter gegeben werden kann (Klicksafe 2023).

Alle Apps enthalten Funktionen, die die Userin bzw. den User schützen können. Sie sind in der Regel unter Privatsphäre oder Sicherheit einstellbar. Diese Funktionen sollten Jugendliche wie Fachkräfte kennen. Es gibt beispielsweise die Möglichkeit, problematische Inhalte an den Diensteanbieter zu melden, den Kreis der Nutzer*innen auf Freunde einzuschränken oder einzelne Personen zu blockieren, die Standorterfassung zu deaktivieren, In-App-Käufe in den Einstellungen einzuschränken oder die Option zeitliche Beschränkungen per Timer vorzunehmen. Auch eine Kontrolle der vom Kind aufgerufenen Seiten ist möglich. Es ist jeweils abzuschätzen und mit den Kindern und Jugendlichen zu besprechen, welche Regelung in welchem Alter (noch) sinnvoll ist.

b. Freizeitgestaltung online – Digitale Spielewelten

Im Lexikon der Sozialen Arbeit definiert Völkel, was unter Spiel zu verstehen ist und welche Funktionen Spiel erfüllt (Völkel 2017, S. 860 f.). Das Spiel beschreibt sie als eine intrinsisch motivierte, freiwillige, zweckfreie Handlung, die sich von anderen Handlungen, der Arbeit und dem Lernen abgrenzt. Beim Spielen wird eine neue Realität konstruiert, da dem Handlungsrahmen, den Gegenständen und Personen andere Bedeutungen zugeschrieben werden können. Zudem wird von ihr benannt, dass das Spiel oft wiederkehrende Handlungen enthält und damit den Spielenden aller Altersstufen wiederholte Freude am Effekt möglich wird. Sie sieht in der Wissenschaft einen Konsens bezüglich der entwicklungsfördernden Wirkung von Spielen. Es finden positive sensorische und motorische Prozesse statt, Rollen- und Regelspiele unterstützen bei der Entwicklung von Sozialverhalten und Fantasiespiele unterstützen die Denkentwicklung (Völkel 2017, S. 861).

i. Digitale Spielewelten

Spielen ist – gleichgültig in welcher Form – ein Element menschlichen Lebens und Erlebens und beinhaltet soziale Komponenten, da oft mit anderen zusammengespielt wird. Die digitalen Spielewelten üben gerade auf Kinder und Jugendliche eine besonders hohe Faszination aus. Aber es tauchen auch viele Erwachsene in diese Welten ab. Leander Haußmann, Theater- und Filmregisseur, Schauspieler und zeitweise Intendant am Schauspielhaus Bochum ist Gamer. Er zeigt sich (im Alter von 60 Jahren!) begeistert von den fantasievollen komplexen Spielewelten und kreativen Spieleentwickler*innen („Schiller würde vor Freude in die Luft springen"). Er beklagt zugleich, dass bei Kritiker*innen eine „sträfliche Ahnungslosigkeit" vorherrscht, die jede Lust auf Diskussionen nimmt, weil die „Stereotype bei den Argumenten nerven", sie seien ungerecht den Machern gegenüber und die Argumente zielten in der Regel an den wirklichen Problemen vorbei (Haußmann 2019).

Der Verband der deutschen Gamebranche spricht von fast 60 Prozent aller Altersstufen, die regelmäßig oder gelegentlich digital spielen (Angelova 2022). Jugendliche verbringen unter der Woche – nach eigenen Angaben – pro Tag durchschnittlich 109 Minuten mit digitalen Spielen (MPFS 2022, S. 50). Die deutsche Videospielbranche verzeichnet entsprechend jährliche Umsatzsteigerungsraten, 2021 waren es knapp 10 Milliarden Euro, ein Plus um fast 17 Prozent im Vergleich zum Vorjahr (Jakobs 2022). Die weltgrößte Computer- und Spielemesse „Gamescom" ist mittlerweile auch vielen Erwachsenen bekannt, denn die öffentliche Wahrnehmung hat sich verschoben. Die Messe, die seit 2009 jährlich in Deutschland ausgerichtet wird, findet inzwischen umfänglich Aufmerksamkeit beispielsweise in Nachrichtensendungen oder bei der Politik. Mehr als eine Viertelmillionen Besucher*innen hat die Messe pro Jahr zu verzeichnen, weltweit gibt es Millionen Aufrufe von im Netz präsentierten Inhalten, Stars der Spiele-, Musik- und YouTuber*innen-Szene sind vor Ort. Die zumeist jungen Besucher*innen zocken, informieren sich und tauschen sich aus (Mann 2022).

Die Bandbreite von Spieleangeboten ist enorm, in der digitalen Welt in besonderem Maße. Es finden sich in den digitalen Spielewelten für jedes Bedürfnis spezifische Formate: so gibt es einerseits sehr komplexe Spiele und andererseits sogenannte „Casual Games" mit wenig Anforderungen (z. B. Tetris), es finden sich Simulationsspiele (z. B. die Sims) ebenso wie Adventure- und Rollenspiele (z. B. World of Warcraft), Shooterspiele (z. B. Call of Duty), Strategiespiele (z. B. Die Siedler), Jump'n Run-Spiele (z. B. Super Mario), Sportspiele (z. B. Switch Sports) und Sportsimulationen (z. B. EA Sports FC – bis 2022 bekannt unter dem Namen FIFA), Tanz- und Musikspiele (z. B. Just Dance oder Singstar), zudem gibt es Spielformate mit Lerninhalten und die klassischen Brett- oder Kartenspiele finden sich ebenso im Netz wieder. Auch Augmented Reality (AR-)Spiele haben an Bedeutung gewonnen. Bei AR werden der jeweiligen Umgebung digitale Elemente hinzugefügt, die in der Regel unter Verwendung der Smartphonekamera sichtbar werden. Bekannt hierfür ist das Spiel Pokémon GO, welches weltweit einen großen Hype auslöste. Zudem wird auch Virtual Reality (VR) weiter an Relevanz zunehmen. Bei Virtual Reality-Formaten wie zum Beispiel ‚Beat Saber' wird die Realumgebung durch eine virtuell simulierte neue Welt mittels VR-Brillen ersetzt, die die Szenen als sehr real erscheinen lassen. „Unter mir ist nichts als Abgrund. Kurz wird mir schwummrig, ich muss tatsächlich für Sekunden mein Gleichgewicht wiederfinden, vor allem aber bin ich begeistert ... als ich die Brille wieder absetze, merke ich, dass der Gründer (der Spielarena, R. G.) recht hatte. Ich schwitze und muss erst einmal durchatmen" (Bennink 2022, S. 20).

Die digitalen Spiele beinhalten einen bunten Strauß an Angeboten, der für jede und jeden geeignete Spiele und Spielvarianten bietet. Die Spiele sind für unterschiedliche Plattformen konzipiert, in der Spieledauer zeitlich begrenzt oder unbegrenzt, sind kostenlos erhältlich oder käuflich zu erwerben, sie sind mit Anreizsystemen versehen und können In-App-Käufe enthalten, sie werden mit Werbebotschaften unterbrochen oder eben nicht, sie sind altersbeschränkt oder ohne Alterseinschränkungen verfügbar. Allein aufgrund der Spielevielfalt und der Breite der angebotenen Varianten können digitale Spiele nicht pauschal be- und/oder verurteilt werden.

Let's Play-Videos – spezielle Welten Jugendlicher

Let's Play-Videos – schon der Begriff dürfte vielen Erwachsenen nicht geläufig sein, doch bei Kindern und Jugendlichen gehören sie zum Alltag. Bei Let's Play-Videos („Lasst uns spielen") werden von Spieler*innen Videos ins Netz gestellt, die es Zuschauer*innen ermöglichen, ihnen beim Spielen zuzusehen und von ihnen Tipps und Kommentare zu den Spielen zu hören, die oft witzig oder spannend erzählt werden. Die Player (hier bewusst in der männlichen Schreibweise verwendet, da es fast ausschließlich junge Männer sind, die derartige Videos anbieten) werden oft mithilfe einer Webcam (sog. Facecam) eingebunden und sind zumeist klein in einer Ecke des Bildschirms zu sehen. Dadurch ist es möglich, die individuellen Reaktionen des Players mitzuerleben, was für Jugendliche besonders reizvoll ist. Die Let's Play-Videos können von jedermann eingestellt werden, oft sind es ganze Serien zu einem einzigen Spiel oder zu einem Spielabschnitt, die im Netz zu finden sind. Erwachsene können sich kaum vorstellen, anderen stundenlang beim Spielen in digitalen Welten zuzuschauen, da ist es doch eher das reale Theater oder das Fußballspiel, das auf Interesse stößt.

Die Top 20-Hitliste der am meisten gesehenen Let's Play-Spieler in Deutschland besteht ausschließlich aus Männern (Haselberger 2022). Millionen Abonnent*innen folgen ihrem Star oder ihren Stars. Diese werden von Jugendlichen gehypt und als große Vorbilder gesehen. Zwei Beispiele: Erik Ranke hat sich den Namen „Gronkh" gegeben, so wie viele andere Let's Player ebenfalls Künstlernamen verwenden. Die meisten Spieler sind auf wenige populäre Spiele fokussiert,

Gronkh spielt vor allem Minecraft. Er hat fast 5.000.000 Abonnent*innen, die ihm auf seinem YouTube-Kanal folgen (ebd.). Montana Black, auch bekannt als „Monte", betreibt zwei Streamingplattformen, allein bei SpontanaBlack hat er 2,7 Millionen Follower*innen und belegt Platz 5 der meist gesehenen Let's Player (ebd.).

Der besondere Reiz von digitalen Spielen

Was macht den besonderen Reiz von digitalen (Video-)Spielen aus? Die Videospiele haben meist eine fantasievolle Story und ebenso fantasievolle Gestaltungselemente, sie bieten eine Welt, in der die Spieler*innen eintauchen, aktiv werden, etwas gestalten, Hindernisse überwinden, Abenteuer bewältigen, Rätsel lösen ... Das Spiel kann spannend oder ent-spannend sein, es kann Ausdauer erfordern und Erfolge vermitteln, Videospiele bieten oft neue kognitive Herausforderungen und die Gelegenheit, Orte oder Objekte zu erforschen. Zudem besteht die Möglichkeit der aktiven Partizipation, nämlich der Einflussnahme auf den Spielverlauf. Die Spielenden können in vielen digitalen Spielen selbst entscheiden, welchen Spielschritt sie vollziehen, sie können sehr kreativ werden, ihre eine eigene Geschichte schreiben, indem sie die (Spiele-)Welt gestalten. Multiplayerspiele ermöglichen es, über Voicechats mit anderen Spieler*innen der Community in den Austausch zu gehen. Dass virtuelle und reale Welten eng verbunden sein können, zeigt sich auch bei digitalen Spielen. Pokémon GO, mit mehr als einer Milliarde Downloads, ist ein prominentes Beispiel für Augmented Reality (erweiterte Realität): Die Spieler*innen begeben sich auf Plätze in der realen Welt, um (virtuelle) Pokémon per Smartphone zu suchen und zu fangen, um dann mit Mitspieler*innen, die sich in der Nähe aufhalten, Kämpfe auszufechten (www.pokemon.com). Ein weiteres Beispiel für die Verschmelzung der Welten ist Fortnite Battle Royal. Die im Spiel aufgeführten Tänze der einzelnen Figuren wurden von den Kindern und Jugendlichen eingeübt und schwappten „Schritt für Schritt über die Pausenhöfe ins echte Leben" (Lindau 2019). Und Erwachsene zeigten sich überrascht.

Mit dem Spielen sind positive emotionale Aspekte verbunden, denn das Spiel ermöglicht Selbstwirksamkeitserfahrungen, vermittelt das Gefühl von Kontrolle und regt das Belohnungssystem im Hirn an (Dopaminausschüttung). Es macht Spaß zu spielen, Wettkämpfe auszufechten, sein Geschick unter Beweis zu stellen, Aufgaben zu bewältigen, ‚Held*in sein' zu können, Grenzen zu überschreiten, in andere Zeiten und Welten abzutauchen. Bedeutsam ist zudem der kommunikative Aspekt während des Spiels sowie über das Spiel und über das im Spiel Erlebte. Selbstverständlich werden Spiele auch aus Langeweile oder zur Ablenkung gespielt oder um in der Gleichaltrigengruppe mitreden zu können und somit Ausgrenzung zu vermeiden. Die allermeisten Kinder und Jugendlichen (so wie viele Erwachsene) lieben den Facettenreichtum, den die digitalen Welten bieten, der zudem mit entsprechendem Entscheidungsfreiraum verbunden ist. Ein Gamer beschreibt die Faszination von digitalen Spielen so: „Wenn mir alles zu viel wird und ich im Hamsterrad aus Arbeit, Haushalt, Social-Media, Weltuntergangsnachrichten, festzustecken scheine, setze ich mich an den PC und steuere das kleine V-Symbol auf dem Desktop an. Kurz danach stehe ich als bärtiger Wikinger in einem Wald am Lagerfeuer. ‚Valheim' heißt das Spiel, das in meinem Kopf klick macht und meine Gedanken auf Reise schickt" (Güthlein 2023, S. 25).

Insgesamt ist festzustellen, dass digitale Spiele einen enormen Reiz ausüben und hoch bedeutsam sind, gerade für junge Menschen. Dabei sind die Spielvarianten und Spieleangebote einerseits sehr umfassend, andererseits sind es seit vielen Jahren mehr oder weniger dieselben Spiele, die Jugendliche faszinieren: Minecraft, FIFA (neuer Name seit 2023: EA Sports FC), Fortnite, Call of Duty und GTA – Grand Theft Auto (MPFS 2022, S. 59). Lediglich sechs Prozent aller Jugendlichen spielen nicht digital (MPFS 2022, S. 49). Fachkräfte Sozialer Arbeit, die mit jungen Menschen arbeiten, können und müssen nicht in der Tiefe die Spielewelten ergründen, auch sind Detailkenntnisse zu einzelnen Spielen nicht unbedingt notwendig, zudem müssen Fachkräfte die jeweiligen Spiele nicht aus eigener Anschauung kennen, aber sie sollten sich zumindest ein grundlegendes Wissen darüber aneignen, was die Jugendlichen in den Spielewelten bewegt und fasziniert und welche Bedeutung die dort tätigen Akteure in der Rolle als Vorbilder haben. Dabei gilt es als Fachkräfte Sozialer Arbeit, positive wie negative Aspekte im Blick zu behalten.

Genderaspekte bei der Nutzung digitaler Spiele

Im Spielverhalten zwischen Jungen und Mädchen bestehen Unterschiede, die sich entlang gesellschaftlich zugeschriebener Geschlechterrollen festmachen lassen. Diese Stereotypen setzen sich in den digitalen Spielewelten fort. So hatte etwa die Homepage *www.spieleaffe.de* klassische Klischees abgebildet, indem sie Jungenspiele in einer blauen Spalte auflistete und Mädchenspiele rosafarben unterlegte. Für die Jungen wurden vorwiegend Shooter,- Action,- Autorennspiele und Ähnliches aufgelistet, während den Mädchen Spiele unterbreitet wurden, die sich mit Tieren, Lifestyle oder gestalterischen Elementen befassten (Gravelmann, ohne weiteren Beleg). Die Seite wurde schließlich in dieser gegenüberstellenden Form mit farblicher Kennzeichnung entfernt, aber eine Sortierung nach Mädchen- und Jugendspielen ist weiterhin möglich. Bereits bei Kindern im Alter von sechs bis 13 Jahren, deren Mediennutzungsverhalten die Kindheit-Internet-Medien-Studie (KIM) untersucht, sind sehr deutliche Differenzen im Mediennutzungsverhalten und bei der Affinität zu Spielen und der Spieleauswahl erkennbar (MPFS 2020). Dies setzt sich im jugendlichen Alter fort. Der Blick in die digitale Spieleszene der 12- bis 19-Jährigen zeigt die deutlichen Unterschiede zwischen männlichen und weiblichen Nutzer*innen (MPFS 2021, S. 13 f.), Mädchen spielen im Durchschnitt 89 Minuten am Tag, männliche Jugendliche 130 Minuten (MPFS 2022, S. 51). Außerdem schauen Jungen häufiger Online-Videos, während der Anteil an Mädchen, die regelmäßig ein Tablet nutzen, Bücher lesen oder Musik hören, höher liegt (ebd., S. 15). Zudem sind die Präferenzen für die Art der Spiele geschlechterspezifisch (ebd., S. 59). Auch in der Nutzungshäufigkeit gibt es Differenzen zwischen den Geschlechtern. Insgesamt beschäftigen sich 84 Prozent der 12- bis 19-jährigen Jungen täglich oder mehrmals die Woche mit digitalen Spielen, bei den Mädchen der gleichen Altersstufe sind es lediglich 68 Prozent (ebd., S. 15). Entsprechend stellt die JIM-Studie 2022 fest, dass der Anteil an Jungen, die Plattformen im Gaming-Bereich regelmäßig nutzen, deutlich höher ist. Bei der Spieleplattform Discord sind 26 Prozent der Jungen im Alter von zwölf bis 19 Jahren aktiv, während es nur sieben Prozent der Mädchen sind. Bei Twitch (ebenfalls eine Spieleplattform) sind 16 Prozent der Jungen regelmäßig vertreten, bei den Mädchen lediglich fünf Prozent (MPFS ebd., S. 29). Teamspeak, welches zur Kommunikation parallel zu Onlinespielen verwendet wird, nutzen Jungen zu sieben Prozent und Mädchen nur zu drei Prozent (MPFS 2021, S. 38).

Für pädagogische Fachkräfte resultiert aus den Erkenntnissen, dass auch im Feld digitaler Spiele sowie bei der Nutzung von Social-Media-Plattformen Genderaspekte mitzudenken sind.

ii. Der kritische Erwachsenenblick und die Replik

Eltern und Pädagog*innen bewerten digitale Spiele – anders als ein Spiel am Wohnzimmertisch – oft kritisch. Sie beklagen, wenn nicht das digitale Spielen selbst, so doch zumindest die Inhalte (etwa bei Shooter- oder Kriegsspielen), sie heben Gefährdungen hervor, erkennen die hohe Relevanz des Spielens für spezifische Entwicklungserfordernisse- und -bedürfnisse des Jugendalters nicht (an) und können die mit dem Spielen verbundenen Chancen nicht (ausreichend) sehen. Es wird vor allem kritisiert, dass zu viel Zeit mit digitalen Spielen verbracht wird.

Der Jugendliche Mirko Muhshoff beschreibt in einem YouTube-Clip „Dein Spiel. Dein Leben“ sehr anschaulich und kreativ die Potenziale der Spielewelt und kritisiert die verkrusteten Denkweisen vieler Erwachsener. Er gewann mit dem Clip den Wettbewerb im Rahmen der Kampagne „Dein Spiel. Dein Leben. – Find your Level!“ (Muhshoff 2013).

In einem Kommentar in der „Zeitschrift der Bildungsgewerkschaft Erziehung und Wissenschaft“ formuliert Muuß-Merholz treffend, was die Faszination von Computerspielen für Jugendliche ausmacht und woran es in der Pädagogik oft mangelt.

> „1. Selbstwirksamkeit: Ich habe Gewissheit, dass mein eigenes Handeln Auswirkungen hat.
> 2. Orientierung: Ich habe ein klares Ziel und erreichbare Etappen auf dem Weg dorthin.

3. Optimismus: Ich habe die Aussicht darauf, erfolgreich zu sein – wenn auch erst nach vielem Üben, vielen Anläufen und Irrwegen.
4. Soziale Einbindung: Ich kann mit anderen zusammenarbeiten, bekomme positive Gruppenerlebnisse und Feedback von Gleichgesinnten.
5. Freude: Die Anforderungen an mich steigen mit meinen Fortschritten, sodass ich erfahre, dass ich immer besser werde.
6. Freiwilligkeit: Meine Tätigkeit ist autotelisch: Ich spiele, weil ich es will und nicht, weil man mich drängt.
7. Planung: Es lohnt sich, über den Moment hinaus Strategien für mein Handeln zu entwickeln" (Muuß-Merholz 2013, S. 2).

Woellert konstatiert, dass digitale Spiele sich zu einem neuen Leitmedium entwickelt und viele Bereiche der Gesellschaft durchdrungen haben. Er fasst pointiert zusammen: „Generation Game klopft an die Tür und wer ihr nicht aufmacht, der versteht bald die Spielregeln nicht mehr" (Woellert 2015). Wie weit ist die Tür in der Sozialen Arbeit geöffnet oder ist sie in vielen Feldern der Arbeit immer noch verschlossen?

Tipps:

- Der Spieleratgeber-NRW wird vom Land NRW gefördert und von der Fachstelle Jugendmedienkultur NRW betrieben. Es handelt sich um eine Informationsplattform zu Computer-, Konsolenspielen und Apps, die pädagogisch unter Beteiligung von Kindern und Jugendlichen bewertet werden. Zudem sind Informationen über aktuelle Spieletrends und Studien sowie Hinweise für die pädagogische Praxis zur Medienbildung zu finden • www.spieleratgeber.nrw
- Die Bundeszentrale für politische Bildung stellt auf dieser Homepage digitale Spiele vor und beurteilt sie nach ihrem pädagogischen Potenzial für politische Bildungsprozesse, zum Beispiel in der Schule, der Jugendhilfe oder zu Hause • www.spielbar.de
- Die Unterhaltungssoftware Selbstkontrolle (USK) ist eine freiwillige Einrichtung von über 50 Unternehmen der Game-Branche und zuständig für die Prüfung zur Alterseinstufung von digitalen Spielen in Deutschland. Im Bereich des Jugendschutzgesetzes erteilen staatliche Vertreter*innen auf Empfehlung von unabhängigen Jugendschutzsachverständigen am Ende eines USK-Verfahrens die gesetzlichen Alterskennzeichen • www.usk.de
- Die digitale Welt fordert Erwachsene auch in Bezug auf die verwendeten Termini heraus. Viele Begriffe sind Erwachsenen nicht geläufig, was die Kommunikation mit den Jugendlichen erschwert. Allein ein Blick in das Lexikon zu digitalen Spielen und E-Sport lässt die Komplexität der notwendigen Kenntnisse sichtbar werden • https://usk.de/alle-lexikonbegriffe

c. Trends – Influencer*innen, E-Sport und Co.

Influencerinnen und Influencer sind Vorbilder im Netz, die als Identitätsfolie und als Rollenmuster dienen. Dies betrifft unter anderem geäußerte Meinungen, Lebensmodelle, Konsumvorlieben, Aussehen etc. So wie Ältere sich noch an Bravo-Poster-Schnitte ihrer ‚Helden*innen' erinnern, so sind die Held*innen heute auf digitalen Plattformen zu finden. Auch beim E-Sport (elektronischer Sport) entwickelt sich immer mehr eine Szene, mit eigenen Stars und vor allem einer zunehmenden Zahl von Zuschauer*innen. Zudem spielen Trends wie Challenges oder Pranks eine bedeutende Rolle im Leben junger Menschen, während weder Eltern noch die Fachkräfte diese hinlänglich kennen oder ihre Relevanz für Jugendliche verstehen. Das nachfolgende Kapitel soll einen knappen Einblick in diese Entwicklungen geben.

i. Influencer*innen und Influencer

Influencer-Marketing, also die Planung, Steuerung und Kontrolle des gezielten Einsatzes von Social-Media-Meinungsführer*innen und Multiplikator*innen, ist ein hoch bedeutsamer Markt geworden, denn laut einer Bitcom-Umfrage folgt die Hälfte der Nutzerinnen und Nutzer sozialer Medien in Deutschland Influencer*innen auf den entsprechenden Social-Media-Plattformen, wobei es bei jungen Menschen zwischen 16 und 29 Jahren sogar 81 Prozent sind (Paulsen 2022). Die bekannteren Influencer*innen (übersetzt: Beeinflusser*innen) haben Millionen Follower*innen.

Auf allen Social-Media-Plattformen, ob Instagram, TikTok oder YouTube, tummeln sich entsprechend Influencer*innen und präsentieren Mode und Kosmetik, ihre Sport- Tanz- und Fitnessaktivitäten, ihre Lieblingsessen, -kleidung, -urlaubsorte, -autos, -möbel oder ihre Körper. Influencer*innen sind Meinungsführer*innen und Multiplikatoren im Social Web und haben einen hohen Glaubwürdigkeitswert, da sie die Follower*innen intensiv an ihrem Leben teilhaben lassen (Klicksafe 2023). Influencer*innen leben von dieser (vermeintlichen) Authentizität und ihren Selbstinszenierungen, die zu entsprechenden Likes und Follower*innen führen, die ihnen wiederum ‚fame' und Einnahmen bringen.

Die in Deutschland bekannteste Influencer*in mit den meisten Follower*innen ist Bianca ‚Bibi' Claßens, die seit 2012 ‚on' ist (vormals Heinicke, seit 2022 wieder getrennt von ihrem Ehemann Julian Claßen alias Julienco, der ebenfalls als Influencer aktiv ist). Ihre Themen: Lifestyle, Mode und Kosmetik. Sie hat 5,9 Millionen Follower*innen auf YouTube und 8,1 Millionen auf Instagram (Kolsquare 2022). Sie ist mehrfache Millionärin (Kruse 2020), unter anderem über die Anzahl der Follower*innen/Abonnent*innen, über die in ihren Videos präsentierten Produkte (Werbeeinnahmen), die Option von In-App-Käufen und den Verkäufen, der von ihr auf den Markt gebrachten Bilou-Kosmetikserie in Drogerien, die vor allem von Teenager*innen stark nachgefragt ist. Zudem erhalten Influencer*innen, die über eine Millionen Follower*innen haben – somit auch ‚Bibi' – 10.000 US-Dollar und mehr pro kommerziellen Post auf Instagram, wobei das Honorar von vielen Faktoren abhängig ist, wie zum Beispiel von der Engagementrate der Follower*innen und den Produktionskosten für Inhalte (Lohmeyer 2023). ‚Bibis' Publikum ist zum Großteil weiblich (70,6 %) und zwischen 18 und 24 Jahren alt (53 %) (Kolsquare 2022). Bei ‚Bibi' zeigt sich exemplarisch, dass vor allem Mädchen und Frauen den – ebenfalls überwiegend weiblichen – Influencer*innen wie etwa den Zwillingen Lisa und Lena Mantler, Pamela Reif, Garcia Urbina oder Julia Beautx folgen. Doch der Männeranteil ist – je nach Influencer*in – zum Teil ebenfalls beachtlich, beispielsweise bei Montana Black, LeFloid oder Nadine Breaty (Kolsquare 2022). Es gibt in der Influencer*innenscene zudem Spezialisierungen wie zum Beispiel Carfluenzer*innen (Autowerbung) oder Christfluencer*innen (Glaubensfragen) (influence me 2023). Auch virtuelle Influencer*innen, also künstlich erzeugte Figuren im 3D-Format, zum Teil als Menschen nachgebildet, werden millionenfach abonniert (z. B. Barbie oder magazineluiza, die allein auf Instagram 6,4 Millionen Follower*innen hat) (Virtual Humans o. J.).

Zweifelsohne sind bei Influencer*innen die bereits genannten Themen gefragt, aber es gibt auch Sinnfluencer*innen in den Social-Media-Kanälen. Junge Menschen, die sich den gängigen Inhalten (zumindest teilweise) verweigern und kritische und/oder politische Inhalte verbreiten, etwa Louisa Dellert, Lisa Sophie Laurent, Luisa Neubauer oder Alicia Joe. Bekannt geworden ist besonders der YouTuber Rezo (1,65 Millionen Abonnent*innen, Stand 18.02.2023). Er betreibt vier Kanäle, darunter einen Kanal mit vorwiegend politischen Inhalten. Seinen größten Erfolg hatte er mit dem kurz vor der Europawahl 2019 verbreiteten YouTube-Video „Zerstörung der CDU" (Peker 2021) – unter jungen Menschen innerhalb weniger Tage millionenfach geteilt und geliked. Die Erwachsenenwelt wurde erst später aufgrund der Wucht der Verbreitung auf Deutschlands erfolgreichstes YouTube-Video des Jahres 2019 aufmerksam; auch die CDU war völlig überrumpelt und reagierte erst Tage später (Breher 2019). Zig Millionen Menschen hat der YouTuber mit dem Video erreicht (Stand 10.02.2023: 19.000.000) und dadurch Einfluss auf die Wahl genommen. Er hat über 1,3 Millionen Likes erhalten und über 313 000 Nutzer*innen dazu gebracht, Kommentare zu verfassen.

Der Rezo-Clip zeigt, wie schnell das Netz Erregungswellen produzieren kann und ist ebenso ein Beispiel dafür, wie Erwachsene und Fachkräfte Themen verpassen oder (zu) spät bemerken, die junge Menschen umtreiben, die sie in die sozialen Medienwelten einbringen und die in ungeheurer Geschwindigkeit viral Verbreitung finden. Die Erwachsenenwelt ist von der Welt der Jugendlichen oft abgehängt und ihre digitalen Angebote sind wenig kompatibel mit den Bedürfnissen und Interessen junger Menschen. „Anschluss gesucht" lautet die Schlagzeile eines

Artikels über die Videoclips der Bundestagsfraktionen, die selten mehr als 1.000 Menschen ansprechen (Bettendorf 2020). Und die Kinder- und Jugendhilfe? Gibt es Beiträge im Netz? Wenn ja, wie ist die Resonanz bei den jungen Menschen? Ein Vergleich mit den Klickzahlen, die Influencer*innen erreichen, ist erschreckend. Kinder- und Jugendhilfe ist mit ihren Angeboten zum einen im Netz wenig präsent (von Homepageseiten einmal abgesehen) und die eingestellten Clips erzielen zudem selten mehr als einige hundert oder tausend Klicks.

*Berufswunsch Influencer*in / YouTuber*in / Let's Player*in*

Fachkräfte und Eltern werden immer häufiger damit konfrontiert, dass Kinder und Jugendliche davon träumen, Influencer*in zu werden. Auf der Seite *www.medienbewusst.de* wird getitelt: „Der neue Karrierewunsch der Kids: Influencer!" Die Verlockungen liegen auf der Hand. Scheinbar leicht verdientes Geld, verbunden mit Lifestyle, Urlauben und schönen Outfits – alles bezahlt von Unternehmen.

Influencer*in zu werden, ist als Berufswunsch durchaus anzuerkennen, wobei sicherlich oft unrealistische Erwartungshaltungen ebenso festzustellen sind wie falsche Vorstellungen vom Alltag einer*eines Influencer*in (Henning 2023, S. 24). Aber wenn Erwachsene den warnenden Zeigefinger erheben und die Berufswahl als Phantasterei abtun oder Influencing nicht als Berufsperspektive anerkennen, verlieren sie an Glaubwürdigkeit. Schließlich sehen die Kinder und Jugendlichen täglich in sozialen Netzwerken, dass ehemalige Drogenkonsumenten (wie ‚Montana Black') oder Schüler*innen (wie ‚Die Lochies') oder Gamer (wie ‚Paluten' oder ‚Gronkh') erfolgreich sind. Selbst Kinder, von ihren Eltern vermarktet, werden zu Social-Media-Stars. So hatte die Kinderinfluencerin ‚Miley' 2022 mit gerade einmal zehn Jahren 865.000 Abonnent*innen allein in Deutschland. Der achtjährige ‚Ryan' war 2019 mit 23,8 Millionen Abonnent*innen der bestverdienenste YouTuber weltweit (internet-abc.de 2022). Und auch (mehr oder weniger) originelle Clips, etwa von Katzen, werden millionenfach geklickt und finden im Netz schnell virale Verbreitung (Furtner 2023). Jeder Klick bringt ab einer gewissen Größenordnung entsprechende Einnahmen und Nachfragen der Werbebranche mit sich. Beispiele, die bei Kindern und Jugendlichen Wirkung zeigen.

Bereits 56 Prozent der Social-Media-Nutzer*innen in Deutschland sehen Influencing als ganz normalen Beruf und 35 Prozent wären selbst gern als Influencer*in erfolgreich (Paulsen 2018). In den USA ist der Beruf der Influencer*innen noch sehr viel positiver besetzt, akzeptiert und angestrebt (Pryce 2019).

ii. Sport in virtuellen Welten

Die LAN-Partys aus den 90er Jahren sind vielen älteren Fachkräften, die mit Kindern und Jugendlichen gearbeitet haben, sicher noch ein Begriff. In Jugendzentren oder großen Hallen wurden Computer untereinander vernetzt, um gemeinsam, unter Beachtung des Jugendschutzgesetzes, (oft tagelang) mit anderen spielen zu können. Jüngere Spieler*innen organisierten eigene LAN-Partys im häuslichen Rahmen, um dem Jugendschutzgesetz nicht zu unterliegen. Auf LAN-Partys konnten Jugendliche sich spielerisch messen, sich mit Freund*innen treffen oder andere Spieler*innen kennenlernen. Mittlerweile haben LAN-Partys kaum noch Relevanz, da die Zugänge über eine bessere technische Ausstattung mittels Breitbandkabel möglich wurden und zudem Flatrates kostengünstiges weltweites Spielen ermöglichen. LAN-Partys erreichen heute kein Massenpublikum mehr, sind aber als Nischenmarkt, als Nostalgie-Trend wieder im Kommen. „Zocken, schlafen, zocken – bei der LAN-Party auf der Dreamhack (Deutschlands größter LAN-Party, R. G.) spielen bis zu 2500 Menschen vier Tage lang ohne Pause durch", titelte die Hannoversche Allgemeine Zeitung am 16.12.2022 (Hellerling 2022).

Aus den LAN-Partys und dem Fortschreiten der technischen Möglichkeiten erwuchsen Ende der 90er Jahre E-Gaming- und E-Sport-Veranstaltungen sowie E-Sportwettkämpfe, die schließlich auch mit Preisgeldern versehen waren (Larch 2023). Das „E" vor dem Sport steht dabei für elektronisch, für einen professionellen sportlichen Wettkampf mit Computer- und Videospielen. E-Sport (es finden sich zudem die Schreibweisen Esport, eSports oder e-Sport) gibt es als Einzel- oder Mannschaftsdisziplin. Er unterliegt, wie die klassischen Sportarten, Wettkampfregeln, die das Computerspiel vorgibt und/oder durch ein externes Reglement zum Beispiel durch den Veranstalter festgelegt werden (ebd.). Wie der Realsport beinhaltet E-Sport soziale Komponenten, baut auf ein Miteinander, Teambuilding und Kooperation. Zudem erfordert E-Sport ein ebenso intensives Training, benötigt genauso spezifische Talente und Fähigkeiten der Spieler*innen wie beispielsweise Spiel- und Taktikverständnis bzw. entsprechende Spielübersicht, Durchhaltevermögen und vorausschauendes Denken. Zudem wird beim E-Sport eine gute Hand-Augen-Koordination sowie räumliches Orientierungsvermögen benötigt. Eine E-Sport-Karriere setzt somit von den Profispieler*innen viel Training und Kompetenzen voraus. Die Gamingbranche spricht beim E-Sport von einem „Wettkampf der digitalen Generation", sieht eine Entwicklung hin zu einem Massenmarkt, da E-Sport mittlerweile Stadien füllt und ein Millionenpublikum an den Bildschirmen erreicht (Hepp o. J.). Elf Millionen Menschen in Deutschland sollen 2018 laut einer Umfrage der Game-Industrie bereits bei E-Sport-Veranstaltungen zugeschaut haben (Raabe 2020, S. 1).

„Es ist ein packendes Match. Seit einer Stunde stehen sich die zwei besten Teams der Welt gegenüber, es spielen fünf gegen fünf. Bis zu 400-mal bedienen die Spielenden ihre Eingabegeräte pro Minute, um den perfekten Zug zu schaffen. Es herrscht höchste Konzentration und Anspannung und dann – ein Double Kill. Die Stimme des Kommentators überschlägt sich, die Zuschauer hält es nicht mehr auf ihren Sitzen, das Stadion bebt. Was die Menge hier derart begeistert, ist ein Finale. Und zwar eins zwischen den weltbesten Esportlern" (Hepp o. J.). Gespielt wird vor allem League of Legends, Dota 2, Counter-Strike: Global Offensive, Tom Clancy's Rainbow Six Siege, Overwatch oder die FIFA-Reihe. Übertragen werden die Wettkämpfe zum Beispiel mit Twitch, YouTube oder eSPORTS1 auf dem TV-Sender Sport1 (ebd.).

Es haben sich im Laufe der Jahre zahlreiche Ligen und Turniere etabliert, in denen E-Sportlerinnen und E-Sportler auf nationaler und internationaler Ebene gegeneinander antreten. Bereits 2012 hat die Deutsche Fußball Liga einen eFootball-Wettbewerb gestartet. Sechs Jahre später wurde zusätzlich zu den Spielen für Einzelne die Virtual Bundesliga mit Clubs der 1. und 2. Bundesliga ins Leben gerufen, an der mittlerweile 29 Vereine teilnehmen (Deutsche Fußball Liga 2023).

E-Sport dürfte zu den digitalen Welten gehören, die vielen Erwachsenen unbekannt sind, die von ihnen als Sport und Freizeitaktivität nicht ernst genommen werden oder die sie für gefährlich halten (Spielsucht). Für viele junge Menschen hingegen ist die ‚neue' digitale Sportvariante schon jetzt ein Element in ihrem Leben. E-Sport wird in Zukunft sicherlich ein selbstverständlicher Bestandteil der Lebenswelt – nicht nur junger Menschen – sein und vermutlich auch (mehr) Fördergelder erhalten und die Anerkennung als Sport finden.

iii. ... und Co.

Es gibt einige weitere Trends in Social-Media-Kanälen, die Fachkräfte und Eltern kennen sollten. Die jeweiligen Trends wandeln sich im Laufe der Zeit, bleiben von ihrer Grundstruktur jedoch ähnlich. Hingewiesen werden soll an dieser Stelle auf die Phänomene von Pranks, Challenges und In-App-Käufen.

Pranks sind vor allem bei jüngeren Kindern und Jugendlichen weit verbreitete Streiche, die zumeist keine rechtlichen Folgen nach sich ziehen, da sie nicht unmittelbar darauf abzielen, andere zu schädigen, sondern sie sollen erschrecken, ärgern oder provozieren, ähnlich wie in der bekannten TV-Serie „Verstehen Sie Spaß". Es fällt den Kindern und Jugendlichen jedoch schwer zu realisieren, wann sie Grenzüberschreitungen begehen. Ein Beispiel für eine Welle ist 2022/2023 der Prank „Arschbohrer kriegt jeder". Jugendliche, die anderen Jugendlichen die Finger zwischen die Pobacken schieben, dies filmen und die erschrockenen Reaktionen dann auf Social-Media-Plattformen hochladen, um möglichst viele Klicks zu bekommen. Der Prank, der innerhalb weniger Monate als Hashtag allein bei TikTok 744.000 Aufrufe erzielte, soll auf die bei Jugendlichen bekannte Manga- und Anime-Serie Naruto oder auf den YouTuber Montana Black (Monte) zurückgehen (Klicksafe 2022).

Auf YouTube finden sich unter dem Stichwort ‚Pranks' eine Vielzahl von Clips verschiedenster Art. Einerseits sind Pranks typisch für das Experimentier- und Risikoverhalten Jugendlicher, eine sexualisierte Jugendphase und das Austesten (und Überschreiten) von Grenzen, andererseits sehen längst nicht alle Betroffenen derartige ‚Späße' als harmlos an, zumal wenn sie ins Netz gestellt werden und viral Verbreitung finden.

Auch *Challenges* (Herausforderungen) sind sehr beliebt unter jungen Menschen. Die Ice Bucket-Challenge ist sicher vielen Erwachsenen ein Begriff. Sie war 2014 ein großer Hype. Die Challenge sollte auf die Nervenkrankheit ALS aufmerksam machen und war mit dem Sammeln von Spendengeldern verbunden. Mit einem über den Kopf entleerten Eimer kalten Wassers sollte kurzzeitig eine Lähmung im Körper hervorrufen werden, ein Gefühl, das ein ALS-Kranker ein Leben lang ertragen muss. Wer diese Aktion mitmachte, musste sie im sozialen Netz verbreiten und anschließend weitere Personen über die sozialen Netzwerke zum Mitmachen auffordern und zum Spenden animieren. Das klassische Kettenbriefmodell in digitaler Form. Challenges sind oft lustig (z. B. Sprechen mit einer Klammer auf der Nase), es sind Geschicklichkeitsübungen oder sportliche Herausforderungen (Klicksafe 2022). Aber es gibt zugleich problematische Challenges, etwa die Aufforderung zur Zerstörung von Schulmobiliar (von der Brelie 2023), das Zerstören von Fahrradschlössern (Ngo 2022), die Aufforderung auf Waschmittel-Pods zu beißen (Klicksafe 2022) oder der Aufruf bei TikTok, bei der Vorführung des Boxerfilms Creed III in den Kinos zu randalieren (Fuchs 2023). Die Hannoversche Allgemeine Zeitung berichtete über zwei Mädchen, die von einem Regionalzug erfasst wurden, weil sie, so die Annahme, ein Video von sich auf den Gleisen bei TikTok hochladen wollten („TikTok unter Verdacht") (König 2023, S. 2).

In-App-Käufe sind eine mittlerweile außergewöhnlich weit verbreitete neue Form des Kaufens. Innerhalb einer App – daher der Name – können bestimmte Dinge, Dienste oder Inhalte käuflich erworben werden. Die Kaufabwicklung erfolgt über den jeweiligen App-Store. Die Einnahmen aus diesen Verkäufen sind zum Beispiel bei digitalen Spielen mittlerweile höher als die Gewinne der Hartwareverkäufe (Game 2022), also der Spiele selbst, obwohl für die In-App-Käufe zumeist nur geringe Beträge verlangt werden. Um eine möglichst hohe Teilnahme an einem Spiel zu erreichen, sind viele Spieleapps kostenfrei (free-to-play), allerdings beinhalten sie Kaufanreize. So können beispielsweise verschiedene Upgrades (wie eine bessere Ausrüstung) innerhalb der App mit echtem Geld erworben werden, um Vorteile im Spiel zu erlangen, wie etwa bei Candy Crush oder Clash of Clan. Es gibt zudem viele Spiele, wie das bekannte Fortnite Battle Royal, bei denen es keinen Zwang zum Kauf gibt, um Spielfortschritte machen zu können, aber bei denen die Option besteht, die Spielfiguren, also die Held*innen der Kinder und Jugendlichen, mit käuflich erworbenen angesagten Objekten oder Kleidungsstücken auszustatten. Insgesamt werden in dem Spiel Fortnite 1.200 Skins zum Kauf angeboten, mit denen man zum Beispiel das Aussehen der Charaktere verändern kann. Die Spitze bildet der Preis von 2.000 Dollar für einen Skin (Zelada 2018). Bei Fortnite, zig-millionenfach gespielt, haben die Spieleentwickler*innen schon 2018 über eine Milliarde Dollar durch In-App-Käufe erzielt. Damit wurden die Einnahmen des letzten Star-Wars-Kinofilms und des ebenfalls sehr erfolgreichen Spider-Man: Homecoming übertroffen (ebd.). Die Game-Branche jubelt, dass die „In-Game- und In-App-Käufe abermals zu den stärksten Wachstumstreibern (zählten): Insgesamt wuchs der Umsatz hiermit um 30 Prozent auf rund 4,2 Milliarden Euro" (Game 2022).

Am Rande sei vermerkt, dass nicht nur Kinder und Jugendliche ihre Figuren und Avatare ausstatten und aufpeppen möchten, sondern ebenso Erwachsene. Für virtuelle Kleidung, limitiert und ausgestattet mit einem nicht austauschbarem Echtheitszertifikat (einem sog. NFT – Non-Fungible Token-Zertifikat), wird viel Geld ausgegeben. Schon 2019 wurde ein virtuelles Kleid für 9.000 Euro verkauft (Rüth 2023). Exquisite Outfits, ob digital oder real, haben für viele Menschen eine hohe Bedeutung. Kinder und Jugendliche lassen sich dabei noch leichter verführen als Erwachsene, sie können die Marketingstrategien kaum durchschauen und sich dem (Gruppen-)Druck noch schwerer entziehen. Auch hier ist Pädagogik gefragt, aufklärend und schützend zu wirken, unter anderem indem technische Kompetenzen vorhanden sind, um In-App-Käufen einzuschränken (Einrichten einer Authentifizierung bei Android-Systemen oder grundsätzliche Sperrung bzw. Zulassen einer Auswahl erlaubter Apps bei IOS).

Tipp:

Kinder am Smartphone – Kostenfallen bei App- und In-App-Käufen vermeiden

- www.verbraucherzentrale-niedersachsen.de/sites/default/files/medien/140/dokumente/faktenblatt-in-app-kaeufe-vermeiden.pdf

5. Chancen und Risiken der digitalen Welten

‚Neue' Medien sind per se weder ‚gut' noch ‚schlecht', sondern ihre Auswirkungen auf die Gesellschaft, die Individuen sowie einzelne gesellschaftliche Kontexte, wie hier die Soziale Arbeit, sind ambivalent. Nach dem Blick in die digitalen Lebenswelten junger Menschen soll in diesem Kapitel auf die Chancen und Risiken eingegangen werden, die sich für Kinder und Jugendliche ergeben, und die Fachkräfte kennen sollten. Im nachfolgenden Kapitel werden die bestehenden Ambivalenzen aufgezeigt und in ihren Auswirkungen auf junge Menschen und die Soziale Arbeit skizziert. Wo verortet sich Soziale Arbeit und die Kinder- und Jugendhilfe? Wie kann Soziale Arbeit die Chancen der Mediatisierung nutzen und zugleich die vielfältigen Risiken minimieren?

a. Zwischen übertriebenen Ängsten und berechtigtem Schutzanliegen

Die Profession Sozialer Arbeit ist, ebenso wie die in diesem Feld tätigen Fachkräfte, stark geprägt von einem Schutzanliegen Kindern und Jugendlichen gegenüber. Schließlich ist es einer der zentralen Aufgaben, den Kinder- und Jugendschutz zu gewährleisten und das Kindeswohl zu sichern. Die Auseinandersetzungen über Mediennutzung, Mediennutzungsverhalten und die Gefährdungen durch Medien verbunden mit dem Jugendschutzgedanken sind entsprechend schon immer Bestandteil des Arbeitsfeldes. Medien, die seinerzeit ‚neu' waren, wurden einerseits in die Arbeit eingebunden, andererseits oft kritisch gesehen. In dem Buch ‚Neue elektronische Medien – Gefährdung oder Bereicherung sozialpädagogischen Arbeitens?' von 1985 wird unter Bezugnahme auf die damals noch kaum verbreiteten Medien wie Videotechnik, Kabelfernsehen, Computerspiele, Heimcomputer oder Bildschirmtext, von der Sozialpädagogik wie von der Psychologie gefordert, sich offensiver damit auseinanderzusetzen, wie ein verantwortbarer Einsatz und Gebrauch aussehen kann.

> „Gerade derjenige, der sich um die Verbesserung der Startchancen und Lebensmöglichkeiten von Kindern und Jugendlichen bemüht, die nicht auf der Sonnenseite unserer Gesellschaft steht, die belastet sind von sozialen, familiären Handicaps, der sieht vor allem die Kehrseite des unbedenklichen, ausschließlich von kommerziellen Interessen. geleiteten Einsatz neuer Medien, das suchtähnliche Kleben an elektronischen Spielgeräten, die Beruhigungsdroge Video oder das Wegtauchen in die glitzernde Scheinwelt des Fernsehens, das eher dem Ausblenden der Wahrnehmung,

> Lebenschancen verpasst zu haben, dient als der Entspannung. Das mindert die Startchancen vieler junger Menschen zusätzlich. Ganz zu schweigen von der Wegrationalisierung von Nischenarbeitsplätzen durch Mikroelektronik und Roboter. Es ist höchste Zeit für einen aktiven pädagogischen Beitrag zur Entmystifizierung elektronischer Medien und zur offensiven Auseinandersetzung mit den sozialen und individuellen Begleitung Folgeerscheinungen ihres Einsatzes!" (Blumenberg 1985, S. 7 f.).

Eine Balance zu finden zwischen (Jugendmedien-)Schutzgedanken einerseits und der Akzeptanz der neuen Entwicklungen und dem Erkennen der in den Entwicklungen liegenden Chancen, ist eine stetige Herausforderung, für die es keine Patentlösungen gibt.

b. Zwischen Unwissenheit und notwendigen Schlüsselkompetenzen

Fachkräfte Sozialer Arbeit sind einerseits Akteure/Be-Lehrende, andererseits selbst Betroffene und Lernende der stattfindenden Mediatisierungsprozesse in der Gesellschaft. Sie sind den schnelllebigen Entwicklungen einerseits unterworfen und gestalten sie andererseits mit. Sie sind oder fühlen sich einerseits unwissend und nicht ausreichend kompetent, sind andererseits täglich gefordert, im Rahmen ihrer Institutionen wie im Umgang mit den Kindern, Jugendlichen und Eltern medienspezifische Kenntnisse zu erwerben und anzuwenden. Erwachsene sehen vor allem Herausforderungen, Probleme und Gefahren, was nicht selten ihre Einstellung zu den digitalen Medienwelten prägt und sich auf das alltagspraktische Handeln auswirkt. Der Blick in die einschlägigen Plattformen, die Erwachsene mit Ratschlägen und Hinweisen unterstützen, führt zu einer langen Aufzählung von potenziellen Risiken. Zugleich sind viele der Risiken nicht neu, wie beispielsweise Mobbing, Suchtverhalten, Beeinflussung durch Werbung oder Fake News, aber sie sind im digitalen Kontext anders gelagert und/oder treten verschärft auf.

i. Cybermobbing

Beim Mobbing werden einzelne Personen von anderen Personen oder Gruppen durch Beleidigungen, Abwertungen und Ausgrenzungen über einen längeren Zeitraum vorsätzlich schikaniert, gequält und seelisch verletzt (Krauss 2020, S. 180). Mobbing ist kein neues Phänomen, doch zweifelsohne im digitalen Zeitalter für Betroffene noch deutlich beschämender. Auf dem Schulhof oder in der Clique waren in vor-digitalen Zeiten nur Einzelne beteiligt, zudem wurde das Mobbing nicht bildlich festgehalten, es war quasi eine (wenn auch oft wiederkehrende) Momentaufnahme, die zeitlich begrenzt war, bis der Klingelton zur nächsten Stunde ertönte oder die Clique sich anderem zuwandte. Cybermobbing jedoch ist eine Form des Mobbings in den sozialen Medien, das durch seine virale Ausbreitung und dem Verbleiben der Inhalte im Netz gänzlich andere Dimensionen und Reichweiten angenommen hat. Zudem ist ein ins Netz gestelltes Video kaum wieder einzufangen und eine Dauerbeschämung die Folge. Entsprechend sind die Auswirkungen für die betroffenen Personen umso gravierender. Außerdem ist die Hemmschwelle beim Cybermobbing für die Mobber*innen niedriger, da sie die Auswirkungen ihres Tuns nicht unmittelbar durch die Reaktion der Opfer erleben. Darüber hinaus verleiten die Möglichkeiten der digitalen Medien, Inhalte schnell und unkompliziert aufzunehmen und weiterzuleiten, zu unüberlegtem spontanen Handeln, ohne sich immer der Konsequenzen bewusst zu sein.

Tipp:

Cybermobbing ist ein weit verbreitetes Thema, sodass sich vielfältige Informationen im Netz finden lassen, unter anderem sind bei Klicksafe Tipps und Materialien für Pädagog*innen eingestellt • www.klicksafe.de/cybermobbing

ii. Fake News

Der Begriff Fake News ist 2017 in den Duden aufgenommen worden und wird definiert als „in den Medien und im Internet, besonders in sozialen Netzwerken, in manipulativer Absicht verbreitete Falschmeldungen“ und benennt als Synonyme Unwahrheit und Lüge. Seltener wird der Begrifft Hoax verwandt. Fake News sind gesellschaftspolitisch eine große Herausforderung und können mächtige Wirkung entfalten.

Bewusste Falschmeldungen sind keine Erfindung der Neuzeit, sondern wurden schon immer eingesetzt, wie der bekannte Spruch „Das erste Opfer im Krieg ist die Wahrheit“ (Senator Hiram Johnson 1914) verdeutlicht. Aber durch das Internet hat die manipulative Falschmeldung Einzug in den Alltag der Menschen gefunden und wird durch die virale Verbreitung im Internet und auf Social-Media sowie durch die Algorithmen, die die Fake News verstärken, zu einer deutlich größeren Gefahr, unter anderem für die demokratischen Gesellschaften. Im Netz werden Fake News eingesetzt, um wirtschaftliche Vorteile zu erlangen, zum Beispiel den Konkurrenten zu schaden oder die Nutzer*innen auf bestimmte Seiten zu locken. Sie finden in Form von Verschwörungsmythen Verbreitung oder es werden durch Fake News politische Stimmungen erzeugt und Wahlen beeinflusst (Klicksafe 2022a). Der neben WhatsApp und Signal bekannte Messengerdienst Telegram hat sich vor allem in der Szene der Corona-Leugner*innen, bei rechten Nationalist*innen, Islamist*innen und Russlandfreund*innen einen Namen gemacht hat (Litschko 2021), wird aber von Jugendlichen mit acht Prozent regelmäßiger und 25 Prozent gelegentlicher Nutzer*innen vergleichsweise wenig eingesetzt (MPFS 2022, S. 32).

Seitdem die Künstliche Intelligenz (KI) allgegenwärtig ist, muss mit einer weiteren Zunahme von Fake News gerechnet werden (vgl. dazu auch Kapitel 6a).

Tipps:

Fake News enttarnen auf:

- https://correctiv.org/faktencheck/
- www.mimikama.org/category/faktencheck/
- www.tagesschau.de/faktenfinder
- www.dpa.com/de/faktencheck#aktuelle-dpa-faktenchecks
- www.br.de/nachrichten/faktenfuchs-faktencheck,QzSIzl3

Auf den Homepageseiten finden sich eine Vielzahl von Fake News-Beispielen, vor allem aus gesellschaftlich brisanten Themenbereichen wie der Coronakrise, Migration oder der Krieg gegen die Ukraine. Jede*r hat die Möglichkeit, Meldungen zur Überprüfung einzureichen.

Die Google-Rückwärtssuche oder die auf Fotos spezialisierte Suchmaschine ‚TinEye' kann zur Überprüfung der Echtheit bzw. des Aufnahmekontextes eines Fotos helfen • https://praxistipps.chip.de/bilder-per-rueckwaertssuche-finden-so-gehts-mit-google-bilder_2276

iii. Werbung

Werbesendungen im öffentlich-rechtlichen Fernsehen sind auf kurze Sequenzen zwischen Sendungen begrenzt und zeitlich auf wenige Minuten eingeschränkt, jedoch haben die Werbeattacken durch die Zulassung privater Sender erheblich zugenommen. Rund um die Uhr, zudem innerhalb einer Sendung, werden die Zuschauer*innen mit Werbeclips oder Produktplacement in Filmen regelrecht traktiert. Die Werbemaschen in den digitalen Medien sind noch ausgeklügelter, zudem noch intensiver, da sie eine sehr zentrale Einnahmequelle für die Plattformbetreiber darstellen. Vor dem Abspielen von Clips oder Filmen werden Werbebotschaften platziert, in den Videos erfolgen Unterbrechungen, zudem tauchen in allen Mails oder sozialen Medien verdeckte oder offene Werbebotschaften auf, zumeist gezielt ausgewählt nach vorherigem Suchverhalten der Nutzer*innen und der Daten, die über die Person bekannt sind, um zum Beispiel altersspezifische

Werbung zu platzieren. In-App-Käufe, Influencer*innen oder Algorithmen können als weitere Stichworte genannt werden. Die Werbebranche hat die digitalen Welten durchdrungen und zeigt weit mehr Wirkung als das Werbeplakat auf der Straße oder die TV-Reklame. Insbesondere die Möglichkeiten aus den gesammelten Daten der Nutzer*innen, die entsprechende Werbung und Werbestrategie ableiten zu können, führt zur massiven Beeinflussung von Kindern und Jugendlichen, wobei Erwachsene oft ebenso empfänglich sind für manipulative (Werbe-)Botschaften. Mit ‚geotargeting' kann zum Beispiel über die GPS-Standortdaten oder die IP-Adresse gezielte Werbung je nach Aufenthaltsort in Echtzeit auf das Smartphone eingespielt werden. Den Werbemethoden wurde allerdings in Bezug auf Kinder und Jugendliche (endlich) zumindest in Europa durch Gesetzgebung Einhalt geboten, denn der Digital Service Act gilt für 19 große Social-Media-Plattformen seit dem 25.08.2023 und für kleinere Unternehmen ab Februar 2024. Er sieht strenge Vorgaben für große Digitalkonzerne vor, unter anderem dass personenbezogene Daten von Kindern und Jugendlichen nicht mehr zu Werbezwecken verwendet werden dürfen (Wank 2023).

Tipps:

- Media Smart e. V. enthält Materialen und Projektideen zum Thema Werbung (vorwiegend für Kinder, zum Teil auch für Jugendliche geeignet) sowie ein umfangreiches Glossar • https://mediasmart.de.
- Informationen und Material für Pädagog*innen, Jugendliche und Kinder • www.klicksafe.de/news/influencer-marketing-werbung-im-social-web.
- Meldung von Verstößen • www.werberat.de • www.kjm-online.de • www.jugendschutz.net.

Weitere Beispiele von Gefährdungen im Netz sind Cybergrooming, Sexting, Suchtgefahren, zu intensive Mediennutzung, „fear of missing out" (FOMO: Angst etwas zu verpassen), Kontrollverlust, Glücksspiele, Lootboxen, Gruppendruck (etwa bei zeitlich unbegrenzten Onlinespielen oder Pranks), Kommerzialisierung durch Online,- In-Game,- Unterbrechungs- und Banner-Werbung, In-App-Käufe in Social-Media-Kanälen oder bei digitalen Spielen, Phishing (Vortäuschen vermeintlich authentischer Inhalte, um persönliche Daten ausspähen zu können oder Viren zu verbreiten), zunehmende Gewalt in Filmen, Clips und Spielen, Hate-Speech, Radikalisierung, Trolle, Darknet, Datenklau, Datenmissbrauch, Big Data, illegale Downloads, gefährliche Trends, Pornografie, gesundheitliche Gefährdungen (Depression, körperliche Auswirkungen ...), Algorithmen/eigene Bubble, Fake News, Manipulationen, Überwachung, gläserne Bürger*innen und anderes mehr. Eine lange Liste von Gefährdungen, die Eltern, junge Menschen wie Fachkräfte herausfordern. Fachkräfte wollen und müssen die Kinder und

Jugendlichen vor diesen Risiken schützen. Es ist entsprechend kaum verwunderlich, dass vielfach ein bewahrpädagogischer Ansatz verfolgt wird, zumal bei Fachkräften die Sorge hinzukommt, gegen rechtliche Vorgaben wie den Jugendschutz zu verstoßen. Kinder, Jugendliche und Eltern werden über Risiken und Gefahren aufgeklärt, es wird mit Handlungsanweisungen und Verhaltenskatalogen gearbeitet (etwa knapp bemessene Computernutzungszeiten in Einrichtungen der Erziehungshilfe) oder Restriktionen werden verhängt und Verbote ausgesprochen (z. B. beim Zugang zu Social-Media-Plattformen oder zu Shooterspielen). Der einschränkende Umgang mit digitalen Medien geschieht in pädagogischen Kontexten unter anderem aufgrund der gesetzlichen Rahmenbedingungen oft rigider, als er in den meisten Familien gehandhabt wird. Eltern haben in ihrer Erziehung (auch im Umgang mit Medien) größere Entscheidungsfreiräume als Pädagog*innen.

Tipps:

- Zu sämtlichen Gefährdungen, denen junge Menschen im Netz ausgesetzt sind, hat die Bundesprüfstelle für jugendgefährdende Medien[1] 2019 eine Veröffentlichung herausgegeben, die kostenlos erhältlich ist und zudem als Download zur Verfügung steht: Brüggen, Niels/Dreyer, Stephan/Gebel, Christa/Lauber, Achim/Müller, Raphaela/Stecher, Sina (2019): Gefährdungsatlas. Digitales Aufwachsen. Vom Kind aus denken. Zukunftssicher handeln • www.bzkj.de
- Kommission für Jugendmedienschutz: Informationsbroschüre ‚Kinder- und Jugendmedienschutz für Pädagog*innen und Erziehende' (2022) • www.kjm-online.de/publikationen/broschueren

iv. Medienbildung als Kernherausforderung

Um mit Medien kompetent umgehen zu können und ein Verständnis für die Komplexität der digitalen Welten mit ihren vielfältigen Chancen, Herausforderungen und Gefährdungen zu erlangen, ist Medienbildung als Teil der Persönlichkeitsbildung von zentraler Bedeutung. (Junge) Menschen müssen dabei unterstützt werden, um digitale Souveränität zu gelangen, indem ihre Medienkompetenzen gestärkt werden. Es wird auch von der Notwendigkeit einer „Digital Literacy" gesprochen, also quasi einer Alphabetisierung, die als Grundlage gewährleistet sein muss, um sich in den digitalen Lebenswelten zurechtfinden zu können. Medien-

1 Anmerkung: Die Bundesprüfstelle wurde am 01.05.2021 umbenannt in Bundeszentrale für Kinder- und Jugendmedienschutz.

bildung (zum Teil synonym verwendet mit dem Begriff Medienerziehung) muss dabei die Balance zwischen einerseits präventiven und schützenden und andererseits emanzipatorischen und fördernden Ansätzen und Maßnahmen finden.

Medienbildung ist ein Kernbegriff, der bereits vor der Digitalisierung in (sozial-)pädagogischen Kontexten eine hohe Relevanz hatte. Baacke unterteilt die Medienkompetenz in Medienkritik, Medienkunde, Mediennutzung und Mediengestaltung (Baacke 1996) – diese zu vermitteln war und ist schon bei den Medien wie Zeitungen, Radio und Fernsehen keine leichte Aufgabe, aber die erforderlichen Kompetenzen für die Mediennutzung und Medienkritik sind im digitalen Zeitalter noch ungemein anspruchsvoller, gerade was das Erkennen von manipulierten Nachrichten und Bildern (Fake News) anbelangt oder das Wissen über den Einsatz von Bots, die Wirkungsweise von Algorithmen oder die individuellen und gesellschaftlichen Dimensionen von Big Data, der gigantischen Datenanhäufung in unfassbar schneller Zeit.

Im Fachdiskurs besteht Einigkeit darin, dass der Erwerb von Medienkompetenz als lebenslanger Entwicklungs- und Bildungsprozess zu verstehen ist. Dabei handelt es sich im digitalen Zeitalter um die Schlüsselkompetenz, die die Menschen erwerben müssen, um in der Informationsgesellschaft bestehen zu können. Die Profession der Sozialen Arbeit hat dabei insbesondere die sozial benachteiligten (jungen) Menschen im Blick zu haben. Elternhäuser, Kitas, Schulen, Kinder- und Jugendhilfe und auch Erwachsenenbildung sind gefordert, jeweils in ihren Kontexten dazu beizutragen, grundlegende und umfassende Angebote zu Medienkompetenzförderung zu entwickeln. Medienbildung beschreibt dabei den dazugehörigen Entwicklungsprozess. Die Menschen sollen befähigt werden, die Medienwelt und ihr eigenes Medienhandeln kritisch zu reflektieren und lernen, mit der Informationsvielfalt adäquat umzugehen. Für sozioökonomisch benachteiligte junge Menschen sind dabei spezifische Zugänge und Formate zu konzipieren. Die Prozesse sind so zu gestalten, dass die Kinder und Jugendlichen sich als Subjekte ihrer Bildungsprozesse partizipativ einbringen und sich als selbstwirksam wahrnehmen können. Gefordert ist eine aktive Auseinandersetzung mit (digitalen) Medien, begleitet von Fachkräften, die ihre Kenntnisse einbringen, Reflexionsflächen bieten und Lern-Räume und Lern-Gelegenheiten zur Verfügung stellen. Dabei sollten Themen im Vordergrund stehen, die junge Menschen bearbeiten möchten, weil sie diese als für sich relevant ansehen. Projekte zu einzelnen Aspekten sind sicher hilfreich und sinnvoll, doch darf sich Medienbildung nicht auf begrenzte Zeiträume und Themen beschränken.

Um den bereits genannten Ansprüchen an Medienbildung gerecht werden zu können, sind in den Ausbildungen an Fach- und Hochschulen medienpädagogische Inhalte verstärkt einzubeziehen. Bereits 2014 wurde von der Initiative „Keine Bildung ohne Medien", eine Grundbildung in medienpädagogischer Kompetenz für alle pädagogischen Fachkräfte gefordert und zu einer Bund-Länder-Initiative aufgerufen (Initiative „Keine Bildung ohne Medien" 2014).

c. Zwischen Freizeitgestaltungsoptionen und Abhängigkeitsgefährdungen

Der Erwachsenenblick: „Geh' doch mal raus", „Warum triffst du dich nicht mit Freund*innen?", „Warum unternimmst du nicht mal was?" Die Antwort der Jugendlichen könnte lauten: „Ich bin zwar oft zu Hause, aber stets digital unterwegs", „Ich unternehme permanent etwas, wenn ich im Netz bin", „Auch treffe ich mich mit Freund*innen oder Gleichgesinnten, nämlich digital in Social-Media-Kanälen", „So what?"

Ob es einen Zusammenhang zwischen der intensiven Nutzung sozialer Medien und problematischen Rückzügen aus realen Lebenswelten gibt (Schule, Beruf, Freizeitaktivitäten, Treffen von Freund*innen etc.), ist umstritten (BAG Kinder- und Jugendschutz 2020, S. 1f.; Deutscher Bundestag 2013, S. 183f.). Ziehen sich zum Beispiel einsame oder psychisch beeinträchtigte Menschen öfter auf Social-Media-Plattformen zurück, weil sie dort Kontakte herstellen können? Dann wären die Social-Media-Aktivitäten eine Folge des Einsamkeitsgefühls/der psychischen Belastungen und nicht deren Ursache. Oder aber sind die sozialen Medien der Auslöser der Gefühle von Einsamkeit und Isolation und psychischem Unwohlsein, weil auf den Plattformen die Bilder zufriedener, kommunikativer Menschen mit ausgeprägten sozialen Leben dominieren und weil ‚reale' soziale Kontakte und das normale Alltagsleben vernachlässigt werden? Auch in Bezug auf digitale Spiele lassen sich beide Thesen formulieren. Spieler*innen sind digital unterwegs, weil sie einsam sind, in den Spielewelten Anschluss finden und ihr Hobby ausleben können. Oder umgekehrt, sie isolieren sich durch die mit digitalen Spielen verbrachte Zeit und vernachlässigen sich und ihren Alltag. Diese Ursache-Wirkung-Zusammenhänge können nicht eindeutig geklärt werden.

Jedenfalls verweisen die JIM-Studien seit Jahren darauf, dass Kinder und Jugendliche die digitalen Medien intensiv für ihre Freizeitgestaltung nutzen und nur sehr wenige junge Menschen ausschließlich offline unterwegs sind (z. B. MPFS 2022, S. 49). Die Studien zeigen zugleich über alle Altersgruppen hinweg, dass das Treffen mit Freundinnen und Freunden immer die erste Priorität ausmacht, wenn nach dem Ranking der beliebtesten Freizeitaktivitäten gefragt wird (z. B. MPFS 2020, 2021, 2022). Diese Freundschaften, das Treffen mit Gleichaltrigen oder Gleichgesinnten erfolgt eben auch im digitalen Raum.

Gaming Disorder (Computerspielsucht/Computerspielstörung) ist von der Weltgesundheitsorganisation als Krankheitsbild in die internationale statistische Klassifikation von Krankheiten (ICD) aufgenommen worden (BAG Kinder- und Jugendschutz 2020, S. 1f.) und findet seit Anfang 2022 in Deutschland Anwendung. Die Deutsche Gesellschaft für Suchtgefahren spricht nicht nur von Gaming Disorder, sondern von „internetbezogenen Störungen", worunter auch alle Abhängigkeitserkrankungen durch andere digitale Medienangebote, wie etwa Social-Media-Plattformen, fallen (ebd.).

Die Bundesarbeitsgemeinschaft Kinder- und Jugendschutz sieht die Pathologisierung jugendlichen Mediennutzungsverhaltens problematisch und warnt vor Stigmatisierung und Selbststigmatisierungsprozessen (ebd., S. 2). Zugleich ist festzustellen, dass Suchtgefährdung von Menschen ausgesprochen vielfältige Formen annehmen kann, von Tabak, Drogen,- Medikamenten- und Alkoholsucht über Glücksspielsucht bis hin zu suchtartigem Ess- oder Kaufverhalten und diversen weiteren Süchten. Somit wäre es mehr als verwunderlich, wenn es keine Internet- oder Computerspielsucht geben würde, zumal es suchtfördernde Mechanismen gibt, so etwa bei manchen digitalen Spielen das Abrutschen im Ranking bei Spielunterbrechungen oder die käuflich zu erwerbenden Lootboxen (Schatztruhen), deren Inhalt – ähnlich einer Wundertüte – die Spielenden nicht kennen.

Das Bundesgesundheitsministerium spricht von ca. 560.000 onlineabhängigen Menschen in Deutschland (BMG 2023), wobei von einer besonderen Suchtgefährdung bei Kindern und Jugendlichen auszugehen ist (BAG Kinder- und Jugendschutz 2020). In einer Längsschnittstudie der Deutschen Angestelltenkrankenkasse (DAK) in Zusammenarbeit mit dem Universitätsklinikum Eppendorf-UKE Hamburg wird bei vier bis fünf Prozent der 10- bis 19-Jährigen ein pathologisches und bei weiteren zehn Prozent ein riskantes Nutzungsverhalten konstatiert, mit besonderem Anstieg in der Coronazeit (Thomasius 2021). Andererseits gibt die JIM-Studie 2022 leichte Entwarnung, da das Onlinenutzungsverhalten junger Menschen wieder auf das Vor-Corona-Niveau zurückgegangen ist (MPFS 2022, S. 26, 58 f.). Allerdings gilt dies nicht für digitale Spiele, deren tägliche Nutzungsdauer vor der Pandemie 2019 bei 81 Minuten liegt, dann auf 121 Minuten in 2020 ansteigt und sich 2021 und 2022 bei 110 bzw. 109 Minuten bewegt (ebd., S. 50). Der Anstieg bei Mädchen war besonders auffällig (von 75 auf 87 Minuten am Tag), liegt aber weiterhin deutlich unter der Spielezeit der gleichaltrigen Jungen, die 130 Minuten am Tag mit digitalen Spielen verbringen (ebd., S. 51).

Die Suchtgefährdungen müssen ernst genommen werden, allerdings sind die Einschätzungen, ab wann von Sucht zu sprechen ist, recht unterschiedlich (BAG Kinder- und Jugendschutz 2014; Amrhein 2018; Wagner et al. 2017, S. 34; Kammerl 2013, S. 67). Die Warnungen vor den Suchtgefahren durch Mediennutzung sind dabei keineswegs neu, wie dieses Zitat aus dem Ärzteblatt von 2007 (!) zeigt, als digitale Medien praktisch noch keine Rolle spielten:

> „Die modernen Medien haben sich rasant verbreitet und verkleinern die Welt, indem sie die Kommunikation in Schule, Beruf und Freizeit in einem Maße erleichtern, sodass sie nicht mehr wegzudenken sind. Unübersehbar sind auf der anderen Seite die Risiken gerade für Kinder und Jugendliche, denen die nötige Kompetenz zum sinnvollen Umgang mit den Medien fehlt. Kinder aus sozial und bildungsmä-

ßig schwächeren Familien missbrauchen passive und interaktive Medien besonders häufig durch übermäßige Nutzung und/oder jugendgefährdende Auswahl, wodurch sich ihre ohnedies unbefriedigende Zukunftschancen weiter verschlechtern. Durch die somatischen, psychischen und sozialen Folgen des Missbrauchs entsteht ein gesellschaftliches Problem, dem sich auch das Gesundheitswesen stellen muss. Die Begriffe ‚Mediensucht', ‚Medienabhängigkeit' und ‚Medienmissbrauch' tauchen seit etwa 10 Jahren wiederholt und in letzter Zeit immer häufiger in der Fachliteratur und Laienpresse auf" (van Egmond-Fröhlich et al. 2007, S. 460).

Was bedeuten diese Erkenntnisse für die Fachkräfte Sozialer Arbeit? Das Wort ‚Zwischen' Freizeitgestaltung und Abhängigkeit in der Kapitelüberschrift drückt aus, dass beide Komponenten in den Blick zu nehmen sind. Einerseits ist das Bedürfnis nach Freizeitgestaltung durch digitale Medien anzuerkennen, da digitale Medien eine Vielzahl an (insbesondere kommunikativen) Bedürfnissen gerade junger Menschen befriedigen, Spannung und Entspannung bieten, Langeweile begrenzen und als eine Emotionsbewältigungsstrategie wahrgenommen werden (DAK 2020, S. 18). Andererseits dürfen die Gefährdungen, gerade bei jungen Menschen aus schwierigen sozialen Verhältnissen, nicht auf die leichte Schulter genommen werden. Die Medien können zur Flucht aus der Wirklichkeit beitragen, zu Prokrastination (Aufschieben von anstehenden Aufgaben) führen, soziale Isolation forcieren oder zu problematischen Nutzungsverhalten beitragen, die sich pathologisch verfestigen können. Daher fordert die BAG Kinder- und Jugendschutz, die exzessive Mediennutzung zu einem Schwerpunkt in der Medienkompetenzförderung in den Feldern Sozialer Arbeit zu machen, um präventiv wirken zu können (BAG Kinder- und Jugendschutz 2020, S. 5 f.).

In China werden die Online-Spielezeiten autoritär vom Staat an Werkstagen auf maximal 90 Minuten am Tag begrenzt und von 22.00 Uhr bis 8.00 Uhr morgens existiert eine Online-Sperrzeit. Zudem gibt es Einschränkungen für In-App-Käufe. Diese werden für Kinder und Jugendliche auf einen festgelegten Betrag im Monat beschränkt (Koenigsdorf 2019). Autoritäre Lösungswege sind in einer Demokratie jedoch weder machbar noch sinnvoll. Selbst bestehende individuelle Sperroptionen, wie sie Kinderschutzsicherungen ermöglichen, sind nur begrenzt zu empfehlen. Sie können eine Zeitlang hilfreich sein, sowohl zur Unterstützung und Orientierung der Kinder und Jugendlichen beitragen, um zum Beispiel ein Gefühl für die im Netz verbrachte Zeit zu entwickeln, als auch für Eltern und Pädagog*innen als Kontrollmöglichkeit dienen, um ggf. intervenieren zu können. Aber Kinder und Jugendliche finden ohnehin einen Weg an den Erwachsenen vorbei, um ihren Nutzungswünschen nachkommen zu können, vor allem aber muss der Medienumgang gelernt werden, was durch technische Lösungen nur begrenzt erreicht werden kann. Lern- und Aushandlungsprozesse, die immer und überall in pädagogischen Kontexten zum Alltag gehören, sind auch bei der Mediennutzung von Nöten. Wenn die Gruppe gerade hoch aktiv chattet oder der Spielende sich kurz vor dem Finale befindet und das Zeitlimit dann abläuft, ist leicht nachvollziehbar, wie die Kinder und Jugendlichen reagieren. Übertragen auf Erwachsene: Der sonntägliche Tatort-Krimi endet zehn Minuten vor der Auflösung des Falls, weil der Timer verkündet, dass das Tageslimit erreicht ist und sich der Fernseher deshalb abgeschaltet.

Tipps:

- Literaturtipp: Bundesarbeitsgemeinschaft Kinder- und Jugendschutz e. V. (Hrsg.) (2020): Gaming Disorder und exzessive Mediennutzung mit ausgewählten Studien und Literaturhinweisen. Berlin: BAG.
- Beschwerdemöglichkeit über Inhalte in Spielen und Apps der Unterhaltungssoftware Selbstkontrolle • www.usk.de/beschwerdeformular.
- Hilfe bei Sucht im Kontext von Mediennutzung • www.ins-netz-gehen.de/tipps/hilfe-bei-handysucht-computersucht-internetsucht
- Die Homepage www.blu:prevant wendet sich an Jugendliche. Sie beinhaltet die Möglichkeit von Chatanfragen bei Problemen im Kontext Sucht und bietet (insbesondere für Lehrer*innen) Materialien zur Suchtpräventionsarbeit. Zudem ist eine App entwickelt worden, um Jugendliche besser zu erreichen: Blu:app. Das Angebot des Blauen Kreuzes wird in Social-Media-Plattformen beworben und erreicht laut Homepage über 2.000.000 Menschen jährlich. Es handelt sich allerdings nicht um ein spezifisches Angebot zum Thema Internetsucht.

d. Zwischen hilfreicher Unterstützung und Gefährdungspotenzialen

Digitale Medienwelten können Unterstützungsoptionen vielfältigster Art bieten. Das Netz ist eng gesponnen und bietet für jede und jeden eine Möglichkeit, sich an den Interessen und Bedürfnissen orientiert, an den Fäden dieses Netzes entlangzuhangeln. Das weit verzweigte Netzwerk hält eine Fülle an Informationen, Anregungen und konkreten Unterstützungsangeboten bereit und die Inanspruchnahme ist enorm, gleichgültig ob es um Handwerker-, Garten-, Urlaubs,- Sport- und Wellnesstipps, um medizinische Ratschläge, Bauanleitungen oder Verbraucherinformationen geht: Es gibt nichts, was es nicht gibt. Somit finden sich im World-Wide-Web selbstverständlich ebenso vielfältige Unterstützungsangebote, die die Soziale Arbeit tangieren, etwa durch eine große Vielfalt von Videos mit sozialen Themen oder Seiten mit mehr oder weniger guten oder auch problematischen Ratschlägen zu allen Aspekten und Fragen des Lebens. Diese werden auch von jungen Menschen intensiv genutzt. Hingegen stoßen die Informations- und Unterstützungsformate, die die Soziale Arbeit selbst im Netz anbietet, oft nur auf einen (sehr) begrenzten Kreis an Interessent*innen, sodass grundlegend überlegt werden muss, wie die Erreichbarkeit verbessert werden kann.

Ein Beispiel: I-Chimps ist Teil des mit 6,7 Millionen Euro geförderten Projektes CHIMPSnet mit einer Vielzahl von eingebundenen Organisationen, vor allem der Medizin aber auch der Jugendhilfe zur Unterstützung von Kindern psychisch kranker Eltern. Der Clip ‚I-CHIMPS: Online-Unterstützungsprogramm für Kinder und Jugendliche mit psychisch belasteten Eltern' erreichte in 1,5 Jahren (Stand: Juli 2023) ganze 62 Menschen. Dabei stößt das Thema psychische Erkrankungen als solches auf eine ungeheure Resonanz, weil viele Menschen direkt oder indirekt betroffen sind und daher Unterstützung (auch) im (anonymen) Netz suchen. Deshalb erzielen andere Clips oder Fernsehbeiträge bei YouTube Hunderttausende bis zu Millionen Aufrufe. Besonders gefragt bei jungen Menschen sind von Jugendlichen eingestellte Videos oder authentische (oder vermeintlich authentische) Clips über Jugendliche, zum Beispiel über die 17-jährige Münire, die sich zu Depressionen äußert. Ein Video, das über 1,1 Millionen Aufrufe erzielt, 39.429 Likes erhält und 5.275 Mal kommentiert wird (Hyperbole 2020). Oder ein weiteres Video von Hyperbole, in dem Paul über Schizophrenie spricht. 2,1 Millionen Aufrufe in zwei Jahren, 7.241 Kommentare und 78.287 Likes (Hyperbole 2020a). Hyperbole TV beschreibt sich als Unternehmen, das „glaubwürdigen Video-Content für die Generation Y & Z entwickelt, produziert und verbreitet" und sieht sich als „disruptiver Hybrid, eine crossmediale Content-Marke, die auf allen relevanten Plattformen agiert" (Hyperole 2023). Offenbar erfolgreich.

Ein anderes Beispiel für Unterstützungsoptionen, von denen Jugendliche profitieren und von denen sich die Jugendhilfe für ihre Präsentation im Netz anregen lassen kann, sind die digitale Nutzungsmöglichkeiten zum Lernen. So gibt es Lernapps (in der Schule ist z. B. die Lesespiele-App ‚Antolin' weit verbreitet) und digitale Spiele mit Lernmöglichkeiten (Nebel 2022). Zudem gibt es kostenlose Videos mit Lerninhalten, etwa auf YouTube. An dieser Stelle soll nur kurz auf die Lernvideos für den schulischen Kontext geschaut werden, die Millionen Schüler*innen unterstützen. Fast die Hälfte aller Schüler*innen, die YouTube nutzen, bezeichnet die Clips als wichtig oder sehr wichtig für sie (Jebe et al. 2019, S. 28), wobei der guten Präsentation, der ständigen Verfügbarkeit sowie der Möglichkeit, auswählen zu können, große Bedeutung beigemessen wird (ebd., S. 31). Das Netz bietet somit kostenlose digitale Nachhilfe, die zudem qualitativ oft besser ist als der Unterricht der meisten (Nachhilfe-)Lehrer*innen. ‚Wissen2go', ‚SimpleClub' oder ‚Mathe by Daniel Jung' sollten daher auch Fachkräften Sozialer Arbeit bekannt sein. Ein besonders prominentes Beispiel ist der ‚Lehrer Schmidt', ein Mathematiklehrer, der ohne Management völlig autodidaktisch Videos erstellt, sich mit seinem Smartphone filmt und auf YouTube präsentiert. 2022 hatte er 1,5 Millionen Abonnent*innen und kann auf insgesamt 200 Millionen Aufrufe in 7,5 Jahren zurückblicken (Schmidt 2022). Und gute Videos werden viral schnell verbreitet. Fast 91 Prozent verlassen sich bei der Auswahl der YouTube-Videos auf Tipps aus dem Freundschaftsumfeld, aber zugleich wird die große Bedeutung der Influencer*innen deutlich, denn zwei Drittel der Jugendlichen folgen auch ihren Ratschlägen (Jebe et al. 2019, S. 19 f.). Insgesamt ist das Potenzial an hilfreicher Unterstützung für alle Altersgruppen im Netz enorm.

Zugleich besteht eine Ambivalenz zwischen diesen Möglichkeiten und den Gefährdungen, denn das Internet kann zu krisenhaften Entwicklungen von (jungen) Menschen beitragen, verwirren und überfordern: Jugendliche möchten Social-Media-Plattformen nutzen und werden durch Hate-Speech attackiert, sie möchten soziale Kontakte pflegen und erleben Cybergrooming, sie möchten Anschluss finden, werden aber mit Cybermobbing konfrontiert, sie möchten ‚Abtauchen', werden aber mit unerwünschter Werbung überzogen, sie möchten sich im Netz aufhalten und stoßen auf Propagandaseiten von Nazis oder Islamist*innen (etwa beim Gaming), sie surfen und stoßen ungewollt auf Sexseiten, sie möchten sich präsentieren, ernten aber vielleicht Spott, sie möchten Hilfsangebote bei Essstörungen, werden aber in ihrem problematischen Verhalten in Foren oder Kommentaren bestärkt, sie möchten ihre Daten nicht preisgeben, werden aber dazu genötigt oder laufen unbewusst in Datenfallen, sie möchten etwas mailen und erhalten Spammails zurück, sie stellen etwas ins Netz und die Reaktion ist ein Shitstorm, sie möchten spielen und werden traktiert mit In-App-Kaufangeboten, Lootboxen oder sind mit Gruppendruck konfrontiert, sie möchten mit Beiträgen auffallen und tun dies vielleicht in einer unangemessenen Weise, sie möchten Rollenvorbilder, werden aber mit Rollenklischees überzogen, sie möchten Unterstützung von einem Sozialarbeiter oder einer Sozialarbeiterin und erleben Unkenntnis und Unverständnis. Letzteres zu vermeiden, muss Aufgabe der Fachkräfte der Sozialen Arbeit sein.

e. Zwischen Abdriften in virtuelle Welten und sozialer Teilhabe

Die Risiken von Isolation und des suchtartigen Abdriftens in mediale Welten, beispielsweise bei Social-Media-Nutzung oder Games, sind bereits im Kapitel 5c thematisiert worden. Ein Teil der jungen Menschen verirrt, verheddert und verliert sich in den unbegrenzten Möglichkeiten des Word-Wide-Web. Durch das Internet wird die reale Welt vernachlässigt, Kontakte werden nur noch medial gepflegt, reale Freundschaften oder Beziehungen werden gemieden oder zerbrechen, die Anforderungen des Alltags werden nicht erfüllt, körperliche Vernachlässigung kann ebenso eine Folge sein.

Eine andere Form des Abdriftens in virtuelle Sonder-Welten kann durch Algorithmen hervorgerufen oder verstärkt werden. Immer wenn Computer Aufgaben lösen, sei es die Routenplanung oder bei Suchanfragen, werden Algorithmen verwendet. Algorithmen sind hilfreiche Berechnungen, die unser Leben erleichtern, zugleich beeinflussen sie aber unseren Blick auf die Welt. Daher ist das Wissen über ihre Funktionsweise Grundvoraussetzung, damit (junge) Menschen ein Bewusstsein dafür entwickeln können, dass sie durch Algorithmen in ihrer Wahrnehmung eingeschränkt oder manipuliert werden. Bei Suchmaschinen wie Google bestimmt der Algorithmus je nach Nutzer*in, welche Ergebnisse in welcher Reihenfolge angezeigt werden, somit können dieselben Begriffseingaben an verschiedenen Computern zu unterschiedlichen Ergebnissen führen. Das Aufrufen von Internetseiten, die getätigten Suchanfragen, die Verweildauer und die Nutzungszeiten, die individuellen Vorlieben, Hobbys und Surfgewohnheiten, die vorgenommenen Likes, das Klicken auf Werbung etc. werden umfänglich erfasst und ausgewertet. Der Algorithmus sorgt dann dafür, dass die Nutzer*innen ausgewählte Informationen und Vorschläge erhalten, die ihren Interessen entsprechen.

Das häufige Anhören von Schlagern bei YouTube führt dazu, dass weitere Schlagermusik präsentiert wird, Sportfans bekommen Sportangebote unterbreitet, Tierliebhaber*innen Tiervideos etc. Für die Nutzer*innen liegt der Vorteil darin, dass eine lange Suche nach präferierten Inhalten nicht mehr notwendig ist. Der Algorithmus befriedigt den jeweiligen Musikgeschmack, zeigt die Konsumgüter, die die Nutzer*in favorisieren, die Orte oder Hobbys, die die Nutzer*innen lieben und bestärkt die (jungen) Menschen somit in ihren Wünschen und ihrer Weltwahrnehmung. Andere Erfahrungen oder Sichtweisen werden hingegen ausgeblendet und können dadurch verloren gehen. Reinhold Beckmann äußert sich in einem Interview: „Ich sehe, dass die Wahrnehmungsblasen immer enger werden, dass sich die Backen der Schraubzwingen um unsere Hirne immer weiter schließen. (...) Der große Verstärker dabei sind die sozialen Medien und die Algorithmen dahinter. Sie liefern dir nur das zurück, was du selbst geschrieben oder schon gelesen hast. Die Toleranzbreite wird immer geringer“ (Grimm 2021, S. 3). Während der Coronapandemie hat sich zum Beispiel eine Bubble um Verschwörungsmythen gebildet. Die permanente Bestärkung der eigenen Sicht auf die Pandemie wurde zur ‚alternativen Wirklichkeit‘ und die abstrusesten Behauptungen wurden durch den Algorithmus verstärkt.

Während also das Internet mit seinen vielfältigen Möglichkeiten zum einen zum ‚Abdriften‘ beitragen, zu eingeschränkten Sichtweisen führen, Ausgrenzung verstärken, Isolation hervorrufen und Suchtverhalten befördern kann, bietet es zum anderen vielfältige Optionen für eine Erweiterung des Blickfeldes, für Verbindungen zu anderen Menschen weltweit, für Unterhaltung und Gemeinschaftlichkeit. Zudem ermöglicht das Internet vielfältigste Selbstpräsentations-, Partizipations- und Teilhabemöglichkeiten.

Teilhabe, Partizipation, Beteiligung (zumeist synonym verwendete Begriffe) sind zentrale Leitkategorien in pädagogischen Kontexten. Prinzipien, die in der Kita ebenso wie in der Kinder- und Jugendarbeit, der Jugendverbandsarbeit oder in der Erziehungshilfe als hoch bedeutsam erachtet werden. Junge Menschen sind als selbstständige Subjekte, als Gestalter ihres Lebens, wahrzunehmen, entsprechend ist eine Kultur der Partizipation gefordert – auch digital. Eine Beteiligung, die nicht nur pro-forma stattfindet, erhöht die Selbstwirksamkeitserfahrungen und stärkt dadurch die Persönlichkeitsentwicklung. Zudem hat die Forschung gezeigt, dass Partizipation zu einer verbesserten Wirkung der Angebote Sozialer Arbeit beiträgt (Albus et al. 2010; Macsenaere / Feist-Ortmanns 2021), zugleich steigt die Zufriedenheit der beteiligten Menschen (Macsenaere / Feist-Ortmanns 2022). Auch unter dem demokratiefördernden Aspekt sind Beteiligungsprozesse zu begleiten, zu initiieren und umzusetzen, wie unter anderem der 16. Kinder- und Jugendbericht mit dem Schwerpunkt Förderung demokratischer Bildung im Kindes- und Jugendalter betont (Deutscher Bundestag 2020).

Neben pädagogischen Überzeugungen spielen rechtliche Rahmenbedingungen wie die UN-Kinderrechtskonvention oder das SGB VIII eine zentrale Rolle. Die zunehmend hohe Relevanz des Rechts auf Teilhabe und Partizipation findet sich auch im Kinder- und Jugendstärkungsgesetz, das am 10.06.2021 in Kraft getreten ist. Darin sind die Grundgedanken wie Selbstbestimmung, Mitsprache, Mitwirkung und Teilhabeoptionen an verschiedensten Stellen prominent verankert. Schließlich haben die Kinder und Jugendliche das Recht „auf Erziehung zu einer selbstbestimmten, eigenverantwortlichen und gemeinschaftsfähigen Persönlichkeit“ (§ 1 SGB VIII). Die Jugendhilfe soll es jungen Menschen „ermöglichen oder erleichtern, entsprechend ihrem Alter und ihrer individuellen Fähigkeiten in allen sie betreffenden Lebensbereichen selbstbestimmt zu interagieren und damit gleichberechtigt am Leben in der Gesellschaft teilhaben zu können“ (§ 1, Abs. 3, Satz 2 SGB VIII).

Es gibt somit gute Gründe, partizipative Prozesse zu implementieren und zu stärken. Die digitale Form von Teilhabe bietet sich ergänzend als eine neue Facette von Partizipation an. E-Partizipation als Möglichkeit durch internetgestützte Verfahren, an Willensbildungsprozessen teilzunehmen, eröffnet (jungen) Menschen neue Handlungsmöglichkeiten und Handlungsräume. Sie können sich online einmischen, um ihre Umwelt aktiv (mit) zu gestalten, sei es in politischen Prozessen oder beispielsweise in der Jugendverbandsarbeit. Notwendige Grundvoraussetzungen für E-Partizipation sind der Zugang (technische Voraussetzungen, Hardware) und die Befähigung (Kompetenzen), sich in den digitalen Welten zu orientieren und souverän agieren zu können. Die Teilhabeoptionen bestehen dabei auf verschiedenen Ebenen: im digitalen Raum selbst (also etwa in Kommunikationsräumen wie den sozialen Netzwerken, Onlinepetitionen), in der Nutzung des Internets für Teilhabeformate außerhalb des Netzes (z. B. zur Organisation einer Demonstration oder eines Flashmobs) und das Internet selbst als Gegenstand der Teilhabe (z. B. Beteiligung an der Erstellung der Plattform Wikipedia, Posts, Kommentierungen). E-Partizipation erfordert Medienkompetenz sowohl bei den Fachkräften als auch bei den Jugendlichen, wozu etwa Kenntnisse über Partizipationstools zählen.

Die anfängliche Euphorie über die sich bietenden partizipativen Möglichkeiten im Netz sind schnell getrübt worden, denn Partizipation mithilfe des Internets erweist sich nicht als Selbstläufer. Schon früh wurde festgestellt, dass Beteiligungsmöglichkeiten nur von einem kleinen Teil junger Menschen genutzt werden und dass das Netz zudem bestehende soziale Ungleichheiten reproduziert oder sogar verstärkt. Ebenso wie bei realen Partizipationsprozessen wirken sich im digitalen Raum Bildung, Geschlecht, Migrationshintergrund und Alter sowie der sozio-ökonomische Status aus (DBJR 2012; Deutscher Bundestag 2013, S. 366; Deutscher Bundestag 2017, S. 294 ff.; Kutscher 2014). Der Kinder- und Jugendbericht spricht von einer Beteiligungsungleichheit zwischen „ressourcenreichen und ressourcenarmen Jugendlichen" (Deutscher Bundestag 2013, S. 366).

Für Fachkräfte und Organisationen Sozialer Arbeit folgt daraus, dass vertiefende Reflexionsprozesse notwendig sind. Um möglichst viele Jugendlichen aus möglichst vielen gesellschaftlichen Kontexten zu erreichen, ist es erforderlich, die Nutzung der Potenziale der Digitalisierung in einem zeitgemäßen, Kinder und Jugendliche ansprechenden Format umzusetzen. Dabei gilt es, die ökonomischen, kulturellen, sozialen Lebensbedingungen der Jugendlichen (mehr als bisher) zu berücksichtigen, etwa indem der Sprachduktus angepasst wird und andere Zugangswege gesucht oder zielgruppenspezifischere Beteiligungsformate angeboten werden.

Wie in analogen Partizipationsprozessen benötigen junge Menschen Erprobungs- und Gestaltungsräume, Anleitung und Unterstützung, aufbereitete Informationen und Austausch untereinander wie auch mit Fachkräften, zudem methodische Vielfalt und niedrigschwellige Zugänge. Um auch diejenigen jungen Menschen für Beteiligungsformate zu erreichen, bei denen dies bislang nicht gelungen ist, gilt es konzeptionell einen thematischen Bezug zu ihrer Lebenswelt herzustellen bzw. auf ihre jeweiligen Wünsche und Anliegen einzugehen. Zudem ist eine Pseudobeteiligung konträr zu einem Partizipationsgedanken, der von Selbstbestimmung und einem demokratischen Grundverständnis geprägt ist.

Tipps:

- EU-weite Unterstützungsplattform zur Entwicklung von Beteiligungsprojekten • https://opin.me/de
- Jugend bewegt Baden-Württemberg. Unter anderem digitale Tools • https://jugendbeteiligung-bw.de
- Guidelines für gelingende E-Partizipation Jugendlicher • https://ijab.de/fileadmin/redaktion/PDFs/Shop_PDFs/Guidelines_eParticipation_dt.pdf

f. Zwischen Big Data und individuellen Bedürfnissen

Eine Handvoll zig milliardenschwere und mächtige Konzerne beherrschen den Markt. Jeder Klick wird registriert, die Daten werden in großer Vielfalt und Menge sowie mit großer Geschwindigkeit gesammelt, zudem zeitlich unbegrenzt auf Servern gespeichert und miteinander kombiniert und analysiert. Diese Datensammlungen, bekannt unter dem Namen ‚Big Data', sind gigantisch und für den Einzelnen nicht nachvollziehbar. Der 14. Kinder- und Jugendbericht spricht von einer „prekären Privatheit" (Deutscher Bundestag 2013, S. 18) und sieht ein „überaus dilemmatisches Feld für das Verhältnis von Privatheit und Öffentlichkeit" (ebd., S. 185). George Orwell hat die (Horror-)Vision ‚Big Brother is watching you' schon in seinem Roman „1984" beschrieben (Orwell 1949).

Um Dienste im Netz nutzen zu können, ist eine Einwilligung anzuklicken. Entsprechend ist es Erwachsenen wie Jugendlichen kaum möglich, sich den ‚Datenkraken' zu entziehen, Datensparsamkeit zu praktizieren oder für die Einschränkung der Datenweitergabe zu sorgen. Bei einer Studie wurden Facebooknutzer*innen besonders markante Klauseln aus den Nutzungsbedingungen von Facebook vorgelegt. Das Ergebnis: 99 Prozent der Befragten war nicht bewusst, dass sie in die ihnen vorgelegten Klauseln eingewilligt hatten und ließe man ihnen die Wahl, hätten nur drei Prozent zugestimmt (Götz 2018). Nutzer*innen haben aber angesichts der marktbeherrschenden Stellung einer weniger Großkonzerne quasi keine Handlungsoption, wenn sie Apps oder Dienste in Anspruch nehmen wollen. Die Auswirkungen beschreibt der Journalist Imre Grimm. Er hat bei Amazon eine Auskunft über die über ihn gespeicherten personenbezogenen Daten angefordert. Diese Möglichkeit besteht seit 2018 aufgrund der seitdem gültigen Datenschutz-Grundverordnung (DSGVO). Die Frage in der Artikelüberschrift „Alexa, was weißt du über mich?" (Grimm 2022) beantwortet er mit: „Alles!!!" Amazon kennt den Wert seines Hauses ebenso wie die Namen seiner Kinder oder die Höhe seines Einkommens, die Hobbys und Interessen, die Kauf-, Lese- und Surfgewohnheiten. Die Nutzungshäufigkeit der Amazon-App wird ebenso registriert (bei Imre Grimm 17.015 Mal), wie alle Bestellungen inklusive der Rücksendungen (1.846 Bestellungen in 12 Jahren) und der Preis jedes einzelnen Kaufs ist aufgelistet (Gesamtsumme 30.254,29 Euro in 22 Jahren). Zudem wurde jeder eingegebene Suchbegriff gespeichert (3.800 in drei Jahren), angeschaute Filme ebenso (3.826) (ebd.) Der gläserne Bürger bzw. die gläserne Bürgerin, die die Volkszählungsboykottbewegung 1983 in Bezug auf den Staat befürchtet hat, ist hier in unendlich größerem Maße im privatwirtschaftlichen Kontext vollzogen. Die totale Erfassung und Durchleuchtung. Daten als Währung für das vermeintlich kostenlose Internet. Imre Grimm hat – so die Angabe von Amazon – aufgrund der über ihn gespeicherten Datensätze bei mehr als 200 Werbekunden Interesse geweckt (ebd.).

Sich diese Dimensionen vor Augen zu führen, macht fassungslos und zugleich machtlos. Es ist kaum möglich, sich den Datenkraken in den digitalen Welten zu entziehen. Dennoch sind Kinder und Jugendliche über die Gefahren durch einen problematischen Umgang mit Daten zu informieren und so weit als möglich zu schützen. Und auch Fachkräfte sind in ihren Arbeitskontexten auf Datensparsamkeit und Datenschutz im Rahmen des Möglichen zu verpflichten, denn die digitalen Medien „stellen für die Kinder- und Jugendhilfe unter Gesichtspunkten von Privatheit und Datenschutz einen äußerst problematischen Raum dar“ (Kutscher 2013, S. 31). Die Folgen eines unbedachten und unbedarften Umgangs mit Daten beschreibt eine junge Frau sehr anschaulich:

> „Seit zwei Wochen bin ich auf einer Zeitreise in meine Pubertät. Leider ist es nicht mein Tagebuch, in dem ich herumwühle, sondern das Internet. Ich erkunde die Grenzen meines eigenen guten Geschmacks: Jugendsünden, Partyfotos, Alkoholeskapaden. Alles fein säuberlich dokumentiert auf meinem Facebook-Profil. Und natürlich auf dem Facebook Profil meiner Freunde bzw. derjenigen, die ich als Teenager zu dieser Gruppe gezählt habe. Jederzeit abrufbar von mir, von den ‚Freunden‘ und auch von allen anderen, die einen Facebook Account haben. Mein Facebook Profil gibt es seit 2007 damals war ich 14 Jahre alt, niemand ahnte zu diesem Zeitpunkt, welche Ausmaße das Netzwerk haben würde (…) Kommunikation fand nicht zwischen zwei Menschen, sondern öffentlich statt. (…) Niemand warnte uns, zu viel von uns preiszugeben. Niemand erklärte uns etwas über Datensicherheit und Privatsphäre. (…) Für die Erwachsenen war Facebook Neuland, sie waren beeindruckt von der einfachen Bedienung und den vielen Möglichkeiten. Und das auch noch umsonst. Zu dieser Zeit gab es noch kein Bewusstsein dafür, was es bedeutet, mit der Währung Daten zu bezahlen. Es gab noch keine Debatten über Cybermobbing, Zensur und Hasskommentare (Eldem 2017, S. 11).

Trotz der Risiken für Individuen wie für die Gesellschaft durch die Datensammelwut der Konzerne und der kommerziellen Verwendung der Daten werden die allermeisten Menschen nicht auf die Errungenschaften der digitalen Möglichkeiten verzichten wollen. Digitale Abstinenz ist in mediatisierten Lebenswelten keine Option und der Wunsch, seine Bedürfnisse zu befriedigen, wird dominieren. Individuelle Lösungen sind daher nur begrenzt tauglich, gesetzliche Maßnahmen gestalten sich ebenfalls schwierig, wobei die bestehenden Regelungen wie die DSGVO oder die 2022 von der EU verabschiedete Regulierung der Internetplattformen im Digital Service Act (DSA) als vergleichsweise fortschrittlich einzustufen sind (Brown 2022), sodass Mark Zuckerberg sogar damit drohte, Facebook und Instagram vom europäischen Markt zu nehmen (Borchert 2022). Die Drohung hat er jedoch nicht umgesetzt, sondern mittlerweile 1.000 Mitarbeitende eingestellt (Clegg 2023), um die Regelungen einzuhalten und einer finanziellen Strafe bei Nicht-Einhaltung zu entgehen. Auch Regulierungen von

Künstlicher Intelligenz wurden auf EU-Ebene – sogar schon vor der Markteinführung des GPT-Chatbots – angegangen und durch die Entwicklung des Bots beschleunigt, jedoch bis heute (Stand 25.07.2023) noch nicht verabschiedet (Bergt 2023).

g. Zwischen Tinder, Youporn und Beziehungsgestaltung

Zur Pubertät gehört das Eingehen erster Liebesbeziehungen und Partnerschaften, das Erleben und Ausprobieren sexueller Bedürfnisse ist für Jugendliche äußerst bedeutsam. Es gilt, eigene Wünsche und Vorstellungen zuzulassen, sexuelle Orientierungen auszuprobieren, Sexualität als Bestandteil der Persönlichkeit zu entdecken, partnerschaftliche Beziehungen einzugehen und eine sexuelle Praxis zu gestalten. Die sexuelle Identität zu entwickeln, stellt für junge Menschen eine große Herausforderung dar und ist immer auch mit emotional schwierigen Phasen verbunden, zumal die Pubertät heute im Vergleich zu früheren Generationen altersmäßig weit in Richtung jüngerer Jahrgänge verlagert stattfindet (Deutscher Bundestag 2017, S. 220–225). Die neuen digitalen Mittel und Räume spielen eine bedeutende Rolle bei der Erkundung von Sexualität und der Bewältigung der sich stellenden Entwicklungsaufgaben, bergen aber auch Risikopotenzial. Daher wird auf diesen jugendtypische Sozialisationsaspekt in Verbindung mit der Digitalisierung der Lebenswelten vertiefend eingegangen.

i. Sexualität und Internet

Zu den Veränderungen der Beziehungen und der Beziehungsanbahnungen durch leicht zugängliche Pornografie oder Dating-Apps merkt der 15. Kinder- und Jugendbericht von 2017 nur in einer Fußnote an, dass digitale Medien „vermutlich" in zunehmenden Maß die Beziehungsanbahnung bei Jugendlichen beeinflussen werden (Deutscher Bundestag 2017, S. 220). Dabei ist offensichtlich, dass sich neben den klassischen Formaten wie TV-Sendungen oder Printmedien schon lange die Mediatisierung der jugendlichen Lebenswelten im Bereich Partnerschaft und Sexualität auswirken. Flirt- und Dating-Apps sowie die Pornoindustrie haben großen Einfluss auf die Beziehungsanbahnung, die Rollen- und auch Menschenbilder und insbesondere das Sexualleben – nicht nur bei Jugendlichen. Schon 2013 stellt eine Studie des Bundesgesundheitsministeriums fest, dass die allermeisten Jugendlichen das Internet als „sexuellen Erfahrungsraum" und niedrigschwelligen Einstieg in die Welt der erotischen Begegnungen nutzen. Jugendliche sehen das Internet als Möglichkeit der sexuellen Sozialisation, wo sie erste Erfahrungen im Flirten machen, sich selbst testen und inszenieren (Martyniuk 2013, S. 94). Zudem ist das Internet eine Quelle für Informationen zu allen erdenklichen Fragen im Zusammenhang mit sexualbezogenen Themen, es dient der sexuellen Aufklärung (etwa über sexuelle Praktiken, unbekannte Begrifflichkeiten, Verhütungsfragen oder Probleme). Außerdem ermöglicht der digitale Raum die Suche von Partner*innen, das Herstellen von Sexualkontakten und den Konsum jeglicher Form pornografischer Inhalte (ebd., S. 102 ff.). Döring unterscheidet sechs sexuelle Aktivitäten im digitalen Raum, die für die geschlechtliche Identitätsentwicklung junger Menschen von Relevanz sind und sieht dabei jeweils Chancen und Risiken. Sie benennt die aufklärerische Funktion, Erotik und Pornografie, sexuelle Kontakte, sexuelle Szenen, sexuelle Produkte und sexuelle Dienstleistungen (Döring 2019, S. 229 ff.). Unzweifelhaft bieten die digitalen Räume im Vergleich zur ,realen' Lebenswelt eine Vielzahl an Geschlechterrollenmuster, Möglichkeiten der sexuellen Erprobung, erleichterten Kontakte zu queeren Personen und für queere Personen und eröffnen Optionen für Selbstinszenierungen, gerade in den Social-Media-Kanälen. Zudem können Jugendliche immer und überall diskret zu jeglichen Themen, relevanten Fragen oder Problemen recherchieren, zumal das Thema Sexualität oft schambehaftet ist, sodass Gespräche mit Eltern oder Pädagog*innen oft schwer fallen.

Tipp:

Digitales Gendermagazin unter Beteiligung junger Menschen
• www.meinTestgelände.de

ii. Jugendliche und Pornos

Der Konsum von pornografischen Inhalten ist jederzeit leicht möglich. Altersgrenzen spielen quasi keine Rolle. Die meisten Seiten sind frei zugänglich, Nutzer*innen müssen allenfalls per Klick bestätigen, dass sie 18 Jahre alt sind, um auf die entsprechenden Seiten zugreifen zu können. Somit gehört der Pornokonsum für die meisten jungen Menschen mittlerweile zur sozialen, sexuellen und geschlechtlichen Entwicklung dazu. Bereits 2010 titelte ein Buch ,Generation Porno: Jugend, Sex, Internet' (Gernert 2010). Insbesondere männliche Jugendliche nutzen Pornografieplattformen. Mädchen konsumieren deutlich weniger pornografische Inhalte (Matthiesen 2013, S. 148 ff.; Schmidt 2013, S. 171; Hajok 2016, S. 142). Auch das Anschauen von Pornos zur Aufklärung, beispielsweise über Sexualpraktiken, erfolgt durch männliche Jugendliche deutlich häufiger als durch junge Frauen (Döring 2019a, S. 13).

Jugendliche sind in der Lage, zu den dargestellten Sexualpraktiken in Pornos eine „reflektierte Distanz" zu halten (Matthiesen 2013, S. 165), zugleich vermutet Matthiesen, dass Pornos die Jugendsexualität beeinflussen, und zwar dahingehend, dass junge Menschen mehr Praktiken ausprobieren und schon früher damit beginnen (ebd., S. 173). Und die Internetpornografie ersetzt Masturbationsvorlagen früherer Zeiten wie Zeitschriften mit erotischen Inhalten (ebd., S. 179). Die Befürchtung, dass der Pornokonsum zu einem immer weiter ansteigenden Bedürfnis wird und das Verlangen nach extremeren Inhalten steigt, sieht Schmidt nicht bestätigt (Schmidt 2013, S. 181) und er fasst seine Studie über junge Männer dahingehend zusammen, dass sie zwischen der virtuellen und realen sexuellen Welt zu unterscheiden vermögen und sie auch nicht dazu verleitet werden, das in der Pornografie präsentierte Frauenbild zu übernehmen. Er schließt ab mit dem Satz, dass der Umgang Jugendlicher mit Pornografie sich unaufgeregter darstellt, als die öffentliche Debatte vermuten lässt (ebd., S. 197). Können junge Menschen tatsächlich die Trennlinien ziehen zwischen einerseits der entgrenzten Internetsexualität, die alle Spielarten, Varianten und Grenzüberschreitungen beinhaltet und alle Wünsche und Fantasien (sofort) befriedigt, und andererseits den realen (begrenzten) Möglichkeiten, die unter anderem Rücksichtnahme auf die Bedürfnisse der Partnerin bzw. des Partners erfordert? Möller sieht junge Menschen nicht als Objekte von sexuellen Angeboten, sondern er betont, dass die „sexuelle Sozialisation auch ein Subjekt hat: die Jugendlichen selbst“ (Möller 2011, S. 159). Und daher seien sie in der Lage, sich mit den an sie „herangetragenen Anforderungen, Zumutungen und Vorlagen“ „in Akten produktiver Realitätsverarbeitung“ auseinanderzusetzen (ebd., S. 159). Ihm ist zuzustimmen, dass junge Menschen in ihren Kompetenzen von Erwachsenen des Öfteren unterschätzt werden, was sich beispielsweise daran zeigt, dass – entgegen den Annahmen vieler Erwachsener – nur ein kleiner Prozentsatz an Jugendlichen freizügige Bilder außerhalb der Freundschaftsbeziehungen verschickt (Hajok 2016, S. 143), auch ist die erste Erfahrung mit Geschlechtsverkehr nicht etwa zeitlich nach vorne gerückt, sondern im Gegenteil lässt sich eher eine Verschiebung ins höhere Alter feststellen (BZgA 2020, S. 1). Und Kinder wie Jugendliche, die Cybergrooming erleben, verhalten sich ebenfalls überwiegend kompetent (Landesanstalt für Medien 2021/2022, S. 33).

Dennoch scheint eine kritischere Bewertung der Aussage angebracht, denn die von Möller benannten erforderlichen Kompetenzen zum Umgang mit Pornografie bringen längst nicht alle Jugendlichen mit, vor allem auch deshalb nicht, weil sich zunehmend sehr junge Jahrgänge mit nicht altersangemessenen sexuellen Inhalten konfrontiert sehen, die sie nicht einordnen können, die sie schockieren, überfordern und gefährden. Ungefähr die Hälfte aller Jugendlichen wird ungewollt mit pornografischen Bildern konfrontiert (BPtK 2020, S. 41). Studien in England haben gezeigt, dass Praktiken in Pornos die Einstellungen und Erwartungen an den Partner bzw. die Partnerin verändern. So ist der Anteil der Jugendlichen mit Analverkehr von sieben Prozent in 1990 bei den Mädchen auf 25 Prozent gestiegen, bei den Jungen von drei auf 16 Prozent (ebd., S. 42). Auch Döring sieht in Teilbereichen durchaus eine Bestätigung von vermuteten negativen Auswirkungen durch Pornokonsum auf Jugendliche (Veränderung in Bezug auf den Sex mit Partner*innen/Abstumpfung oder suchtartiger Konsum), beim sexuellen Erleben und Verhalten (z. B. riskantes Sexualverhalten) oder in Bezug auf die Geschlechterverhältnisse (sexistische, frauenfeindliche Bilder), jedoch schränkt auch sie ein, dass „gravierende gesamtgesellschaftliche Negativtrends nicht erkennbar sind" (Döring 2019, S. 230 f.). Hoffmann und Reißmann (2014, S. 517) stützen diese These, sehen es aber als plausibel an, dass Medien (nicht nur die digitalen) zur Verunsicherung von Jugendlichen beitragen können, da sie durch die Präsentation einer Vielzahl ‚perfekter' Körper normative Wirkung entfalten, zur Verfestigung von Bewertungsschablonen und zur Abwertung des eigenen Körpers führen können, somit unter Umständen zu einem veränderten Umgang mit der eigenen Sexualität beitragen. Eine Verallgemeinerung halten aber auch sie für nicht angebracht (ebd., S. 514). Es sei von entscheidender Bedeutung „wer wann wie oft mit welchen Angeboten in Berührung kommt oder selbst Inhalte produziert und verbreitet, ist abhängig von den eigenen Präferenzen, ethisch-moralischen Grenzen sowie den Freundschafts-, Paar- und Peerbeziehungen sowie von zentralen Kontexten, in denen das mediale Material bzw. entsprechende Hinweise on- und offline zirkulieren" (ebd., S. 517).

Unabhängig vom Pornokonsum gibt es weitere spezifische Gefährdungen, die in digitalen Räumen zu den Gefährdungen in der Realwelt hinzugekommen sind. So ist der Anteil von minderjährigen Tatverdächtigen, die mit dem Gesetz zur Verbreitung pornografischer Schriften in Konflikt kommen, um rund 41 Prozent von 2021 auf 2022 stark angestiegen, da Kinder und Jugendliche unangemessene Fotos in den Social-Media-Kanälen verbreiten, ohne sich der Strafbarkeit bewusst zu sein (Schwarz 2023). Hajok spricht von „vorverlagerten Kontaktrisiken" (Hajok 2016, S. 139). Die Straftaten begehen dabei fast ausschließlich männliche Jugendliche (Hajok 2023, S. 31). Problematisch sind auch die Selbstvermarktungs- und Selbstdarstellungen junger Menschen, wozu zum Beispiel die sexualisierten Posen junger Mädchen in den sozialen Medien zählen, um per Klicks und Likes entsprechende Bestätigung zu erhalten. Oder das Sexting, worunter das Verschicken von selbsterstellten freizügigen Fotos oder Nacktbildern verstanden wird. Dies geschieht zwar zumeist an bekannte Personen wie den Partner bzw. die Partnerin (Hajok 2016, S. 144), allerdings besteht im Netz immer die Gefahr der Entgrenzung des Bildmaterials über den anvisierten Empfänger*in hinaus, beispielsweise nach einer Trennung.

Auch digitale Grenzverletzungen im Netz und Cybergrooming (strafbar nach § 176a und § 176b StGB) stellen eine große Gefahr für junge Menschen dar (Landesanstalt für Medien NRW 2021, 2022), wenngleich darauf hinzuweisen ist, dass schwere Fälle von sexuellem Missbrauch/sexueller Gewalt vor allem im realen Nachbereich erfolgen. Aber die Zahlen sind erschreckend und die insbesondere auf den Social-Media-Kanälen angesprochenen Kinder und Jugendlichen zudem oft noch sehr jung (Landesanstalt für Medien NRW 2021, S. 31 ff.) und somit besonders leicht manipulierbar. Für Pädagog*innen ist zudem wichtig zu wissen, dass auch hier eine soziale Komponente auszumachen ist. Junge Menschen aus Haupt- und Berufsschulen – übrigens Jungen wie Mädchen gleichermaßen – sind besonders oft von Cybergrooming betroffen (ebd., S. 29, 31). Zudem sind stark steigende Versuche von Cybergrooming zu verzeichnen (Landesanstalt für Medien NRW 2022).

iii. Tinder und Co. – Neue Formen der Beziehungsanbahnung

In der ‚realen' Welt sind die Möglichkeiten der Kontaktaufnahmen für sexuelle Erfahrungen begrenzt, wobei immer noch hoch relevant. Aber gerade für Jugendliche, die sich entwicklungspsychologisch in der Experimentierphase ihres Lebens befinden und die Liebe, Partnerschaft und Sexualität für sich entdecken, eröffnet sich durch digitale Flirt- und Partner*innensuche-Apps ein neues, großes Feld für Kontakte und sexuelle Erfahrungen. Die Anonymität des Internets erleichtert die Kontaktaufnahme. Zudem erhöhen Algorithmen die Wahrscheinlichkeit, auf Gleichgesinnte bzw. passende Partner*innen zu treffen. In den erweiterten Räumen können Jugendlichen Menschen kennenzulernen, denen man sonst nicht begegnet wäre, in besonderem Maße jedoch werden die Handlungsoptionen erweitert für Heranwachsende in ländlichen Gegenden, für junge Menschen mit einer Beeinträchtigung oder für queere Jugendliche, denen sich mehr Möglichkeiten der Kontaktaufnahme zu anderen queeren Menschen bieten.

Die Dating-App Tinder ist seit 2012 auf dem Markt und insbesondere unter jungen Menschen sehr verbreitet, ähnlich wie Parship bei Erwachsenen. Sie kann, wie auch Lovoo oder Badoo, kostenlos in Anspruch genommen werden (spezielle Funktionen sind zusätzlich käuflich zu erwerben) und ist (offiziell) ab 18 Jahren zugänglich. Apps wie Tinder, Badoo, Lovoo, Bumble oder MeetMe (letztere schon für Jugendliche ab 13 Jahren) werden für die Beziehungsanbahnung genutzt oder um Sexualpartner*innen zu finden.

Tinder ist ein Beispiel dafür, wie die Partner*innensuche sich zunehmend mehr aus dem öffentlichen Realraum (z. B. Diskotheken) in den virtuellen Raum verlagert. Digitales ‚Matching' wird zum Alltag: ‚Wisch und weg' oder eben ‚Bingo', könnte überspitzt formuliert werden. Die Kultur des Flirtens und des Beziehungsaufbaus, der erotischen Annährung verändert sich. Sie findet zunehmend digital statt oder wird übersprungen.

Die vergleichsweise neue Form der Partnerschaftsanbahnung über Dating-Apps ist nicht ohne Probleme. Dies macht auch die Werbung von Parship deutlich: „Lasst uns Dating auf ein neues Level bringen. Uns untereinander vorstellen, ohne zu verstellen. Und Filter direkt abschminken. Lass uns strahlen, statt blenden. Und nur noch matchen, was wirklich matcht: echte Menschen mit ehrlichen Absichten? Ready?!" (Parship 2022). Es finden sich neben aufgepeppten Profilinhalten und der Verwendung unrealistischer, mit Filtern bearbeiteter Fotos außerdem – gerade bei kostenlosen Apps – viele Fakeprofile, also Profile von Menschen, die keine ernsthaften Absichten verfolgen. Entsprechend werden Erwartungen derjenigen, die Partner*innen suchen, oft enttäuscht.

Andererseits spiegelt das Netz nur das wider, was sich im auch ‚realen' Leben zeigt. Auch dort sind nicht alle Absichten ehrlich, auch dort wird versucht, über die Person Informationen zu gewinnen und es wird ebenso geblendet und verstellt, in dem man sich von der besten Seite zeigt, übertreibt oder lügt. Des Weiteren sind die Versuche persönlicher Aufwertung und Veränderung nur graduell unterschiedlich. Der Filter, der über die Wirklichkeit gelegt wird, besteht aus Make-Up, Push-up-BH's oder Muskelshirts, Bauchwegunterwäsche oder die Auswahl der Kleidung – das Äußere wird den herrschenden Idealen angepasst.

iv. Die Rolle der Fachkräfte im Kontext veränderter Rahmenbedingungen von Jugendsexualität

Sexualität ist gerade für junge, pubertierende Jugendliche von zentraler Relevanz, völlig unabhängig davon, ob es um Sexualität im realen Leben oder im digitalen Kontext geht. Aufgabe der Fachkräfte ist es einerseits, die sexuellen Selbstbestimmungsrechte zu gewährleisten und zu fördern. Zugleich sind junge Menschen im Sinne des Jugendschutzes und eines präventiven pädagogischen Ansatzes, auch im Kontext von Pornografie, Cybergrooming, Sexting oder bei der Nutzung von Dating-Apps kompetent zu begleiten und vor Gefährdungen zu schützen. Es gilt, über die sexualpädagogischen Entwicklungen und die damit verbundenen Chancen und Risiken in realer wie digitaler Welt informiert zu sein. Grundlegende rechtliche Kenntnisse sind ebenso notwendig (etwa wann welches Verhalten strafbar ist), wie das Wissen über für Jugendliche geeignete Informationsplattformen sowie Kenntnisse über Unterstützungs- und Hilfeangebote. Ein wirksamer Schutz der Kinder und Jugendlichen ist allein durch restriktive Beschränkungen nicht erreichbar, nichtsdestotrotz gehören bei Fachkräften und Jugendlichen auch Kenntnisse über digitale Schutzmechanismen wie Filter, Privatsphäreneinstellung oder Meldefunktionen zum Repertoire. Vor allem aber sind eine offene sexual-pädagogische Grundhaltung, präventive Angebote und ein ‚offenes Ohr' für die jungen Menschen gefordert. Junge Menschen benötigen Unterstützung, unter anderem bei der Selbstreflexion über die eigenen Körperkonzepte (z. B. Gravelmann 2021; Flaake 2020; Liermann 2015), bei der sexuellen Entwicklung und Selbstbestimmung, dem genderspezifischen Rollenverhalten oder beim Setzen von Grenzen einerseits und bei Grenzüberschreitungen andererseits. Und auch im Zusammenhang von Internet und Sexualität ist die Förderung und Befähigung der jungen Menschen zu einem grundlegend kritisch-reflexiven Medienumgang hilfreich und zwingend notwendig.

Fachkräfte in der Sozialen Arbeit sollten sich zudem bewusst sein, dass junge Menschen aus den Erzieherischen Hilfen und aus Pflegefamilien eine erhöhte Vulnerabilität aufweisen. Als potenziell besonders gefährdet gelten auch Menschen mit Beeinträchtigungen, ebenso Heranwachsende, die selbst sexuellen Grenz- und Gewalterfahrungen ausgesetzt waren, junge Geflüchtete sowie Kinder, deren Eltern in ihrer Schutzfunktion beeinträchtigt sind, zum Beispiel durch psychische Erkrankung (Jud/Kindler 2019, S. 7ff.). Auch sind seitens der Fachkräfte die differierenden sexuellen Lebenswelten und Erfahrungen Jugendlicher mit Migrationshintergrund zu beachten (BZgA 2020). Auffällig ist, dass neben des erheblichen Bedeutungszuwachses des Internets zur sexuellen Aufklärung (Döring 2019a, S. 12) immer noch die Eltern, vor allem die Mütter, als zentrale Quelle der Aufklärung genannt werden, aber auch Freund*innen, Lehrer*innen und andere Personen spielen eine – wenn auch deutlich geringere – Rolle (ebd., S. 5). Somit bietet sich auch Potenzial für Fachkräfte.

Keineswegs dürfen die Themen Sexualität und Körperlichkeit von Fachkräften in den Arbeitsfeldern der Kinder- und Jugendhilfe tabuisiert und gemieden werden. Zudem gilt es, die mit der Entdeckung der sexuellen Welt verbundenen problematischen Aspekte nicht zu sehr in den Vordergrund zu rücken, sondern die vielfältigen schönen Facetten von Liebe und Partnerschaft hervorzuheben. Da Sexualität und Körperlichkeit allerdings auch für viele Erziehende und Fachkräfte schambesetzte Themen sind und in einen pädagogisch nicht ganz einfach händelbaren Grenzbereich fallen, gelingt ein offensiver Umgang durch Fachkräfte oft nur eingeschränkt. Fachkräfte müssen in einem Spannungsverhältnis zwischen Nähe und Distanz sowie Unterstützung und Kontrolle agieren und zudem institutionelle wie rechtliche Rahmenbedingungen berücksichtigen, wobei sich die eigene Haltung und Einstellung der Mitarbeitenden als hoch relevant für den Umgang mit der sexuellen Sozialisation junger Menschen erweist (Theiß/Schäfer 2016).

Auf Trägerebene sind Konzepte sowohl zum Schutz vor sexuellen Übergriffen als auch für eine gelingende sexuelle Identität junger Menschen durch sexualpädagogische Bildung notwendig. Schutzkonzepte fordert das Kinder- und Jugendstärkungsgesetz verbindlich ein, sexualpädagogische Konzepte sind hingegen in den Einrichtungen selten vorzufinden (ebd., S. 150). Ebenso sind Fortbildungen für Fachkräfte angezeigt, die die Spezifika der digitalen Komponenten sexueller Entwicklung mit einbeziehen, zudem muss es für Fachkräfte Supervisionsmöglichkeiten geben. Und Fachinstitutionen müssten gerade angesichts der zunehmenden Relevanz von Sexualität und Sexualaufklärung im Internet mehr Präsenz bei der sexuellen Bildung im Netz zeigen, wofür wiederum professionelle Social-Media-Strategien zu entwickeln und umzusetzen sind (Döring 2019a, S. 15).

v. Fazit – Veränderungen in der Beziehungsanbahnung und -gestaltung

Die digitalen Medien wirken sich in erheblichem Maße auf die sexuelle Entwicklung junger Menschen aus. Die Zugänge zu unterschiedlichsten sexuellen Inhalten haben sich im Vergleich zu Vorgängergenerationen massiv erweitert, was mit Vorteilen wie Nachteilen verbunden ist.

Junge Menschen haben durch die digitalen Medien die Möglichkeit der örtlich wie zeitlich unkomplizierten Zugänge zu sexuellen Informationen oder die Möglichkeit erleichterter Kontaktaufnahme (ein Vorteil z. B. für queere Jugendliche).

Zugleich werden neue Gefährdungen offensichtlich, die die digitalisierten Erfahrungsräume mit sich bringen: Cybergrooming, Sexting, Pornografie. Zudem besteht die Problematik der immer früheren und zum Teil auch unfreiwilligen Konfrontation mit sexuellen Inhalten.

Ob und inwieweit sich etwa das veränderte Kontaktanbahnungsverhalten oder der (frühe) Pornografiekonsum negativ auswirkt, beispielsweise auf geschlechtsspezifische Rollen und sexuelles Verhalten, wird in der Forschung unterschiedlich bewertet, jedoch scheint es naheliegend, dass der frühe Zugang zu potenziell problematischen und jugendgefährdenden Inhalten entwicklungsbeeinträchtigend wirken kann und risikobehaftet ist.

Tipps:

Einige Onlineangebote zu Fragen rund um Sexualität, die sich speziell an Jugendliche richten:

- Loveline: Jugendportal der Bundeszentrale für gesundheitliche Aufklärung (BZgA). Themen: Liebe, Freundschaft, Gesundheit, Aussehen, Sex und Verhütung • www.loveline.de
- Sexundso: Portal von pro familia. Themen: Liebe, Sexualität, Beziehungen, Verhütung • www.sexundso.de
- PIA – pro familia in action: Ein Portal von jungen Menschen, die sich als queer-feministisch, rassismus- und kulturkritisch verstehen und sich auf der Plattform mit ihren Inhalten präsentieren und austauschen • www.profamilia.de/ueber-pro-familia/der-verband/junges-netzwerk-pia-pro-familia-in-action
- meinTestgelände: Digitales Gender-Magazin, bei dem Jugendliche Beiträge einbringen • www.meintestgelände
- Echt Krass: Jugendliche und sexualisierte Gewalt. Unterstützungs- und Informationsplattform • www.echt-krass.info

h. Fachlicher Umgang mit Chancen und Risiken

Es sind in diesem Kapitel einige bedeutende Aspekte des digitalen Wandels mit großem Einfluss auf die Sozialisation Jugendlicher benannt worden, die zeigen, dass es weder Grund zur übertriebenen Technikeuphorie gibt, aber ebenso wenig zu Technikskeptizismus. Wo die Chancen und Risiken der digitalen Welten liegen, ist an den gewählten Beispielen deutlich geworden – auch wenn nur einige Facetten beleuchtet werden konnten.

Lebenswelten Jugendlicher unterscheiden sich von denen der Erwachsenen und sie wandeln sich stetig – kein neuer Befund. Wie sagte John F. Kennedy treffend: „Es ist das Schicksal jeder Generation, in einer Welt unter Bedingungen leben zu müssen, die sie nicht geschaffen hat" (https://gutezitate.com). Allerdings vollziehen sich die Veränderungen ungleich schneller als in früheren Zeiten und sind somit für die jungen Menschen wie für die Eltern und Fachkräfte, aber auch für die gesellschaftlichen Systeme in besonderem Maße herausfordernd. Die Profession Sozialer Arbeit muss diesen Wandel mitgestalten und Chancen wie Risiken dabei im Blick haben.

6. Künstliche Intelligenz in der Kinder- und Jugendhilfe?

Die Herausforderungen der digitalen Welt für Fachkräfte Sozialer Arbeit sowie deren Organisationen und Einrichtungen sowie für das Klientel Sozialer Arbeit sind äußerst vielfältig, wie die vorangegangenen Kapitel gezeigt haben. Und nun auch noch eine Auseinandersetzung mit Künstlicher Intelligenz (KI)? Künstliche Intelligenz ist für viele Menschen gedanklich verortet im Feld der Wirtschaft, speziell in der Industrie unter dem Stichwort ‚Industrie 4.0'. Zum Teil wird noch an den Medizinsektor, den Verkehrsbereich, die Altenhilfe oder die Behindertenbereich gedacht. Aber Jugendhilfe? In diesem Beitrag richtet sich der Blick nach einer grundlegenden Einführung gezielt auf die Kinder- und Jugendhilfe. Inwiefern wird sich das professionelle Selbstverständnis Sozialer Arbeit und die Arbeit mit der Klientel durch Künstliche Intelligenz verändern?

a. Künstliche Intelligenz am Beispiel des GPT-Chatbots

Der massenhafte Einsatz Künstlicher Intelligenz ist in vielen Sektoren der Wirtschaft keineswegs neu, doch KI hat auch den Alltag der Menschen erreicht, man denke nur an die Sprachassistenten Alexa, Siri, Cortana oder Google Assistant, das smarte Haus, smartes Spielzeug oder Wearables (am Körper getragene kleine Computer, die beispielsweise zur Schlafüberwachung bei Kleinkindern, als Fitnesstracker zur Analyse von sportlichen Aktivitäten oder zur Erfassung medizinischer Daten eingesetzt werden).

Durch die Coronapandemie bedingt schafften bereits langjährig bestehende Kommunikationssysteme wie Zoom oder Teams den Durchbruch (auch im Sozialsektor). Ähnlich sieht es bei der KI aus. Die Entwicklung des ChatGPT-Bots führte zu intensiven (fach-)politischen und gesellschaftlichen Debatten über Künstliche Intelligenz. Der Hersteller OpenAI, deren Hauptanteilseigner Microsoft ist, brachte den ChatGPT-Bot Ende 2022 kostenlos auf den Markt. Kurze Zeit später wird vom Konkurrenten Google ‚Google Bard' präsentiert, ein Bot, der im Gegensatz zu ChatGPT auf das Internet zugreifen kann (Prigge 2023), in China wurden Ernie und in Deutschland Mindverse entwickelt (Brandstädter 2023). Apple kündigt im Juli 2023 ebenfalls einen KI-Bot an (Ceccio 2023). Die Social-Media-Plattform Snapchat hat die Nutzungsmöglichkeit von Künstlicher Intelligenz bereits im April 2023 unter dem Button ‚Meine KI' eingebaut (Washington 2023). Andere Plattformen dürften folgen (bzw. sind schon gefolgt, wenn diese Zeilen veröffentlicht werden).

GPT steht für ‚Generative Pre-training Transformer', weil der Bot die menschenähnliche Kommunikation durch das Analysieren zahlreicher Texte sowie durch die Durchforstung des Internets gelernt hat. ChatGPT kann zum Beispiel wissenschaftliche Beiträge, Gedichte, E-Mails oder Bewerbungen verfassen (Mannweiler 2023). Die Auswirkungen des Bots zeigten sich, vor allem in den Schulen oder Universitäten, unmittelbar und rasend schnell, da die Nutzer*innenzahlen innerhalb kürzester Zeit explodierten wie bei keinem Digitalunternehmen zuvor (Carlos 2023). Die Entwicklung überholte die (Sozial-)Pädagogik, weil junge Menschen den Bot umgehend für sich zu nutzen wussten und etwa zur Erledigung von schriftlichen Ausarbeitungen einsetzen (u. a. Brandstädter 2023). „Ich habe es mir vorführen lassen und war fassungslos. Wir können ja, wenn das so leicht geht, Schülerinnen und Schülern gar keine schriftlichen Hausaufgaben mehr aufgeben", so die Präsidentin der Kultusministerkonferenz und Berliner Bildungssenatorin Astrid-Sabine Busse (Emmerich 2023, S. 26).

Auch im Zusammenhang mit Fake News sind gravierende Auswirkungen mit dem ChatGPT-Bot verbunden. So können Falschinformationen noch sehr viel leichter produziert werden (Bojaryn 2023; Schughart 2021). Das Verändern und Erstellen von Videos ist bereits möglich, wird aber voraussichtlich zu einer Option werden, die nach ihrer Perfektionierung ebenso massenhaft genutzt werden wird wie der Chatbot. Schon jetzt ist das Einfügen von Gesichtern in Videos oder Bildern sehr einfach (Meineck 2022), verbunden mit allen damit denkbaren Missbrauchsmöglichkeiten. In wenigen Minuten kann beispielsweise das Foto eines*einer Jugendlichen aus der Schulklasse mit der bereits millionenfach heruntergeladenen App ‚FaceMagic' missbräuchlich in kompromittierenden Zusammenhängen verwendet werden. Die Verwendung in pornografischen Kontexten wird Deepfakes genannt. In Bezug auf das Verfassen von gefakten Texten ist dies nun für breite Massen innerhalb von Sekunden per Chatbot möglich, ebenso können Tonspuren verändert werden. In der Folge entsteht noch mehr Verunsicherung in einer unübersichtlichen Welt, als ohnehin schon existiert.

Ebenso problematisch ist die Selektivität der Weltsicht, die der Chatbot verbreitet. Die Informationen, mit denen der Bot gespeist wird, stammen von einem „Club von weißen, englischsprachigen Männern, die überwiegend in christlich geprägten Ländern auf der Nordhalbkugel leben" (Lobe 2023, S. 13). Allerdings ist beispielsweise das Onlinelexikon Wikipedia ebenso ethnozentristisch, männerdominiert und die Inhalte werden zudem nur von sehr wenigen Menschen erstellt (Pöhls 2020).

Das Chatbot-Beispiel macht deutlich, welche Möglichkeiten sich durch technische Innovationen in allen gesellschaftlichen Bereichen auftun (etwa in Bezug auf Arbeitserleichterungen oder für Menschen mit Beeinträchtigungen), aber zugleich welche erheblichen unabsehbaren Gefährdungen und Herausforderungen bestehen (z. B. Fake News, Big Data, Regulierungsprobleme, Veränderungen in der Arbeitswelt). Überwiegend wird noch sogenannte schwache Künstliche Intelligenz eingesetzt, die für bestimmte abgegrenzte Aufgaben trainiert wird und keine eigene Kreativität besitzt (wozu z. B. autonomes Fahren oder die Sprachassistenten Alexa und Co. zählen). Der ChatGPT-Bot geht in die Richtung von starker Intelligenz, die auch Artificial General Intelligence genannt wird, woher das AI im Herstellername OpenAI herrührt. Voll entwickelte starke Intelligenz (das ist ChatGPT noch nicht) soll sich vom menschlichen Verstand nicht mehr unterschieden lassen. Starke KI kann selbstständig agieren, indem sie sich Wissen in Anwendungsbereichen erarbeitet, untersucht und analysiert, um zu Problemlösungen zu gelangen (Technische Hochschule Würzburg-Schweinfurt 2023). Deren Einsatz wäre dann theoretisch auch im sozialen Bereich denkbar.

b. Künstliche Intelligenz in der Sozialen Arbeit

In der Zeitschrift Capital prophezeit der KI-Forscher Richard Socher, dass sich Künstliche Intelligenz noch bedeutsamer auswirken wird als das Internet. „Alle Jobs werden sich ändern", so die Überschrift des Artikels. Genannt werden exemplarisch der medizinische Sektor, die Forschung, Übersetzungsdienste oder Anwaltsberufe (Wiechmann 2023). Im Juli 2023, während dieses Buch geschrieben wird, streiken die Schauspieler*innen und Regisseure in den USA, unter anderem weil sie verhindern wollen, dass Drehbücher durch Künstliche Intelligenz erstellt werden, dass Statist*innen digital abgescannt und dann für Szenen im Hintergrund animiert werden oder dass KI-Synchronsprecher*innen reale Sprecher*innen ersetzen (Wilhelm 2023). Das Institut für Arbeitsmarkt und Berufsforschung (IAB) der Bundesagentur für Arbeit hat in einem Futuromat bereits errechnet, wie hoch der Anteil an einem Beruf ist, der zukünftig durch KI ersetzbar ist. So könnten Steuerberater*innen beispielsweise zu 100 Prozent durch KI ersetzt werden, bei Sozialpädagog*innen wird noch null Prozent angegeben (www.job-futuromat.iab.de). Dennoch wird der Einsatz Künstlicher Intelligenz zukünftig sicher auch in der Sozialen Arbeit eine bedeutende, zumindest bedeutendere, Rolle spielen und Auswirkungen zeigen, denn KI ist in der Lage, menschliche (Denk-)Leistungen auch in sozialen Kontexten zu übernehmen. Mit Künstlicher Intelligenz können Berichte / Bewerbungen / Fachtexte verfasst oder Statistiken und Wahrscheinlichkeiten ausgewertet werden. Klient*innen Sozialer Arbeit könnten zum Beispiel Unterstützung beim Ausfüllen von Anträgen oder der Klärung von Zuständigkeitsfragen erhalten. In Sach- oder Rechtsfragen können die Auskünfte durch Künstliche Intelligenz zumeist kompetenter und fehlerfreier gegeben werden, als Menschen es zu leisten vermögen. KI kann beispielsweise auch eine Option für die Jugend- und Bildungsarbeit oder Jugendeinrichtungen sein. Podcasts oder Theaterstücke, Musikstücke oder Graffitis können kreiert werden, die lizenzfrei verwendet werden dürfen, mit der KI ist es möglich, Videos zu erstellen und zu bearbeiten (noch einfacher als ohnehin schon) oder Bilder nach

Vorgabe zu malen oder genauer: malen zu lassen. Letzteres wurde zum Beispiel in der Arbeit mit Obdachlosen eingesetzt, kaum dass der GPT-Bot zugänglich war (Paersch 2023). Oder es ist gut vorstellbar, KI (noch mehr als bisher) in der Arbeit mit Menschen mit einer Beeinträchtigung zu verwenden. KI ist für Menschen mit einer Beeinträchtigung oft ausgesprochen hilfreich. Hier sei nur auf internetbasierte Unterstützungssysteme durch Sprachassistent*innen oder die Möglichkeiten des ‚Internets der Dinge', also der vernetzten smarten Geräte, verwiesen. KI kann darüber hinaus Dolmetscherleistungen erbringen und so Fachkräfte etwa im Umgang mit jungen Flüchtlingen unterstützen, etwa per Google Translate oder DeepL, das zu den einhundert weltweit am meisten genutzten Seiten im Netz gehört (Fuchs 2023a).

Während diese Beispiele von vielen Fachkräften Sozialer Arbeit vielleicht positiv gesehen werden, wird der Einsatz digitaler Medien spätestens dann kritisiert, wenn Künstliche Intelligenz in Entscheidungen eingreift oder diese anstelle von Menschen / Fachkräften trifft oder sie zumindest stark beeinflusst.

Einige Beispiele sollen das Entwicklungspotenzial von KI in seinen Auswirkungen auf die Soziale Arbeit veranschaulichen. So ist KI in der Lage, anhand der individuellen Nutzungsgewohnheiten und getätigter Aufrufe im Internet, mit einer recht hohen Wahrscheinlichkeit herauszufiltern, ob ein (junger) Mensch etwa eine Depression oder eine Suchtproblematik entwickelt (Kreidenweis 2017, S. 165). In den USA werden die Einträge von Facebook-Nutzer*innen seit 2017 mit einem Algorithmus basierend auf Künstlicher Intelligenz auf Hinweise durchsucht, ob die Person suizidgefährdet ist. Schlägt die KI Alarm, nimmt eine Mitarbeiterin bzw. ein Mitarbeiter von Facebook Kontakt auf und wendet sich direkt mit Hilfsangeboten an die betreffende Person. Zudem werden die örtlichen Behörden bzw. die Polizei über den Verdacht informiert (Lossau 2019). Facebook als Lebensretter? Soziale Arbeit unterstützt durch KI? Horror oder Hilfe?

Künstliche Intelligenz ist bereits heute in der Lage, menschliche Emotionen in Textbeiträgen zu erkennen, was zum Beispiel bei der Onlineberatung eingesetzt werden könnte. Denkbar ist auch, dass für Teilbereiche Sozialer Arbeit Beratungsroboter eingesetzt werden (Lehmann 2020, S. 5). Selbst die klassische Soziale Arbeit am und mit den Klient*innen unterliegt Veränderungsprozessen. Technikbasierte Diagnoseinstrumente finden bereits vereinzelt Niederschlag in der Sozialen Arbeit. So werden in den USA und England ‚troubled families' (Hochrisiko-Eltern) identifiziert (Kutscher 2021, S. 21) und in England werden in Projekten Analyseverfahren eingesetzt, um zu ergründen, ob bei Kindern eine altersgerechte Schulreife erwartet werden kann oder wie hoch eine Missbrauchswahrscheinlichkeit ist (Hagen 2019, S. 7). Künstliche Intelligenz wird auch zur Risikodiagnostik im Bereich des Kinderschutzes eingesetzt (Heinitz 2020), beispielsweise indem Datenbestände auf Hinweise für eine Kindeswohlgefährdung von KI durchsucht werden, um anhand von Wahrscheinlichkeiten eine zukünftige Kindeswohlgefährdung voraussagen zu können (Bastian / Schrödter 2019; Kutscher 2021). Die KI führt zu einer sehr viel höheren Treffsicherheit, als es gängige interpretative Verfahren durch professionelle Fachkräfte vermögen (Bastian/Schrödter 2019, S. 46). KI stellt eine „neue und revolutionäre Form der Zukunftsdiagnostik“ dar (ebd., S. 40). Derartige Analyseverfahren werden bereits nutzbringend in der Medizin eingesetzt, indem weltweit vorliegende Studien und medizinische Daten zur Diagnostik ausgewertet werden, um Medikamente oder Operationen vorzuschlagen (Hagemann 2017, S. 167). KI-Anwendungen werden auch für jugendgerichtliche Verfahren diskutiert, ob sie zum Beispiel zur Beurteilung von strafrechtlicher Schuldfähigkeit (Paar 2021) oder bei jugendrichterlichen Entscheidungen einsetzbar sind (Kernchen 2021).

Schon sehr weitgehend umgesetzt ist der KI-Einsatz in der Praxis der Kinder- und Jugendhilfeeinrichtung Groß Börnecke in Sachsen-Anhalt, die stationäre, teilstationäre und ambulante Hilfen anbietet. Zeigt sich hier die Zukunft der Sozialen Arbeit? Der Einrichtungsleiter forciert den Einsatz KI-gestützter Optionen. In der Erprobung sind eine Einarbeitungs-App, ein chatbotbasiertes Berichtswesen, eine chatbotbasierte Dienstplanbörse, eine KI-gestützte Risikobewertung sowie eine Methodendatenbank mit KI-gestützten Empfehlungen und ein automatisiertes Handbuch, mit dem Erziehungsprozesse gesteuert werden können. Das Chatbot-System informiert die Fachkräfte über anstehende Aufgaben und gibt Empfehlungen für pädagogische Angebote zum Beispiel im Freizeitbereich, die der aktuellen Verhaltenskurve des Kindes laut KI optimal entsprechen. Beabsichtigt ist die Entwicklung einer App, ähnlich der bereits genannten Kinderschutzsoftware, und diese über die Einrichtung hinaus auf den Markt zu bringen. Diese App soll es ermöglichen, Texte der Fachkräfte einzulesen oder einzuscannen, diese Eingaben mit bisherigen Fallverläufen zu vergleichen, um anschließend in Echtzeit eine Analyse und Prognose für die Fachkräfte geben zu können (Schulze 2022). Auch Plafky et al. (2022) erforschen derartige Ansätze in zwei Einrichtungen der Erziehungs- und einer Einrichtung der Behindertenhilfe. Sie fordern eine Chancen- und Risikoabwägung, sehen aber durchaus Vorteile von Algorithmen, die die Soziale Arbeit nutzen sollte, so etwa die Möglichkeit der Erfassung und Analyse unbegrenzter Datenmengen verbunden mit mehr Objektivität und einer besseren Nachvollziehbarkeit und Erklärbarkeit der vom Algorithmus berechneten Resultate im Vergleich zu nicht KI-gestützten Entscheidungen. Sie fordern eine aktive gestalterische Rolle der sozialarbeiterischen Praxis, um nicht von den Entwicklungen überrollt zu werden (Plafky et al. 2022).

c. Kritik am Einsatz Künstlicher Intelligenz in der Kinder- und Jugendhilfe

Der KI fehlen (noch?) die Kompetenzen, die Fachkräfte Sozialer Arbeit mitbringen, wie Empathie und Zugewandtheit, zentrale Faktoren für einen Beziehungsaufbau zur Klientel. Letztlich haben KI-basierte Ansätze, die über die reine Erledigung administrativer Vorgänge hinausgehen, erhebliche Auswirkungen auf die gesamte Kinder- und Jugendhilfe und das Professionsverständnis Sozialer Arbeit, etwa wenn Beratungsroboter eingesetzt oder pädagogische Maßnahmen anhand von Datenauswertungen vorgeschlagen werden, die quasi nur noch umzusetzen sind. Für viele Fachkräfte sind daher die zuvor skizzierten Nutzungsweisen der KI in der Sozialen Arbeit eine Horrorvorstellung. Technische Risikoanalysen, etwa im Kinderschutz, sind in besonderem Maße umstritten, da sie zu Etikettierungen und (Vor-)Verurteilungen beitragen und zu einer De-Professionalisierung Sozialer Arbeit beitragen (können) (Bastian/Schrödter 2019). Kutscher (2021) verweist auf das Risiko, dass die Algorithmen zu fehlerhaften Ergebnissen kommen können, beispielsweise wenn sie auf unzureichende Daten zurückgreifen und diese dann von den Fachkräften nicht mehr überprüfbar und korrigierbar sind (Kutscher 2021, S. 23). Zudem stellt sie die Frage, wer die Software nach welchen Kriterien entwickelt (vgl. die selektive Entwicklung beim ChatGPT-Bot), auch sieht sie das Risiko, dass die Berechnungen nach Algorithmen zu Standardisierungen, Klassifizierungen, Diskriminierungen, Exklusionsprozessen und zur Reproduktion von Ungleichheit beitragen können (ebd., S. 24). Außerdem müssten die Folgen in Bezug auf Manipulationspotenziale, auf Autonomie und Teilhabeförderung, auf Datenschutz und die Auswirkungen beim Einsatz von Technik als Ersatz für reale Beziehungen durch Menschen im Blick behalten werden (ebd., S. 25). Wenn technische Hilfsmittel menschliche Zuwendung und Präsenz ersetzen sollen, sind diese Entwicklungen ethisch sicher nicht unproblematisch. So gibt es zum Beispiel eine digital vernetzte Puppe, die sich dem Entwicklungsstand des Kindes anpasst (Reuter 2017), einen lernfähigen Roboterhund, der wie ein realer Hund dressiert werden kann (O'Gieblyn 2022) oder einen Kuschelroboter Namens Nicobo, der für einsame Menschen entwickelt wurde und emotional anregen soll, indem er Mitleid und Zuwendung einfordert (Lill 2023).

Eine weitere Befürchtung, die im Zusammenhang mit KI besteht, ist, dass ihr Einsatz zu effizienteren Fallbearbeitung beitragen soll, um Personal und Kosten einzusparen. Gegenüber managerialistischen Ansätzen in der Sozialen Arbeit bestehen seitens der pädagogischen Fachkräfte seit Jahren vielfältige Vorbehalte. Der Mensch soll im Mittelpunkt stehen, nicht finanzielle Aspekte. Auch in Bezug auf den Einsatz von Künstlicher Intelligenz – sofern KI denn überhaupt in der Sozialen Arbeit in größerem Umfang zur Kenntnis genommen wird – bestehen Vorbehalte und es mangelt an Akzeptanz. Es werden mehr Risiken als Chancen wahrgenommen (Doerk et al., S. 106 f.). Es gilt, den Einsatz Künstlicher Intelligenz kritisch zu begleiten, die Vorteile zu nutzen, vor allem aber die Risiken einzugrenzen und beides gegeneinander abzuwägen. Für die Begleitung der digitalen Transformationsprozesse insgesamt bedarf es dringend einer Auseinandersetzung, da sie fundamental sind für „die Wahrnehmung, Meinungsbildung, Identitätsentwicklung, Beziehungsgestaltung und Ausgestaltung gesellschaftlicher Organisationen" (ebd., S. 112) und sie erfordern einen ethischen Diskurs (ebd.). Gerade im Kontext von KI stellen sich – selbstverständlich nicht nur für die Soziale Arbeit – ethische Fragen nach Angemessenheit, Handhabbarkeit und gesellschaftlichen wie individuellen Auswirkungen. Der Deutsche Ethikrat hat sich an vier exemplarischen Feldern (allerdings nicht in Bezug auf Soziale Arbeit) in einer umfangreichen Stellungnahme mit den Herausforderungen Künstlicher Intelligenz befasst (Deutscher Ethikrat 2023). Der Erfinder des World-Wide-Web, Tim Berners-Lee, kritisiert die Macht der Internetkonzerne, die durch ChatGPT noch größer wird und fordert die Entwicklung von Alternativen in Form eines persönlichen Chatbots ohne Anbindung an die Konzerne (dpa 2023). Und über 1.000 IT-Expert*innen (!), darunter Tech-Gurus wie Elan Musk und Steve Wozniak, forderten Anfang April 2023 ein Moratorium in Bezug auf die Chat-Bots und warnen vor einem „unkontrollierten Wettlauf", den „niemand – nicht einmal die Erfinder – verstehen, vorhersagen und zulässig kontrollieren kann" (Belghaus 2023, S. 25). Einen dramatischen Appell – bestehend aus einem einzigen Satz – hat unter anderem Sam Altman, der Chef des ChatGPT-Herstellers OpenAI unterzeichnet: „Das Risiko einer Auslöschung durch KI zu entschärfen, sollte eine weltweite Priorität sein, neben anderen Risiken gesellschaftlichen Ausmaßes wie etwa Pandemien und einem Atomkrieg" (Dampz 2023). Auf die Befürchtungen antwortet die KI selbst in einem Interview mit einem Nachrichtensprecher am 30.04.2023 im heute-journal: „Als Künstliche Intelligenz habe ich keine Emotionen oder Gefühle, daher beeinflusst es mich nicht persönlich, wenn Menschen Angst vor mir haben" (Sievers 2023). (Digitale) Technik soll dem Menschen von Nutzen sein, entsprechend sind problematische Entwicklungen zu begrenzen und – soweit möglich – staatlicherseits zu reglementieren.

d. Fazit – Chancen und Risiken der Künstlichen Intelligenz für die Kinder- und Jugendhilfe

Die Künstliche Intelligenz bietet sowohl Chancen als auch Risiken in der Kinder- und Jugendhilfe. Zu den Chancen gehören beispielsweise:

1. *Frühwarnsysteme*: KI kann dabei helfen, Risiken für das Wohlergehen von Kindern und Jugendlichen frühzeitig zu erkennen, indem sie große Datenmengen analysiert und Muster erkennt.

2. *Personalisierte Betreuung*: KI kann dabei helfen, individuelle Bedürfnisse von Kindern und Jugendlichen besser zu verstehen und maßgeschneiderte Unterstützung anzubieten.
3. *Effizienzsteigerung*: Durch Automatisierung von Routineaufgaben können Fachkräfte entlastet werden, sodass sie sich auf die direkte Betreuung und Unterstützung der Kinder konzentrieren können.
4. *Ressourcenoptimierung*: KI kann bei der Planung und Verteilung von Ressourcen, wie beispielsweise Finanzmitteln oder Personal, unterstützen und somit effektivere Hilfsangebote ermöglichen.

Auf der anderen Seite gibt es auch Risiken, die es zu beachten gilt:

1. *Datenschutz und Privatsphäre*: Die Verwendung von KI in der Kinder- und Jugendhilfe erfordert den Umgang mit sensiblen Daten. Es ist wichtig, sicherzustellen, dass Datenschutzrichtlinien eingehalten werden, um den Schutz der Privatsphäre der betroffenen Kinder und Jugendlichen zu gewährleisten.
2. *Verzerrungen und Diskriminierung*: KI-Systeme können aufgrund der Verwendung von historischen Daten und Algorithmen verzerrte Ergebnisse liefern oder bestehende Ungleichheiten verstärken. Es ist wichtig, sicherzustellen, dass KI-Systeme fair und transparent arbeiten, um Diskriminierung zu vermeiden.
3. *Mangel an persönlicher Interaktion*: Der Einsatz von KI kann dazu führen, dass persönliche Interaktionen zwischen Fachkräften und den betroffenen Kindern und Jugendlichen reduziert werden. Es ist wichtig, den menschlichen Aspekt in der Kinder- und Jugendhilfe beizubehalten und KI als unterstützendes Werkzeug zu betrachten.
4. *Abhängigkeit von Technologie*: Eine zu starke Abhängigkeit von KI-Systemen kann dazu führen, dass Fachkräfte in der Kinder- und Jugendhilfe ihre eigenen Entscheidungsfähigkeiten und Intuition vernachlässigen. Es ist wichtig, die Rolle von KI als Unterstützung und nicht als Ersatz für menschliche Fachkräfte zu betrachten.

Um die Chancen der KI zu nutzen und gleichzeitig die Risiken zu minimieren, ist es wichtig, dass KI-Systeme in enger Zusammenarbeit mit Fachkräften entwickelt und eingesetzt werden. Der bewusste und verantwortungsvolle Umgang mit KI kann dazu beitragen, die Kinder- und Jugendhilfe zu verbessern.

Dieses letzte Kapitel zeigt die Optionen Künstlicher Intelligenz, denn es wurde nicht vom Autoren dieses Buches verfasst, sondern von der KI selbst auf die eingegebene Frage nach Chancen und Risiken für die Kinder- und Jugendhilfe. Die Quelle lautet somit: AI Assistant (https://goatchat.ai/chat/aiassistant). Die enormen Möglichkeiten und Risiken von KI werden an diesem kleinen Beispiel deutlich.

7. Spannungsfelder im Kontext digitaler Medien und Sozialer Arbeit

In vielen Arbeitsfeldern der Sozialen Arbeit setzt sich – nicht erst seit der Coronakrise, jedoch deutlich beschleunigt durch die Pandemie – die Erkenntnis durch, dass der Einbezug von digitalen Technologien in den sozialarbeiterischen Alltag zwingend erforderlich ist. Entsprechend sind konzeptionelle Antworten notwendig, eine regelhafte und vertiefte Berücksichtigung von Medienpädagogik in den pädagogischen Ausbildungs- und Hochschulgängen sowie eine Verankerung im Alltag der Sozialen Arbeit und es gilt, das professionelle Selbstverständnis weiterzuentwickeln. Zugleich sind Ambivalenzen für die Soziale Arbeit zu benennen.

Es zeigen sich vielfältige Spannungsfelder, die die Profession Sozialer Arbeit zu bearbeiten hat.

- Das Spannungsfeld zwischen klassischer Sozialer Arbeit im Face-to-Face-Kontakt, also im persönlichen Gespräch, einerseits und neuen Formaten der digitalen Kommunikation andererseits.
- Das Spannungsfeld zwischen den Gefährdungen durch digitale Medien einerseits und dem Recht der Kinder und Jugendlichen auf Zugang und Teilhabe andererseits. Damit verbunden das Spannungsverhältnis zwischen Kontrolle und Vertrauen sowie zwischen Befähigung und Schutz.
- Das Spannungsfeld zwischen ‚originärer' Sozialarbeit und ‚entfremdeter' Sozialarbeit durch digitale Techniken und Künstliche Intelligenz.
- Das Spannungsfeld zwischen zunehmender Dominanz digitaler Prozesse (digitale Aktenführung, Kinderwohlgefährdungseinschätzungen unter Zuhilfenahme digitaler Systeme ...) und pädagogischem Handeln und pädagogischen Freiräumen andererseits.
- Das Spannungsfeld zwischen Nähe zur Lebenswelt der Kinder, Jugendlichen und Erwachsenen und der Okkupation ihrer (auch digitalen) Lebenswelten und bislang nicht-pädagogisierter Freiräume.
- Das Spannungsfeld zwischen dem Anspruch der Lebensweltnähe zu den Klient*innen/Jugendlichen und den Datenschutzanliegen.
- Das Spannungsfeld zwischen dem Einsatz der begrenzten finanziellen Mittel für digitale Ausstattungen sowie IT-Personal oder der Verwendung für andere Zwecke.
- Das Spannungsfeld zwischen überbordender Bürokratisierung durch die digitalen Systeme und sinnvollen, zeitsparenden Anwendungen, die die Systeme ermöglichen.

- Das Spannungsfeld zwischen einer sinnvollen, vereinheitlichten und leicht zugänglichen Falldokumentation einerseits und einer Anhäufung einer negativ konnotierten, komplexen und langfristig bestehenden stigmatisierenden Dokumentation über die Klientel andererseits und/oder einem unnötigen Zeitaufwand für bürokratische Prozesse.
- Das Spannungsfeld zwischen teuren und zeitaufwändigen Tagungen und Fortbildungen vor Ort oder digitalen Formaten, die aber zugleich den fachlichen Austausch ‚nebenbei' ausschließen sowie wichtige Kommunikationsebenen wie den ‚gemütlichen Abend' nicht bieten können.
- Das Spannungsfeld im Kolleg*innenkreis zwischen medienaffinen Mitarbeiter*innen und weniger medienaffinen Mitarbeiter*innen.
- Das Spannungsfeld zwischen Veränderungsnotwendigkeiten innerhalb der Einrichtung einerseits und den Beharrungstendenzen und dem herausfordernden Alltag andererseits, wodurch Prozesse ausgebremst oder verhindert werden.
- Das Spannungsfeld zwischen ... Es ließen sich sicherlich noch weitere Spannungsfelder benennen, die es auszuhalten gilt oder die fachlich diskutiert werden müssen.

8. Rechtliche Aspekte in Bezug auf digitale Mediennutzung

Rechtliche Fragestellungen umfassen verschiedene Aspekte auf den Ebenen der Klientel/der Jugendlichen, der Organisationen wie der Fachkräfte und erfordern deshalb eine differenzierende Betrachtung. Einige Aspekte werden in diesem Kapitel aufgegriffen.

a. Soziale Arbeit im Spagat zwischen Recht und Pädagogik

Soziale Arbeit hat sich schon immer im Spannungsfeld von Recht und Pädagogik bewegen müssen. Rechtliche Rahmenbedingungen und Vorgaben, gesetzgeberische Anforderungen sowie Gerichtsurteile rahmen oder formen die sozialpädagogische Arbeit zunehmend, selbstverständlich auch im Kontext der Nutzung digitaler Medien. Zur fortschreitenden Verrechtlichung ist eine Digitalisierung der Gesellschaft hinzugekommen, die enorme Wirkmächtigkeit in Form digitaler Medien entfaltet und auch Soziale Arbeit stark verändert hat.

b. Jugendmedienschutz – Auftrag für staatliches Handeln und als Aufgabe der Kinder- und Jugendhilfe

„Das bundesdeutsche Jugendschutzrecht gilt weltweit als einmalig, vorbildlich, differenziert und umfangreich“ (Nikles/Roll 2015, S. 16). Zugleich wird in derselben Zeitschriftenausgabe die Frage gestellt, wie sich der Jugendmedienschutz aufstellen muss, um die schwindenden Möglichkeiten der Einflussnahme effektiver durch gesetzliche Maßnahmen aufzufangen (von Gottberg 2015, S. 21). Bereits 2013 hatte das Bundesjugendkuratorium in seiner Stellungnahme Anforderungen für eine kinder- und jugendorientierte Netzpolitik formuliert (BJK 2013). Die Autor*innen der Sachverständigenkommission forderten, dass der Staat die Medienwelt sozialverantwortlich gestaltet und insbesondere Medienanbieter und Regulierungseinrichtungen in die Pflicht nimmt, da Appelle an Eigenverantwortung nicht hinlänglich sind (ebd., S. 28 f.). „Individualisierte Verantwortungszuschreibungen“ (ebd., S. 40) werden kritisiert, da es Aufgabe von Staat und Gesellschaft ist, der jungen Generation die Sicherung der souveränen Lebensführung durch entsprechende Bedingungen des Aufwachsens zu ermöglichen, gerade dann, wenn das soziale Umfeld es an Verantwortung mangeln lässt (ebd., S. 46). In die gleiche Stoßrichtung gehen Erklärungen der damaligen Oppositionspartei Bündnis 90/Die Grünen, die von einer Bankrotterklärung der Regierung sprechen. Auf die digitalen Herausforderungen könne nicht nur mit Hinweisen auf eigenverantwortliches Handeln und der Dringlichkeit der Vermittlung von Medienkompetenz reagiert werden, weshalb mit Nachdruck eine Verankerung rechtlich verbindlicher Sicherheitsschutzziele, eine Verpflichtung zu datenschutzfreundlichen Voreinstellungen sowie neue, dem mobilen Internet angepasste Formen des Verbraucher- und Datenschutzes gefordert wurde (von Notz/Rößner 2013).

2015 veröffentlichte die Jugend- und Familienministerkonferenz (JFMK) Eckpunkte für ein „Aufwachsen mit digitalen Medien". Der „immense Stellenwert der Mediennutzung für Kinder und Jugendliche" wird benannt, ihr „Recht auf gutes Aufwachsen mit Medien", die Rolle der Kinder- und Jugendpolitik als „zentral" hervorgehoben (JFMK 2015, S. 1), zudem betont die JFMK den Stellenwert des erzieherischen Jugendschutzes als „unverzichtbares Werkzeug" und stellt heraus, dass es eine „Balance zwischen präventiven, schützenden und emanzipatorischen, fördernden Ansätzen und Maßnahmen" geben muss (ebd., S. 2). Die JFMK sieht die Notwendigkeit, den gesetzlichen Jugendmedienschutz international zu verstehen und eine Kohärenz der gesetzlichen Regelungen des Jugendmedienstaatsvertrags und des Jugendschutzgesetzes in Deutschland zu erreichen (ebd., S. 4). Und auch seitens der JFMK wurde schon 2015 eine einheitliche Regelung für alle Trägermedien unabhängig vom Verbreitungsweg eingefordert (ebd.). Zudem müssten die Digitalunternehmen primär Verantwortung für den Schutz von Kindern und Jugendlichen übernehmen, etwa durch vorkonfigurierte technische Jugendschutzsysteme, die geräte- und systemübergreifend genutzt werden können (ebd., S. 5f.). 2018 bestärkte die JFMK die Rolle des Jugendmedienschutzes und das Recht auf digitale Teilhabe, zugleich gelte es, Kinder und Jugendliche vor Gefährdungen zu schützen und kennzeichnet diese Aufgabe als zentrale, kontinuierliche, gemeinsame jugendpolitische Verantwortung und verbindet ihren Beschluss erneut mit der Forderung nach gesetzgeberischen Anstrengungen unter Verantwortung des Bundes (JFMK 2018).

Auch die Bundesarbeitsgemeinschaft Jugendschutz forderte „das gesamte System von staatlicher Aufsicht, kontrollierter Selbstregulierung, Autonomie der Plattformbetreiber usw. auf den Prüfstand zu stellen und die Zuständigkeiten plausibel zu machen" (BAG Kinder- und Jugendschutz 2018, S. 56). Es gelte unter anderem das Risiko-Management zu verbessern, alltagstaugliche Schutzmöglichkeiten zu entwickeln und ein ‚Safety by Design' zu implementieren (meint, die Betrachtung aller Sicherheitsaspekte entlang des Produktlebenszyklus von technischen Systemen) (ebd.). Zudem wurde von der BAG bemängelt, dass die Zuständigkeiten von Bund und Ländern zu komplizierten Verfahrensabläufen und Regelungen führt, die außerdem von globalisierten Entwicklungen „regelrecht ad absurdum" geführt werden (ebd.).

Mit dem neuen Jugendschutzgesetz, das am 1. Mai 2021 in Kraft getreten ist, wurde auf die vielfach geäußerte Kritik reagiert. Das BMFSFJ sieht sich mit der Novellierung des Gesetzes im Einklang mit den Verbänden und die gesetzlichen Änderungen als „zeitgemäße Antwort auf drängende Herausforderungen des Kinder- und Jugendmedienschutzes“ (BMFSFJ 2021). Insgesamt hat das Gesetz Lücken geschlossen, etwa in Bezug auf unterschiedliche Regelungen von On- und Offline-Nutzung sowie fehlende Regelungen bei Cybergrooming, Kostenfallen oder Mobbing. Das BMFSFJ sieht daher deutliche Verbesserungen im Kinder- und Jugendmedienschutz, wobei dem Schutz- und Orientierungsgedanken ebenso Rechnung getragen wurde wie der Schaffung von Durchsetzungsmechanismen gegenüber den Anbietern von Internetplattformen (BMFSFJ 2021). Darüber hinaus wurde eine Bundeszentrale für Kinder- und Jugendmedienschutz (BZKJ) (§ 17a JuSchG) gegründet, die mit mehr Kompetenzen ausgestattet ist als die vormalige Bundesprüfstelle für jugendgefährdende Medien. Die Bundeszentrale ist mit finanziellen Förderkompetenzen ausgestattet, sie soll Expertise bündeln und Orientierung für Kinder, Jugendliche, Eltern und Fachkräfte bieten und die Indizierungen von jugendgefährdenden Inhalten vornehmen. Zudem soll sie den neuen Paragrafen § 24a in diskursiven Verfahren umsetzen (www.bzkj.de). Der § 24a beinhaltet, dass die für Kinder und Jugendliche relevanten Internetdienste – wie von Fachorganisationen seit Jahren gefordert – „angemessene und wirksame strukturelle Vorsorgemaßnahmen“ wie zum Beispiel sichere Voreinstellungen oder Beschwerde- und Hilfesysteme zu treffen haben, um die persönliche Integrität der Kinder und Jugendlichen zu schützen. Dies soll in einem Aushandlungsprozess mit den Anbietern entwickelt werden, aber ggf. durch Anordnungen von Maßnahmen und die Verhängung von Bußgeldern in einer Höhe von bis zu 50 Millionen Euro durchgesetzt werden können – was ausländische Anbieter miteinschließt (www.bzkj.de; § 24a JuSchG).

Zu den gesetzlichen Veränderungen zählt auch, dass die Regelungen zu Alterskennzeichnungen für Computerspiele und Filme angepasst werden, um eine nachvollziehbare Orientierung für Eltern, Fachkräfte sowie Kinder und Jugendliche zu bieten. Dazu werden nunmehr auch Interaktionsrisiken wie etwa Chats mit Kontaktanbahnungsoption, Spiele mit Kaufanreizen oder glücksspielähnlichen Elementen berücksichtigt und fließen durch die Gesetzesänderung mit in die Altersbewertung ein (BMFSFJ 2021). Im ersten halben Jahr nach der Einführung führte die Neuregelung bei 25 Prozent der Spiele zu einer höheren Alterskennzeichnung (Rybin 2023). Die bereits seit Jahren existierenden Alterskennzeichnungen wurden zudem im Januar 2023 durch Schlagworte / Distributoren ergänzt, die zusätzlich Orientierung bieten sollen, wie beispielsweise ‚Enthält: In-App-Käufe‘ oder ‚Enthält: Horror‘ (USK 2022). Diese Zusatzhinweise sollen die Risiken im Spiel auf einen Blick erkennbar machen.

Auch wenn das Jugendschutzgesetz (endlich) den Erfordernissen der veränderten Medienwelt angepasst wurde, bleibt es den einzelnen Mediennutzer*innen sowie den Fachkräften in der Sozialen Arbeit überlassen, mit den dennoch weiterhin bestehenden Herausforderungen und gesetzlichen Unzulänglichkeiten umzugehen, etwa selbst Schutzeinstellungen vornehmen zu müssen. Die Entwicklung der medialen Welten, verbunden mit neuen Regelungsbedarfen, wird außerdem zukünftig noch sehr viel schneller vonstattengehen, als gesetzliche Reaktionen und Maßnahmen erfolgen können. Somit bleibt die Forderung des Bundesjugendkuratoriums nach staatlicher Verantwortung verbunden mit „dynamischen Strategien“ und „nachhaltigen Strukturen“ einer kinder- und jugendorientierten Netzpolitik (BJK 2013, S. 41) sinnvoll, zugleich besteht nur begrenzte Aussicht auf (schnellen) Erfolg.

Tipps:

- Nähere Informationen zu den gesetzlichen Neuregelungen finden sich unter anderem auf den Homepageseiten www.bzkj.de, www.usk.de sowie im Jugendschutzgesetz www.gesetze-im-internet.de/juschg
- Monatlich berichtet die Fachzeitschrift der Bundesarbeitsgemeinschaft Kinder und Jugendschutz über Aspekte des Jugendschutzes • www.kjug-zeitschrift.de
- Für Filme und andere Trägermedien, vor allem digitale und analoge DVDs, Blurays und VHS, die für öffentliche Vorführungen (z. B. Kino) oder Verbreitung (z. B. im Verkauf) vorgesehen sind, nimmt die FSK eine Alterseinstufung vor. Nach welchen Maßstäben die Altersfreigabe erfolgt, wird auf der Homepage www.fsk.de erläutert. Die FSK ist eine Einrichtung der Spitzenorganisationen der Filmwirtschaft e. V. Die Länder sind durch Ständige Vertreter der Obersten Landesjugendbehörden an der Alterseinstufung beteiligt.

c. SGB VIII – Jugendschutz und Medienbildung als Aufgabe

Der pädagogische Auftrag zur Medienbildung leitet sich einerseits aus den Notwendigkeiten einer durchdigitalisierten Welt ab, wird aber zudem durch den Gesetzgeber im Jugendschutzgesetz sowie im Sozialgesetzbuch VIII festgeschrieben.

Das Sozialgesetzbuch VIII fordert programmatisch im § 1 Abs 1 SGB VIII, dass jeder junge Mensch ein Recht auf Förderung seiner Entwicklung und Erziehung zu einer selbstbestimmten, eigenverantwortlichen und gemeinschaftsfähigen Persönlichkeit hat. Die Kinder- und Jugendhilfe soll dazu beitragen, junge Menschen in ihrer individuellen und sozialen Entwicklung zu fördern und Benachteiligungen zu vermeiden oder bestehende Benachteiligungen abzubauen sowie Kinder und Jugendliche vor Gefahren für ihr Wohl zu schützen (§ 1 Abs. 3 Nr. 1 und 3 SGB VIII). Auch wird der Kinder- und Jugendarbeit explizit die Aufgabe zugeschrieben, die dazu erforderlichen Angebote bereitzustellen und dabei an den Interessen junger Menschen anzuknüpfen. Hervorgehoben wird zudem, dass die Angebote von den jungen Menschen mitbestimmt und mitgestaltet werden sollen, dass sie zur Selbstbestimmung befähigen und zu gesellschaftlicher Mitverantwortung und zu sozialem Engagement anregen und hinführen sollen (§11 Abs. 1 SGB VIII). Aus diesen gesetzlichen Vorgaben leitet sich die Rolle der Kinder- und Jugendhilfe für die Medienbildung ab. Neu verankert wurde diese im SGB VIII zudem durch das 2021 verabschiedete Kinder- und Jugendstärkungssetz, in dem Medienbildung in den Leistungen nach §16 SGB VIII Erwähnung findet, die Müttern, Vätern, anderen Erziehungsberechtigten und jungen Menschen zur allgemeinen Förderung der Erziehung in der Familie angeboten werden sollen.

Fachkräfte Sozialer Arbeit haben gemäß §14 SGB VIII den Auftrag, erzieherische Kinder- und Jugendschutzaufgaben wahrzunehmen und jungen Menschen Angebote des erzieherischen Kinder- und Jugendschutzes zu unterbreiten, um sie dadurch zu befähigen, sich vor gefährdenden Einflüssen zu schützen. Entsprechend sind Informations-, Aufklärungs- und Beratungsangebote für junge Menschen und ihre Eltern von den öffentlichen wie freien Trägern der Jugendhilfe als Teil ihrer Arbeit zu verstehen und anzubieten. (Jugend-)Schutzregeln sollen somit eine Beeinträchtigung der Entwicklungsprozesse junger Menschen durch negative äußere Einflüsse begrenzen. Zugleich sollen die jungen Menschen die Angebote des erzieherischen Kinder- und Jugendschutzes zu Kritikfähigkeit, Entscheidungsfähigkeit und Eigenverantwortlichkeit sowie zur Verantwortung gegenüber ihren Mitmenschen führen (§14 Abs. 1 SGB VIII). Außerdem fordert der Gesetzgeber ein, Eltern und andere Erziehungsberechtigte besser zu befähigen, Kinder und Jugendliche vor gefährdenden Einflüssen zu schützen (§14 Abs. 2 SGB VIII). Damit ist ein klarer Schutzauftrag formuliert, der sich selbstverständlich nicht nur auf Medieninhalte bezieht, sondern auf alle jugendgefährdenden Einflüsse und Stoffe, wie zum Beispiel Tabak, Alkohol, illegale Drogen oder Gewaltdarstellungen, die zu sozialethischer Desorientierung oder zu ideologischen Gefährdungen beitragen können. Ebenso ist der Schutz vor Mobbing oder anderen Verletzungen von Persönlichkeitsrechten zu benennen. Damit ist eine vor allem gefahrenabwehrende Perspektive eingenommen. Dazu wird seit Jahren in der Debatte um den Jugendschutz angemerkt, dass es gilt, das Schutzanliegen mit emanzipatorischen Befähigungs- und Teilhabegedanken zu verbinden. Die Bundesarbeitsgemeinschaft Kinder- und Jugendschutz formuliert in einem Editorial ihrer Fachzeitschrift schon 2015, dass es aus Sicht der BAG gilt „mehr denn je den erzieherischen Kinder- und Jugendschutz aus dem Windschatten eines ordnungsrechtlichen und kontrollierenden Verständnisses von Jugendschutz herauszuholen. Es gilt, den Blick für die vielfältigen Dimensionen dieses Aufgaben- und Handlungsfeldes der Kinder und Jugendhilfe zu schärfen“ (Ziethen 2015, S. 33).

Die rasanten Entwicklungen im Zusammenhang mit der digitalen Revolution erfordern von allen Beteiligten – weit über das Handlungsfeld der Kinder- und Jugendhilfe hinaus – die Medienerziehung als Querschnittsaufgabe zu verstehen und besondere Anstrengungen zu unternehmen. Das gilt sowohl unter dem Gesichtspunkt von Schutzaspekten, denn die Gefährdungen haben zugenommen und sind schwerer eingrenzbar als zuvor, als auch unter dem Aspekt der Entwicklungs- und Chancenoptionen, die sich für Kinder und Jugendliche durch digitale Medien ergeben. Für die Kinder- und Jugendhilfe folgt daraus, diese Perspektive erstens (auch) einzunehmen, zweitens sich (auch) mit den Chancen vertraut zu machen und dann drittens eine Implementierung in die Arbeitsfelder und Organisationen Sozialer Arbeit als Querschnittsaufgabe zu definieren. Die Befähigung für einen kompetenten Umgang mit Medien, ein Zurechtfinden in den digitalen Medienwelten, ist eine unverzichtbare Voraussetzung der Teilhabe in einer Medien- und Informationsgesellschaft. Dieser Aufgabe hat sich die Kinder- und Jugendhilfe als einer der zentralen Akteure neben Schule und Elternhaus, zu stellen. Kinder- und Jugendhilfe muss dabei einerseits die Kinder und Jugendlichen adressieren und andererseits die Eltern und Erziehungspersonen. Diese gilt es bei den Herausforderungen im Umgang mit (digitalen) Medien zu informieren, zu begleiten und sie zu einer reflektierten Auseinandersetzung zu befähigen. Schließlich liegt dem Jugendschutzgesetz die Idee zugrunde, elterliche Erziehung zu flankieren und sie dabei zu unterstützen, dass sie ihrem Schutzauftrag gegenüber ihren Kindern gerecht werden können. Dazu genügt es nicht, einzelne Projekte durchzuführen, sondern es bedarf (zudem) einer kontinuierlichen Implementierung des Themas in Alltagsbezügen.

d. Rechte von Kindern und Jugendlichen auf digitale Zugänge und Schutznotwendigkeiten

Die UN-Kinderrechtskonvention spricht in Artikel 13 (Meinungs- und Informationsfreiheit) und im Artikel 17 (Zugang zu Medien, Kinder- und Jugendschutz) das Recht auf Zugang zu Medien an. Verbunden mit dem Recht auf Zugang zu (digitalen) Medien können Kinder und Jugendliche auch ihr Recht auf Bildung, Freizeit, Spiel und Erholung ausüben. Kinderrechte sind verbriefte Rechte und daher nicht verhandelbar. Die Rechte Jugendlicher in digitalen Kontexten sind selbstverständlich nicht unbeschränkt, sondern unterliegen den gesetzlichen Rahmenbedingungen (etwa der Geschäftsfähigkeit bei im Netz getätigten Käufen).

Zugleich verweist die UN-Konvention auf das Spannungsfeld zwischen dem Recht auf Teilhabe durch die Gewährleistung des Zugangs zu digitalen Medien und den bestehenden Gefährdungspotenzialen, weshalb die UN auch das Recht der Kinder und Jugendlichen auf Schutz vor Risiken im digitalen Kontext benennt. Diese Aspekte finden sich zudem in den Leitlinien zur Achtung, zum Schutz und Verwirklichung der Rechte des Kindes im digitalen Umfeld (Coucil of Europe 2019) und im deutschen Jugendschutzgesetz. So benennt der § 10a JuSchG die Schutzziele vor entwicklungsbeeinträchtigenden (Satz 1) sowie jugendgefährdenden Inhalten (Satz 2) und den Schutz der persönlichen Integrität bei Medieninhalten (Satz 3). Und im Gesetz ist im Absatz 4 verankert, dass ein Anspruch auf Förderung von Orientierung für Kinder, Jugendliche, personensorgeberechtigte Personen sowie pädagogische Fachkräfte bei der Mediennutzung und Medienerziehung besteht.

Auch im SGB VIII sind die Aufgaben der Jugendhilfe deutlich formuliert und auf die Mediennutzung anzuwenden. Im Paragrafen § 1 SGB VIII wird benannt, dass jeder junge Mensch das Recht auf Förderung seiner Entwicklung und Erziehung zu einer selbstbestimmten, eigenverantwortlichen und gemeinschaftsfähigen Persönlichkeit hat. Junge Menschen sind in ihrer individuellen und sozialen Entwicklung zu fördern und Jugendhilfe hat dazu beizutragen, Benachteiligungen zu vermeiden oder abzubauen (§ 1 SGB VIII, Abs. 1). Zudem soll Jugendhilfe es jungen Menschen erleichtern oder ermöglichen, dass sie in allen sie betreffenden Lebensbereichen ihrem Alter und ihren individuellen Fähigkeiten entsprechend selbstbestimmt interagieren können. Ziel ist die gleichberechtigte Teilhabe am Leben in der Gesellschaft. Zugleich werden Beratung und Unterstützung der Eltern und Erziehungsberechtigten als Auftrag der Jugendhilfe definiert (§ 1 SGB VIII, S. 3, Abs. 3) und das Recht von Kindern und Jugendlichen auf Schutz vor Gefahren für ihr Wohl (§ 1 SGB VIII, Satz 3, Abs. 4). Im Paragrafen § 14 SGB VIII (Erzieherischer Jugendschutz) wird noch mal explizit aufgeführt, dass es um eine Befähigung junger Menschen geht, sich vor gefährdenden Einflüssen zu schützen (wozu auch Medieneinflüsse zählen) und sie zugleich durch Angebote der Jugendhilfe zu Kritikfähigkeit, Entscheidungsfähigkeit und Eigenverantwortlichkeit sowie zur Verantwortung gegenüber ihren Mitmenschen zu führen (§ 14 SGB VIII Abs 2, S. 1). Außerdem sollen Eltern und andere Erziehungsberechtigte befähigt werden, Kinder und Jugendliche besser vor gefährdenden Einflüssen zu schützen.

Damit sind die Aufgaben Sozialer Arbeit in diversen Gesetzeskontexten klar benannt: Förderung des Umgangs mit digitalen Medien, Ermöglichung von Teilhabe durch digitale Medien und zugleich ist Eltern, Kindern und Jugendlichen Schutz vor Gefährdungen zu gewährleisten. Diese Aufgaben bestehen selbstverständlich unabhängig davon, wie es um die Affinität der Fachkräfte Sozialer Arbeit in Bezug auf digitale Medien bestellt ist oder welche Vorbehalte ggf. bestehen. Es geht nicht um ‚Goodwill', sondern um rechtliche Ansprüche, damit junge Menschen die Kernherausforderungen des Erwachsenenwerdens – Selbstpositionierung, Verselbstständigung und Qualifizierung (Deutscher Bundestag 2017) – bearbeiten können und Teilhabe am gesellschaftlichen Leben möglich wird.

e. Rechtliche Rahmenbedingungen für Fachkräfte

Fachkräfte sind oft überfordert von den komplexen rechtlichen Vorgaben, Vorschriften und Auslegungen und das in Verbindung mit ebenso komplexen digitalen Optionen, die sich zudem mit außerordentlicher Geschwindigkeit entwickeln. Die hohen Anforderungen können zu einer Abwehrhaltung der Fachkräfte beitragen, Ängste hervorrufen oder die Verrechtlichung Sozialer Arbeit kann als Einschränkung der pädagogischen Freiheiten und somit als Problem wahrgenommen werden. Fachkräfte erhoffen sich offensichtlich, eine (rechtliche) Absicherung ihres Handelns. Studien zeigen, dass sie vor allem unter Schutzgesichtspunkten handeln (DigiPäd 2022, S. 12 f.). Dies kann einer Verunsicherung geschuldet sein. Dabei verweisen die rechtlichen Auslegungen auf eine weitgehende Absicherung pädagogischen Handelns und einen Rahmen, der größer ist, als es vielen Pädagog*innen erscheint. Ohne auf rechtliche Detailfragen eingehen zu können, sollen dennoch an dieser Stelle einige grundlegende Rechtsaspekte aufgegriffen werden.

Fachkräfte müssen ihrer Verantwortung gerecht werden und Vorkehrungen zum Schutz vor Inhalten treffen, die Kinder und Jugendliche gefährden oder beeinträchtigen können, „insbesondere vor übermäßig ängstigende, Gewalt befürwortende oder das sozialethische Wertebild beeinträchtigende Medien“ (JuSchG §10b Abs. 1). Außerdem benennt der Gesetzgeber „Risiken durch Kommunikations- und Kontaktfunktionen, Kauffunktionen, glücksspielähnliche Mechanismen, Mechanismen zur Förderung eines exzessiven Mediennutzungsverhaltens, die Weitergabe von Bestands- und Nutzungsdaten ohne Einwilligung an Dritte sowie durch nicht altersgerechte Kaufappelle insbesondere durch werbende Verweise auf andere Medien“ (JuSchG §10b, Abs. 3). Der Gesetzgeber leitet beide Absätze mit „insbesondere“ ein, womit deutlich wird, dass es sich nicht um eine abschließende Auflistung von Gefährdungen handelt, mit denen Eltern wie Fachkräfte sich befassen müssen.

Je jünger Kinder sind, umso mehr stehen Eltern und Fachkräfte in der Verantwortung ihrer Aufsichts- und Fürsorgepflichten zum Schutz der Kinder wie dem Schutz Dritter nachzukommen. Jugendlichen hingegen muss eine weit(er)gehende Autonomie im Umgang mit digitalen Medien zugesprochen werden, weshalb den Eingriffen in ihre Persönlichkeitsrechte engere Grenzen gesetzt sind (Hajok 2019, S. 57 f.). Allerdings ist nicht allein das Alter entscheidend, sondern es muss der Grad der Reife, den der junge Mensch erreicht hat, als Maßstab mit einfließen.

Fachkräfte und Eltern dürfen sich ihren Aufgaben nicht entziehen und vor den komplexen digitalen Welten kapitulieren bzw. auf die vermeintlichen Kompetenzen der jungen Menschen vertrauen, sondern müssen auch für ‚digital natives‘, also diejenigen, die mit den neuen Medien aufgewachsen sind, qualifizierte Ansprechpersonen und Unterstützer*innen bleiben bzw. werden, dabei Schutz gewähren, zugleich Teilhabe ermöglichen und Persönlichkeitsrechte wahren. Wünschenswert wäre eine weitergehende gesetzgeberische Verantwortungszuschreibung an diejenigen, die digitale Medien anbieten. Solange dies jedoch nur in Ansätzen erfolgt, bleibt die Hauptverantwortung für eine möglichst risikofreie Nutzung bei Eltern und Fachkräften.

Im Zusammenhang mit der Nutzung digitaler Medien stellen sich für Fachkräfte Fragen der Aufsichtspflicht. Dieball et al. (2021) veranschaulichen an einem Beispiel, wie rasant sich rechtliche Fragestellungen verändern. Sie verweisen auf ein Urteil des Landgerichts Hamburgs von 1995, bei dem es um Zugangsbeschränkungen eines Jugendlichen zu einem Telefon ging. Der Jugendliche einer Jugendwohngruppe hatte eine außergewöhnlich hohe Telefonrechnung verursacht, wofür die Einrichtung haften sollte. Das Gericht urteilte, dass der Träger den Zugang zum Telefon hätte sperren müssen. Daran schließen die Autor*innen die Frage an, wie denn mit dem Zugang zu nicht absperrbaren digitalen Geräten umzugehen ist (Dieball et al. 2021, S. 69 f.). Für den Umgang von Sorgeberechtigten und anderen Aufsichtspflichtigen (etwa Fachkräfte in Jugendhilfeeinrichtungen) mit der digitalen Mediennutzung verweisen die Autor*innen darauf, dass eine Erkundigungspflicht besteht, was heißt, dass sie über den Wissensstand der von ihnen betreuten Kinder und Jugendlichen informiert sein müssen, wozu wiederum entsprechende Medienkenntnisse seitens der Fachkräfte notwendig sind (ebd., S. 87 f.). Zudem sollten Fachkräfte das BBB-Prinzip beherzigen: Belehren, Beobachten, Belangen. Wer diese Prinzipien beachtet, genügt seiner Aufsichtspflicht und begleitet Kinder und Jugendliche auf angemessene Weise bei ihrem Umgang mit digitalen Medien. Belehren bedeutet, kindgerechte Regeln zu Medien zu vereinbaren, Pflichten zu benennen, über Gefährdungen aufzuklären, ggf. bei Kindern Schutzsysteme einzurichten, aber auch die Kinder und Jugendlichen über ihre Rechte zu informieren. Beobachten folgt der Aufklärung / Belehrung. Es gilt im Blick zu behalten, ob bei den Kindern und Jugendlichen ausreichend Medienkompetenzen vorhanden sind, wozu das Verhalten im Internet zu beobachten ist, ohne dabei unverhältnismäßig zu agieren. Die persönlichen Rechte, etwa auf Privatsphäre, sind zu wahren. Wenn es den Kindern und Jugendlichen nicht gelingt, sich an Absprachen zu halten und wenn es konkrete Anhaltspunkte für Gesetzesverstöße gibt, so hat die aufsichtspflichtige Person zu handeln und den jungen Menschen zu belangen, also die Regeln durchzusetzen und ggf. mit Sanktionen wie einer Internetsperre zu reagieren (ebd., S. 88). Viele Fachkräfte halten eine Aufsichtspflichtverletzung für strafbar. Dies ist jedoch nicht der Fall. Selbst bei grob fahrlässiger Aufsichtspflichtverletzung ist ausschließlich mit zivil- oder arbeitsrechtlichen Konsequenzen zu rechnen. Erst wenn durch „ständige Wiederholung, längere Dauer oder besondere Intensität“ gegen die Erziehungspflichten verstoßen würde, kann die Fachkraft strafrechtlich belangt werden. Außerdem muss es bei unter 16-Jährigen zu einer „erheblichen Gefährdung der körperlichen und psychischen Entwicklung gekommen sein“ (ebd., S. 88).

Ein ebenfalls verbreiteter Irrtum ist die Annahme, dass Altersfreigaben bestimmter Dienste wie Snapchat oder WhatsApp für die Kinder und Jugendlichen der Einrichtungen verbindlich einzuhalten sind, also beispielsweise, dass Snapchat erst ab 13 Jahren und WhatsApp ab 16 Jahren genutzt werden darf. Personensorgeberechtigte können jedoch laut Artikel 8 der Datenschutzgrundverordnung (DGSVO) im Rahmen ihrer Erziehungsverantwortung die jeweilige-Altersgrenze für ihr Kind aufheben und der Nutzung zustimmen (DGSVO). Hingegen sind die Altersgrenzen der digitalen Dienste für Einrichtungen dann bindend, wenn die Eltern nicht zustimmen und wenn es um Kontakte zwischen Mitarbeitenden und Kindern sowie Jugendlichen geht, da der Dienst den Datenschutzerfordernissen nicht entspricht (Klein 2019).

Insgesamt ist das Feld der Rechtsfragen im digitalen Bereich herausfordernd, da es eine Vielzahl von Rechtsverstößen auf Seiten der Fachkräfte wie der Jugendlichen, geben kann (Persönlichkeitsrechtsverletzungen, Datenschutzverletzungen, Urheberrechtsverletzungen, Sexting u. a. m.).

Empfohlen wird eine gute Dokumentation der getroffenen Maßnahmen und Absprachen, um im Zweifelsfall vor Gericht entsprechende Nachweise vorlegen zu können (Dieball et al. 2021, S. 75, 133).

Tipp:

Rechtliche Informationen zur Aufsichtspflicht, auch im Kontext digitaler Medien, finden sich in:

- Dieball, Heike/Lehmann, M. Karl-Heinz/Stücker, Ulrike (2021): Basiswissen Aufsichtspflicht. 4. Auflage. Hannover: Schöneworth.
- DigiPäd 24/7 (2022a): Das Recht junger Menschen auf analog-digitale Teilhabe verwirklichen – Empfehlungen für stationäre Einrichtungen der Kinder- und Jugendhilfe sowie Internate. Ergänzende Rechtsinformationen für Einrichtungsträger. TH Köln/Universität Hildesheim. https://doi.org/10.25528/145
- Rechtsfragen für Einrichtungen der Erziehungshilfe • www.projekt-powerup.de/faq/00208
- Heeg, Rahel (2018): Rechtliche Informationen zu digitalen Medien für stationäre Einrichtungen der Jugendhilfe. Münchenstein: Fachhochschule Nordwestschweiz. Auch wenn es sich um das Schweizer Recht handelt, ist die Zusammenstellung möglicher Fragestellungen und entsprechender Antworten für deutsche Fachkräfte gut brauchbar • www.mekis.ch/recht/kinder-und-jugendliche.html

f. Rechtsverletzungen durch Jugendliche

Für Kinder und Jugendliche scheinen rechtliche Fragen im Zusammenhang mit der Mediennutzug wenig relevant zu sein. Ob das Herunterladen bestimmter Inhalte verboten ist, der Datenschutz verletzt wird oder die Jugendschutzfreigabegrenze unterschritten wird, ist für sie oft zweitrangig bzw. sie wissen nicht, dass ihr Handeln rechtlich untersagt ist. Auf der einen Seite stehen also Fachkräfte mit oft restriktivem Verhalten, um Kinder und Jugendliche (und sich selbst) zu schützen und rechtliche Vorgaben einzuhalten, auf der anderen Seite Jugendliche, für die rechtliche Aspekte kaum eine Rolle spielen.

Eine Befragung von 16- bis 19-jährigen Jugendlichen in neun europäischen Ländern, darunter Deutschland, hat gezeigt, wie hoch der Anteil Jugendlicher ist, die „bedenkliches bis kriminelles Verhalten" im Netz zeigen (Milmo 2022). Dreiviertel der Jungen und 65 Prozent der Mädchen hatten sich nach eigenen Angaben innerhalb des letzten Jahres nicht an gesetzliche Vorgaben gehalten. Unter 20 vorgegebenen Items wurde vor allem der Konsum pornografischer Inhalte angegeben (44 %). Es folgen das Herunterladen und die Verbreitung von urheberrechtlich geschützten Werken wie Musik oder Software ohne Genehmigung. Die digitale Piraterie kommt bei 27 Prozent der Jugendlichen vor. Erschreckend hoch ist auch das Tracking (27 %), also das Verfolgen von Personen per Ortung und Trollen, das Belästigen anderer Nutzer*innen, indem absichtlich provoziert oder beleidigend wird (ebenfalls 27 %). Es folgen mit 22 Prozent die Anstiftung zu Gewalt sowie Sexting. Mit jeweils knapp über 10 Prozent werden Geldwäsche, Belästigung und Hasskommentare genannt (ebd.). In Deutschland hat eine Gesetzesverschärfung im Jahr 2021 dazu geführt, dass viele Jugendliche Straftaten im Kontext von Sexting begehen, deren sie sich nicht bewusst sind, wie selbst das Bundeskriminalamt anmerkt (Becker 2023). Zwar ist einvernehmliches Sexting unter Jugendlichen ab 14 Jahren erlaubt, sofern die Bilder und Videos nicht unerlaubt weiterverbreitet werden, jedoch sind ansonsten gemäß § 184b Strafgesetzbuch der Besitz, das Verschaffen, Herstellen oder die Verbreitung von sogenannten kinderpornografischen Inhalten strafbar, was dazu führt, das abstruse ‚Fälle' entstehen. Wenn etwa ein derartiges Foto im Klassenchat in Umlauf kommt, machen sich zugleich junge Mensch strafbar, die dadurch in den Besitz des Fotos oder Films kommen. Diese und andere unbeabsichtigte Nebenwirkungen, die das verschärfte Recht hervorgebracht hat, sollen nunmehr durch eine weitere Gesetzesänderung behoben werden, so der Polizeipsychologe Rüdiger in einem Interview (Wilke 2023).

Für Fachkräfte sind hiermit nur einige wenige Facetten benannt, die in der Arbeit mit den jungen Menschen bekannt sein sollten und zur Sprache kommen müssten, beispielsweise bei stationären Unterbringungsformen oder in der Jugendarbeit.

9. Fachkräfte – Zwischen Offenheit und Abwehr, zwischen Kompetenz und Unkenntnis

An verschiedenen Stellen in diesem Buch sind bereits Aspekte eingeflossen, die auf die spezifische Rolle der Fachkräfte und die an sie gerichteten Herausforderungen Bezug nehmen. Dennoch werden in diesem Kapitel einige zusammenfassende und ergänzende Anmerkungen präsentiert. Insbesondere sollen durch eine Zusammenstellung von Reflexionsfragen Nachdenkprozesse angeregt werden.

a. Die Profession Sozialer Arbeit ist in der Arbeit mit Jugendlichen herausgefordert …

Fachkräfte in der Sozialen Arbeit sind in vielen Berufsfeldern hoch belastet und bei zunehmenden gesellschaftlichen Handlungsbedarfen und Krisen erheblich gefordert (Alsago/Meyer 2023). Die gesellschaftlichen Krisen wie die Coronapandemie, die Folgen des Krieges gegen die Ukraine (u. a. Inflation), die Zuwanderung von Geflüchteten oder die erkennbaren gesellschaftlichen Verwerfungen wirken sich verschärfend aus und das alles auf der Folie eines sich zuspitzenden Fachkräftebedarfs. Die Krisenmeldungen, etwa in der Kinder- und Jugendhilfe, haben entsprechend drastisch zugenommen (u. a. Gravelmann 2023, S. 7 ff.) und eine Entspannung ist in den nächsten Jahren nicht zu erwarten, eher im Gegenteil.

Fachkräfte, die mit Jugendlichen und Heranwachsenden arbeiten, sind zudem besonders vielfältig (heraus-)gefordert, da die ‚Lebensphase Jugend' mit ihren Kernherausforderungen Selbstpositionierung, Verselbstständigung und Qualifizierung hoch komplex und dynamisch ist. Die Handlungsebenen, auf denen agiert werden muss, sind entsprechend sehr breit gefächert, ebenso das dafür geforderte Wissensspektrum der Professionellen. Was hat Priorität, was sollte Priorität haben? Fragen der Identitätsfindung wie Gender, Partnerschaft, Liebe und Sexualität oder der gesellschaftlichen Verortung? Aspekte der erhöhten Risikobereitschaft, der Grenzüberschreitungen zum Beispiel im Drogen- oder Gewaltkontext, durch straffälliges Verhalten, Radikalisierungen oder Selbstverletzungen? Konfliktbewältigung auf verschiedensten Ebenen, etwa im Umgang mit den Eltern oder anderen Jugendlichen? Unterstützung im schulischen oder beruflichen Bereich (Schulabsentismus, schulische Überforderungen,

Übergangsprobleme, berufliche Orientierung etc.)? Soziale Benachteiligungen und spezifische Zielgruppen sind in den Blick zu nehmen, das Bereitstellen oder Ermöglichen von (Entwicklungs-)Freiräumen und selbstbestimmter Freizeitgestaltung bzw. das Unterbreiten entsprechender Angebote wie Freizeiten oder Erlebnispädagogik gehören ebenfalls zum Aufgabenspektrum. Es gilt, mit anderen Beteiligten zu kooperieren und zu netzwerken, diverse Projekte durchzuführen, Partizipationsprozesse zu gestalten oder (politische) Bildungsarbeit zu betreiben ... Diese Auflistung führt das breite Aufgabenspektrum der sozialpädagogischen Fachkräfte vor Augen, die mit Jugendlichen und Heranwachsenden arbeiten.

b. ... und zusätzlich noch die Befassung mit digitalen Welten?!

Es ist angesichts der Aufgabenfülle wenig verwunderlich, wenn sozialpädagogische Fachkräfte sich überfordert fühlen bzw. überfordert sind. Entsprechend ist eine abwehrende bzw. delegierende Reaktion nachvollziehbar, wenn sich Fachkräfte in der Arbeit mit jungen Menschen zusätzlich mit einer Vielzahl von Fragen im Kontext sozialer Medien konfrontiert sehen, die pädagogische Aspekte ebenso beinhalten wie rechtliche und alltagspraktische Erfordernisse in der Arbeit mit der Klientel, wie an verschiedenen Stellen bereits aufgezeigt wurde. Zugleich sind Fachkräfte angesichts der rasanten Entwicklungs- und Handlungsdynamiken im Feld der Digitalisierung sowie der damit verbundenen Gefährdungen vielfach verunsichert. Hinzu kommt, dass ein beständiger Ausbau einmal erworbener Kenntnisse notwendig ist, was insbesondere Fachkräften schwerfallen dürfte, die keine hohe Affinität zu digitalen Techniken besitzen oder grundlegende Vorbehalte gegenüber digitalen Medien aufweisen. Auf der anderen Seite ist mehr als offensichtlich, dass eine sozialpädagogische Arbeit nur dann qualitativ gut sein kann, wenn sie an die hoch bedeutsamen digitalen Lebenswelten der Jugendlichen (der Klientel) anknüpft.

Die gesellschaftlichen digitalen Transformationsprozesse und die enorme Relevanz digitaler Medien muss bei aller Belastung von Fachkräften zur Kenntnis genommen und in den Arbeitsprozessen mit den jungen Menschen wie auf institutioneller Ebene Berücksichtigung finden. Für Fachkräfte stellt die Fähigkeit im Umgang mit den Herausforderungen der virtuellen Welten heutzutage einen wesentlichen Teil ihrer Professionalität dar. Zwar waren Kenntnisse über Mediennutzungs- und Gefährdungspotenziale, Medienbildung und Medienerziehung schon immer Bestandteil pädagogischer Arbeit, haben jedoch im digitalen Zeitalter an Relevanz immens zugenommen. Sie sind heutzutage nicht mehr nur ein Bestandteil der Professionalität, sondern haben sich zu einem fundamentalen, hochgradig relevanten Kern (sozial-)pädagogischen Kompetenzprofils entwickelt. Entsprechend bedeutungsvoll ist die Haltung, die Fachkräfte Sozialer

Arbeit zu den digitalen Veränderungsprozessen einnehmen, sind ihre medienpädagogischen Kenntnisse und Fähigkeiten sowie die Bereitschaft, sich auf die neuen Anforderungen im Interesse der Klientel einzulassen. Doch das medienpädagogische Handeln ist weniger fachlichen Standards geschuldet, sondern vielmehr konzeptionell abhängig von den Vorerfahrungen, den Vorkenntnissen, der Intuition und der eigenen Mediensozialisation der Pädagog*innen. Die persönliche Affinität bzw. Distanz zu den digitalen Medienwelten ist ausschlaggebend dafür, wie die digitalen Lebenswelten der Klientel beurteilt werden und wie sich der eigene Umgang mit den Medienwelten gestaltet (Feyer et al. 2022, S. 14). Die „diffuse Fachlichkeit" (ebd.) bedarf professioneller Rahmungen. Eine kritisch-reflexive Auseinandersetzung von Fachkräften mit der Digitalität, ihren Gefährdungen und Chancen, ist unerlässlich, zumal Eltern sich kaum noch in der Lage sehen, den Medienkonsum ihre heranwachsenden Kinder angemessen zu begleiten. Schon mit 13 bzw. 14 Jahren schätzen Jugendliche ihre eigenen Fähigkeiten höher als die Kompetenzen der Eltern ein und zugleich teilen Eltern ihrerseits die Einschätzung, dass sie weniger kompetent sind als ihre Kinder (Gebel et al. 2022, S. 53 f.).

c. Reflexionsfragen für Fachkräfte Sozialer Arbeit

Die nachfolgenden exemplarischen Fragen zur Digitalisierung der Lebenswelten und zur Rolle der Fachkräfte Sozialer Arbeit sind zur konzeptionellen Reflexion der Gegebenheiten in den jeweiligen Einrichtungen, für Diskussionen mit Kolleg*innen und für Teamentwicklungsprozesse geeignet oder um über das eigene Verhältnis zu digitalen Medien nachzudenken. Sie sollen die Praxis vor Ort anregen und zu konkreten Umsetzungsschritten beitragen.

i. Persönliche Einstellungen und Haltungsfragen

- Besteht bei Ihnen eine grundlegende Offenheit gegenüber ‚neuen' Medien?
- Fühlen Sie sich als Fachkraft auf die Herausforderung des digitalen Wandels (eher) vorbereitet oder sehen Sie sich (eher) überfordert?
- Welche Haltung haben Sie als Fachkraft zu digitalen Medien? Suchen Sie reflexive Gespräche im Kolleg*innenkreis oder in Supervisionen?
- Ist für Sie die Arbeit mit digitalen Medien und über digitalen Medien eine Aufgabe wie jede andere im pädagogischen Alltag oder nehmen Sie diese Herausforderungen als permanente und übergeordnete Aufgabe an?
- Sehen Sie sich eher als Motor oder Bremser*in digitaler Veränderungsprozesse in Ihrer Einrichtung?

- Wie handhaben Sie die berufliche Nutzung digitaler Medien in Ihrer Freizeit? Werden Ihre Lebenswelten durch Jugendliche okkupiert oder dringen Sie umgekehrt übergriffig in die Lebenswelten der Jugendlichen ein?
- Wird von Vorgesetzten, Kolleg*innen oder der Klientel erwartet, dass Sie ‚Rund-um-die-Uhr' erreichbar sind?
- Gibt es arbeitsvertragliche Vereinbarungen oder Dienstvorschriften im Umgang mit digitalen Medien (insbesondere außerhalb der Arbeitszeit)?
- Achten Sie die digitale Privatsphäre der jungen Menschen?

ii. Abgehängt oder up to date?

- Sprechen Sie als Fachkraft noch eine Sprache mit den Jugendlichen? Verstehen Sie die Jugendlichen (noch)? Kennen Sie die die angesagten Trends der jungen Menschen, ihre favorisierten Videos, Influencer*innen, Gamer*innen, digitale Spiele oder KI-Apps?
- Inwieweit setzen Sie sich mit der Relevanz sozialer Netzwerke junger Menschen auseinander? Verfolgen Sie neue Entwicklungen?
- Zeigen Sie Interesse an den digitalen Medienwelten der jungen Menschen? Haben Sie Einblick in diese Welten?
- Sind Sie in der Lage, mit dem zum Teil bestehenden großen Wissensüberschuss der Jugendlichen und Heranwachsenden Ihnen gegenüber, umzugehen? Nutzen Sie die Kenntnisse der jungen Menschen proaktiv?
- Versuchen Sie den rasch wandelnden Veränderungen in digitalen Welten zu folgen?
- Wie stehen Sie technischen Herausforderungen gegenüber? Initiieren oder beteiligen Sie sich beispielsweise an medienpädagogisches Projektarbeiten, wie der Erstellung von Filmen oder Tutorials oder dem Programmieren von Programmen?
- Ist Ihnen bewusst, dass das Internet eine Verstärkung traditioneller Risiken in der kindlichen Entwicklung/der Pubertät darstellt und kennen Sie die spezifischen Gefährdungen digitaler Räume?
- Kennen Sie Internetseiten, die Sie bei medienbezogenen Fragestellungen unterstützen, wie zum Beispiel Plattformen, in denen Apps, Filme oder digitale Spiele pädagogisch bewertet und einschätzt werden?

iii. Fachliche Ansätze – Schwerpunkt Einrichtungsebene

- Gibt es eine Digitalstrategie in Ihrer Einrichtung? Existieren in der Einrichtung Social-Media-Guidelines und spielen diese im Alltag eine Rolle? Gibt es in Ihrem Arbeitsfeld Mediennutzungsvereinbarungen, die konsensual und kooperativ mit Leitungskräften, Kolleg*innen und jungen Menschen erstellt wurden? Wie ist es bestellt um medienpädagogische Fortbildungsangebote? Ist die technische Ausstattung in der Einrichtung ausreichend?

- Gibt es in Ihrer Einrichtung eine Kultur, die es erlaubt kritische Fragen, Einwände und Bedenken in Bezug auf Aspekte der Digitalisierung einzubringen?
- Finden Sie ausreichend Unterstützung und Verständnis für Ihre Fragen im Kontext digitaler Medien und wenn nicht, wo könnten Sie Unterstützung erhalten?
- Gibt es Ansprechpartner*innen für technische Fragen oder bei Problemen im Umgang mit digitalen Medien?
- Haben Sie in ihrer Einrichtung einen Grundstock an Informationsmaterialien digital oder in Ordnern? Beispielsweise zu rechtlichen Fragen, mit Adressen von Fachdiensten oder gefüllt mit Projektideen?
- Inwieweit verwenden Sie digitale Medien, um den Arbeitsalltag zu vereinfachen, zum Beispiel bei der Dokumentation oder der Inanspruchnahme digitaler Fortbildungen oder bei der Kommunikation mit der Klientel Ihrer Arbeit?
- Nutzen Sie (kritisch-reflexiv) den Einsatz moderner Techniken in Bezug auf Sozialdatenerfassung, Berichterstellung oder Statistiken? Wie halten Sie er mit dem Gebot der Datensparsamkeit?
- Wie steht es um den Datenschutz in Ihrer Einrichtung, in Ihrem Arbeitsalltag? Gibt es Regelungsbedarfe, etwa rechtlicher Art?
- Beziehen Sie andere angemessen in Ihre medienpädagogische Arbeit ein (etwa Personensorgeberechtigte, Eltern, Kolleg*innen, andere Fachkräfte oder Vormünder*innen)?

iv. Fachliche Ansätze – Schwerpunkt persönliche Ebene

- Haben Sie den Befähigungsansatz im Blick oder (re)agieren Sie / Ihre Einrichtung vor allen unter Schutzaspekten?
- Wie ist es um Partizipations- und Teilhabemöglichkeiten / Teilhaberechte der jungen Menschen bestellt? Sind diese in ausreichendem Maße gewährleistet? Bieten Sie Gelegenheitsstrukturen?
- Unterbreiten Sie den Kindern und Jugendlichen fortlaufend Gesprächsangebote und Möglichkeiten zum Erlernen von Medienkompetenz? Führen Sie einzelne medienpädagogische Projekte zur Vertiefung durch? Wenn in Ihrem Arbeitskontext medienpädagogische Konzepte vorliegen, setzen Sie diese um?
- Haben Sie die zielgruppenspezifischen Bedürfnisse und Bedarfe im Blick, etwa für junge Menschen mit Behinderungen, für Jugendliche aus sozial benachteiligten Milieus? Bedenken Sie genderspezifische Aspekte oder Besonderheiten bei Menschen mit Migrationshintergrund?

- Wie können Sie dazu beitragen, den Schutzbedürfnissen von Kindern/ Jugendlichen/Heranwachsenden, beispielsweise im Datenschutz, zu gewährleisten? Geben Sie den jungen Menschen vor der Mediennutzung ausreichende Grundkenntnisse mit auf den Weg (z. B. ‚Medienführerscheine')?
- Neigen Sie dazu, digitale Fragestellungen an externe Expert*innen, etwa an Medienbeauftragte, abzugeben oder stellen Sie sich eher selbst den Aufgaben?
- Wann haben Sie die letzte Fortbildung zu digitalen Medien absolviert und welchen Schwerpunkt hatte die Fortbildung (technische oder rechtliche Fragen? Befähigungs- oder Teilhabeansätze? Gefährdungen? ...)?
- Kennen Sie Methoden und Konzepte für eine medienpädagogische Begleitung der Kinder und Jugendlichen?
- Sind Ihnen Informations- und Beratungsangebote sowie externe Personen oder Einrichtungen bekannt, die Unterstützung gewähren können, beispielsweise Eltern-Medientrainer-Angebote, Scout-Projekte, Medienbildungszentren oder Landesjugendschutzstellen?
- Kennen Sie relevante Homepageseiten, auf denen Sie Informationen zu verschiedensten Fragestellungen erhalten können, wie ‚Schauhin.info' oder ‚Handysektor'? Kennen Sie kind- und jugendgerechte Internetangebote (wie z. B. ‚FragFinn.de' für Kinder)?
- Reflektieren Sie die (oft beschränkten) Medienzugangsmöglichkeiten Ihrer Klientel im Vergleich zu anderen jungen Menschen?
- Bringen Sie digitale Themen in Teamsitzungen oder in Ihren Arbeitszusammenhängen ein und wenn ja, in welcher Form?
- Bemühen Sie sich, die aktuellen Fachdebatten zu digitaler Mediennutzung in der Kinder- und Jugendhilfe nachzuvollziehen?

v. Regelungen, Ge- und Verbote

- Sind Sie mit den Jugendschutzvorschriften vertraut? Sind Sie über rechtliche Aspekte bei der Nutzung digitaler Medien informiert?
- Stehen den Kindern und Jugendlichen in der Einrichtung ausreichend digitale Endgeräte zur Verfügung – unter anderem auch zur Recherche oder zur Erledigung von Hausaufgaben?
- Existieren in Ihrem Arbeitsfeld datenschutzkonforme gesicherte Zugänge?
- Sorgen Sie in Ihrer Einrichtung für ausreichende alters- und entwicklungsangemessene Zugänge zu digitalen Welten und zugleich für ausreichend Schutz vor Gefährdungen?
- Kennen Sie technische Kinder- und Jugendschutzvorkehrungen? Werden diese altersangemessen eingesetzt?
- (Re-)Agieren Sie im Zusammenhang mit digitalen Medien überwiegend mit Geboten und Verboten?

- Gibt es transparente Regelungen im Umgang mit Medien (z. B. Mediennutzungszeiten) und klare Verfahren über Konsequenzen bei Regelverstößen, wie bei Grenzüberschreitungen etwa im Bereich von Cybermobbing oder Missachtung der Persönlichkeitsrechte?

Auch wenn die Reflexionsfragen sich auf Fachkräfte in der Sozialen Arbeit mit Jugendlichen beziehen, so ist – wie bereits an anderer Stelle deutlich gemacht – keineswegs nur die Ebene der Fachkräfte in den Blick zu nehmen. Es gibt letztlich auf mehreren Ebenen Handlungsbedarfe, unter anderem:

- Handlungsbedarfe bei der Verankerung der Digitalisierungsthemen in den Ausbildungs- und Studiengängen sowie den Fortbildungskonzepten,
- Handlungsbedarfe in Bezug auf eine zeitgemäße technische Infrastruktur der Einrichtungen, verbunden mit der Gewährleistung der Zugänge zu den Medien für Klientel und Mitarbeiter*innen und eine angemessene Ausstattung der Mitarbeiter*innen sowie datenschutzkonforme Apps,
- Handlungsbedarfe bei der Veränderungsbereitschaft und Innovationsfähigkeit der politischen Ebenen wie der Leitungskräfte von Behörden, Jugendämtern und Einrichtungen.

10. Soziale Arbeit online? – Ein Blick auf Onlineberatung, Erziehungshilfen und die Jugendarbeit

a. Onlineberatung – Eine Option im Tableau der Sozialen Arbeit

Es ist naheliegend, junge Menschen an den Orten aufzusuchen, an denen sie sich aufhalten, um ihnen Zugänge zu Beratung anzubieten, im Sozialraum ebenso wie in digitalen Räumen. Da die Jugend immer stärker im World-Wide-Web unterwegs ist, stellt sich für die Fachkräfte Sozialer Arbeit die Herausforderung, auf dieses Nutzungsverhalten der Kinder und Jugendlichen zu reagieren. Ein möglicher Ansatz ist das Angebot der Onlineberatung.

Was sind Kennzeichen von Onlineberatung? Wo kann sie sinnvoll eingesetzt werden? Welche besonderen Voraussetzungen und fachliche Kompetenzen sind erforderlich? Was sind ihre Vor- und Nachteile? Welche besonderen Angebote gibt es für Jugendliche?

Unter Onlineberatung sind alle Formen von Beratung zu verstehen, bei denen die Kommunikation und Prozessgestaltung mittels der Infrastruktur des Internets erfolgen, wobei diese durch unterschiedliche Medien (z. B. Mail, Chat oder Video) realisiert werden (Engelhardt 2022). Die Beratung kann dabei asynchron (Mails, Video) oder synchron (Chats, Telefon) erfolgen (Klein 2012, S. 36). Die Onlineberatung hat im Laufe der letzten Jahre, und vor allem beschleunigt durch die Coronapandemie, einen Bedeutungszuwachs erlangt (ebd.). Insbesondere ist die Videoberatung verstärkt ins Blickfeld gerückt (Lehmann 2020, S. 3).

Es existieren mittlerweile eine Vielzahl von Online-Beratungsangeboten: Die Kirchen bieten Online-Chat-Seelsorge (Lorenz 2019), Ehe-, Familien- und Paarberatung ist ebenso digital möglich (z. B. zu finden über www.katholische-beratung.de) wie Suchtberatung (z. B. www.suchtberatung.digital) oder Beratung bei Fragen und Problemen im sexuellen Bereich (z. B. www.loveline.de; www.sexundso.de oder www.sextra.de). Engelhardt spricht davon, dass sich diese Beratungsform in fast allen psychosozialen Arbeitsfeldern findet, aber insgesamt gesehen im Angebotsspektrum dennoch eine Randstellung einnimmt (Engelhardt 2018, S. 70, 163).

2003 wurde von der Jugend- und Familienminister*innenkonferenz die erste bundesweite Onlineberatungsstelle für Jugendliche und Eltern gefordert und gefördert. Seitdem wird diese Onlineberatungsplattform von der Bundeskonferenz der Erziehungsberatung e. V. (bke) betrieben. Jugendliche und Eltern können auf datenschutzrechtlich gesicherten Plattformen niedrigschwellig und anonym Beratung zu vielfältigen Themen erhalten. Die Beratung erfolgt durch

Fachkräfte oder professionell angeleitete Peers und beinhaltet verschiedene Angebotsformen: als webbasierte Mailberatung (Einzelberatung), als Einzelchat in Krisensituationen in virtuellen Sprechstunden, als fachlich begleitete Gruppenchats mit und ohne Themenvorgabe sowie als offener Chat zwischen Eltern und Jugendlichen (Naudiet 2017). Und es zeigt sich, dass über die Onlineberatung anteilig mehr Jugendliche erreicht werden als über die Präsenzberatung in den Erziehungsberatungsstellen vor Ort (ebd.). Das Ausmaß der Nutzung digitaler Medien erfordert eine Anschlussfähigkeit Sozialer Arbeit an die digitalen Lebenswelten der jungen Menschen. Zugleich gilt es, große fachliche, technische, finanzielle und rechtliche Schwierigkeiten zu überwinden und die Onlineberatung zeitgemäß weiterzuentwickeln.

b. Voraussetzungen für Onlineberatung

Bereits in den 90er Jahren wurden vereinzelt erste Richtlinien für eine Qualitätssicherung entwickelt (Reindl 2012, S. 42 f.). 2005 wurde die Deutsche Gesellschaft für Onlineberatung gegründet, die inzwischen als deutschsprachige Gesellschaft für psychosoziale Onlineberatung firmiert und die bis heute existierende Fachzeitschrift *www.e-beratungsjournal.net* herausgibt. 2015 wurde ein trägerübergreifendes Ausbildungscurriculum Onlineberatung entwickelt, in dem die Kompetenzen der Online-Berater*innen benannt und die Beratungsqualität beschrieben werden (Engelhardt 2019, S. 18 f.). Für Anbieter von Onlineberatungen ist es von zentraler Bedeutung, die Mitarbeitenden gut zu schulen, da Onlinekommunikation spezifischen, zum Teil einschränkenden, zum Teil vorteilhaften Implikationen unterliegt (z. B. Engelhardt 2022).

Der Deutsche Arbeitskreis für Jugend-, Ehe- und Familienberatung (DAKJEF) benannte schon in den Anfängen der Onlineberatung konzeptionell notwendige Rahmenbedingungen: Barrierefreiheit, leichte Auffindbarkeit, leichte Lesbarkeit, leichte Nutzbarkeit, Kultur- und Migrationssensibilität, Fortbildungen bezüglich der Spezifika der Internetberatung, einschlägige Weiterbildungen, Supervision und kollegiale Beratung, Vertraulichkeit, Datenschutzstandards wie verschlüsselte Kommunikationswege und anonymisierte statistische Erfassungen, Zugang zum Chat nur für autorisierte Berater*innen, Passwortschutz, enge Zeitvorgaben bis zur Reaktion auf eine Anfrage, eindeutige Regelungen der Fallzuteilung und Fallbegleitung durch denselben Berater bzw. dieselbe Beraterin, externe hinzugezogene Expert*innen sind erkennbar zu machen, Moderation von Foren durch Fachkräfte, Kostenfreiheit, nutzerfreundliche Regelung im Umgang mit Beschwerden und Transparenz bei den Beratungsregeln (ebd.). Eine breite Palette notwendiger Klärungen im Vorfeld eines Onlineberatungsangebotes. Hinzu kommen von Trägerseite die Klärung von Kostenfragen (DAKJEF 2010), denn die lokale Finanzierungsstruktur stößt an ihre Grenzen, wenn ein Angebot überregional nachgefragt werden kann. Bis auf wenige Angebote (bke, Nummer gegen Kummer ...) fehlt es an einer tragfähigen überörtlichen Finanzierung und an langfristigen Finanzierungskonzepten.

Tipps:

- Einen umfangreichen Fundus an Fachvorträgen zu verschiedensten Aspekten der Onlineberatung in Form von PowerPoint-Präsentationen bietet das Fachforum -Onlineberatung • https://fachforum-onlineberatung.de/fachforum-onlineberatung-archive
- Das Lehrbuch Onlineberatung enthält vertiefende Informationen: Engelhardt, Emely M. (2018): Lehrbuch Onlineberatung. Göttingen: V & R.

c. Die Jugend sucht Unterstützung im Netz

Der Deutsche Arbeitskreis für Jugend-, Ehe- und Familienberatung Zugang (DAKJEF) konstatierte bereits 2010, dass das Internet für viele Menschen ein „selbstverständlicher Zugang zu professioneller Hilfe" geworden ist (DAKJEF 2010, S. 1). Was damals vielleicht noch eine gewagte These war, ist mittlerweile unbestritten. Internetberatung ist ein integraler Bestandteil des Leistungsspektrum Sozialer Arbeit geworden. Vor allem der anonyme Zugang kann für viele Menschen, in besonderem Maße für Jugendliche, ein Türöffner sein. Außerdem gibt mehr als ein Drittel der Nutzer*innen der Beratungsplattform ‚kids-hotline' 2005 an, dass ihnen im Realleben professionelle Ansprechpersonen fehlen, sie somit die digitale Beratungsform eine „exklusive Unterstützungsressource" darstellt (Klein 2012, S. 37), sechs Jahre später trafen sogar 58 Prozent diese Aussage (ebd., S. 37 f.). Die erhaltene Unterstützung wurde zudem von den Jugendlichen als qualitativ gut bewertet (ebd., S. 42 f.).

Reindl sieht schon 2012 eine „enorme Inanspruchnahme" von Onlineberatungen etwa bei den Angeboten der Bundeskonferenz für Erziehungsberatung, bei ‚kids-hotline' und der Telefonseelsorge, die jeweils einige tausend Beratungen im Jahr durchführen und in deren Foren einige tausend Beiträge pro Monat verfasst werden (Reindl 2012, S. 42). Knapp zehn Jahre später vermeldet der Jahresbericht der Bundeskonferenz für Erziehungshilfe, dass die Anzahl der registrierten Benutzer*innen die 100.000er Marke überschritten hat. Dabei wurden über die Onlineberatung pro Jahr (außer einer erhöhten Anzahl in der Pandemiezeit) jeweils deutlich unter 5.000 jugendliche Nutzer*innen erreicht (Jung/Sutara 2022, S. 4). Hinzu kommt ein erheblich höherer Anteil von Elternberatung, was im Umkehrschluss bedeutetet, das die Zielgruppe der Jugendlichen schlechter erreicht wird (ebd., S. 4 f.). Sind einige tausend Inanspruchnahmen von Onlineberatungen durch Jugendliche pro Jahr „enorm" oder doch eher bescheiden?

Sicherlich ist die internetgestützte Beratung ein Erfolg, weil diese von neuen Zielgruppen genutzt wird und neue Wege ermöglicht. Viele der Nutzer*innen würden keine Beratungsstelle aufsuchen und insbesondere heikle Themen nicht ansprechen. Dennoch erscheint der Wirkungskreis der Online-Angebote noch nicht hinlänglich, da die Nutzung durch junge Menschen deutlich steigerungsfähig ist und insbesondere bestimmte Zielgruppen auch ‚online' bisher nicht erreicht werden (Mairhofer et al. 2023, S. 55 f.)

d. Chancen von Onlineberatung aus Sicht junger Menschen

Es gibt erhebliche Vorteile, die aus Sicht der Jugendlichen und Heranwachsenden mit einer Onlineberatung verbunden sind.

- Eine themenbezogene Recherche und die Suche nach einer Onlineberatung ist im Internet (relativ) gut möglich, da das Medium den jungen Menschen vertraut ist.
- Der Zugang zu einer Onlineberatung ist barrierefrei(er) als es bei Beratungsangeboten vor Ort der Fall ist. So sind die Schwellenängste deutlich reduziert, Mobilität ist nicht erforderlich, Schamgefühle spielen eine geringere Rolle, die Abhängigkeit von eingeschränkten (und somit einschränkenden) Öffnungszeiten entfällt.
- Bei einer Onlineberatung können Jugendliche aus verschiedenen Angeboten wählen (Einzel- oder Gruppenchat, Videochat oder E-Mail).
- Der Zugang zum Beratungsangebot ist zu einem Zeitpunkt möglich, in dem die Jugendlichen akuten Bedarf für sich sehen. Bei Beratungsstellen ist eine Terminvereinbarung notwendig und eine (zumeist längere) Wartezeit der Regelfall. Gerade junge Menschen wünschen jedoch Hilfe und Unterstützung dann, wenn es ‚brennt', also wenn zum Beispiel der Liebeskummer oder der Suizidgedanke überhandnehmen.
- Die Autonomie der Jugendlichen wird erhöht. Die Jugendlichen können den Kontakt zu einem Zeitpunkt aufnehmen, an dem sie sich dazu in der Lage sehen und nicht, wann die Beratungsstelle Zeit für ihn findet.
- Auch können sie sich in Chat- oder Videoberatungen schneller der Situation entziehen, wenn sie die Beratung nicht als förderlich ansehen oder sie sich in der Situation überfordert fühlen (die Option, sich (zu schnell) zu entziehen, stellt zugleich eine Herausforderung für die Onlineberatung dar).
- Des Weiteren kann bei Onlineberatungen gezielter nach Menschen gesucht werden, von denen die Jugendlichen beraten werden möchten (also z. B. von einer Frau oder einem Mann, von Migrant*innen oder Peers oder einem Avatar).

- Es finden sich zudem im Netz spezialisierte Angebote, die für (fast) alle Themen und Anliegen genutzt werden können, was vor Ort, insbesondere in ländlichen Regionen kaum gewährleistet ist.
- Von hoher Relevanz ist des Weiteren die Anonymität, die bei der Onlineberatung (besser) gewährleistet wird als bei einer Beratung vor Ort.

Damit sind einige Aspekte benannt, die verdeutlichen, dass die digitalen Beratungsangebote den Bedarfslagen Jugendlicher entsprechen. Zugleich sind die Online-Angebote deutlich ausbaufähig und bezüglich ihrer Reichweite sowie Niedrigschwelligkeit besteht Handlungsbedarf.

e. Bestehende Angebote sind ausbaufähig

Eine grundsätzliche Problematik in allen Feldern Sozialer Arbeit besteht darin, diejenigen (jungen) Menschen zu erreichen, die besondere Unterstützungsbedarfe aufweisen, wie beispielsweise bildungsferne oder sozial abgehängte junge Menschen. Hier liegt ein zentrales Manko der Onlineberatung. Auch sie erreicht nur bestimmte Zielgruppen. So sind bildungsferne junge Menschen, Jugendliche mit Migrationsgeschichte oder männliche Jugendliche deutlich unterrepräsentiert (Jung/Sutara 2022, S. 4; Oljaca/Reule 2017; Deutscher Bundestag 2013, S. 394 f.). Jugendliche in prekären Lebenssituationen könnten über TikTok oder WhatsApp vergleichsweise gut erreicht werden (Jung/Sutara 2022, S. 9), andererseits besteht hier das „Datenschutzdilemma" (Klein 2019, S. 1).

Für junge Menschen ist es wichtig, dass Angebote schnell gefunden und unkompliziert in Anspruch genommen werden können. Den Onlineberatungsangeboten für Jugendliche fehlt es hingegen an guter Präsentation in Social-Media-Plattformen, ein Zugang, über den die bereits genannten Zielgruppen besser erreicht werden können als zum Beispiel über schriftbasierte Ansprache. Erst 2021 hat etwa die Bundeskonferenz für Erziehungsberatung, die bereits seit dem Jahr 2000 Online-Beratung anbietet, die traditionelle Öffentlichkeitsarbeit, die zuvor über Zeitschriften, Flyer etc. erfolgte, ergänzt. Es wurden kurze Werbeclips auf YouTube platziert, in der Region Nürnberg hat die bke testweise In-App-Werbung geschaltet und ihre vielfältigen Themenchats in Social-Media-Kanälen wie Instagram und Facebook beworben (Jung/Sutara 2022, S. 8 f.). Erste zarte Ansätze, die zu einigen hundert oder tausend Aufrufen führten. Der Clip unter dem Titel ‚Mobbing' wurde bei YouTube innerhalb eines Jahres 3.581 Mal angeklickt, was im digitalen Kontext einer sehr geringen Reichweite gleichkommt. So wurde zum Beispiel der laienhafte Clip ‚Julia – Kurzfilm Mobbing', der in einer Projektwoche in einem Gymnasium entstanden ist, in vier Jahren knapp 74.000 Mal angeschaut. ‚Annika | Kurzfilm Mobbing' erreichte 4,6 Millionen Aufrufe in sechs Jahren; das in sozialpädagogischen Kreisen vergleichsweise bekannte ‚Medienprojekt Wuppertal‘ hat es mit seinem knapp drei-minütigem Beitrag ‚Mobbing für Anfänger‘ in vier Jahren auf 2,4 Millionen Aufrufe gebracht (Stand: 18.03.2023). Zwar hinkt dieser Vergleich ein wenig, da es sich beim bke-Clip um eine Werbung für das Beratungsangebot handelt, die anderen Beiträge die Thematik jeweils inhaltlich in einem Kurzvideo aufgreifen, dennoch lässt sich ableiten, dass es dringend geboten ist, die Strategien der Ansprache durch Akteure und Akteurinnen Sozialer Arbeit zu optimieren. Präsent zu sein in digitalen Welten ist ein Anfang, aber nicht hinlänglich. So ist es zum Beispiel wichtig, die Anzahl von Verlinkungen im Internet zu steigern. Die virale Verbreitung ist von großer Relevanz, um in den Algorithmen der Suchmaschinen und Plattformen gut platziert zu werden. Entsprechend dürfen weder die Werbewege traditionell gedacht werden noch die Clipinhalte für Jugendliche altbacken erscheinen. Kreative, lustige, ansprechende Kurzclips haben sicher mehr Erfolg als aufklärerische oder wissenschaftliche Beiträge. Zudem könnten in den Clips vermehrt jugendliche Peers die Inhalte für Gleichaltrige transportieren, ebenso wäre das Einbeziehen von Influencer*innen oder Gamer*innen ein denkbarer Ansatz.

Warum finden sich keine Cyberpädagog*innen oder Cyberstreetworker*innen in den sozialen Netzwerken und Chatrooms, die sich Jugendlichen dort als Gesprächspartner*innen anbieten, wo sie sich aufhalten? Eine Idee, die Warras schon 2010 einbrachte (Warras 2010, S. 104). Und warum gibt es keine bundesweite Informationsplattform, die eine Übersicht qualifizierter Online-Beratungsangebote beinhaltet? Außerdem fehlt es an Standards und Labeln, die die Qualität der Angebote unterscheidbar machen, sodass Nutzer*innen erkennen können, wo sie professionelle Beratung mit etablierten Fachstandards erhalten können (Lehmann 2020, S. 5). Auch bei den Namen der Onlineberatungsangebote könnte nachgebessert werden: *Bundeskonferenz für Erziehungsberatung*. Welcher Jugendliche fühlt sich von diesem sperrigen Namen angesprochen, noch dazu, wenn von ‚Erziehungs‘-Beratung die Rede ist? *Telefonseelsorge*. Ebenfalls ein eher wenig ansprechender Name und kirchlich konnotiert, weshalb sich zum Beispiel vermutlich viele Jugendliche mit Migrationsgeschichte oder ohne religiöse Verankerung nicht angesprochen fühlen. *Juuuport*. Wer vermutet hinter diesem Namen Peerberatung in Internetfragen? Wer googelt diesen Begriff? *Krisentelefon*. Telefon ist bei jungen Menschen nicht das Medium der Wahl …

Zielführend sind insbesondere Ansprachen in Social-Media-Kanälen. So verweist die bke darauf, dass ihre Aktivitäten dazu geführt haben, dass sich die Zahl der Abonnent*innen und Follower*innen von 2020 auf 2021 deutlich erhöht hat. Zudem können Schlüsse daraus gezogen werden, welche Themen, Fotos und Videos besonders oft aufgerufen werden (Jung/Sutara 2022, S. 8). Interessant sind kreative Ansätze wie die Chatberatung mit Hund (bke 2022, S. 18 f.) oder die Reduktion von Zugangsschwellen zur Onlineberatung. So müssen sich Jugendliche bei der bke-Onlineberatung mit einigen (wenigen) Angaben registrieren, was bereits eine Hürde darstellt. In ihrem Jahresbericht 2021 hat die bke angekündigt, einen Live-Chat ohne Registrierung für einen ersten Kontakt mit einer Beraterin bzw. einem Berater bei Wahrung des Datenschutzes zu ermöglichen (ebd., S. 23).

f. Der Blick über den Tellerrand – Onlineberatung in der Psychotherapie

Ein Blick über den Tellerrand macht deutlich, wie sich die Diskurse der Kinder- und Jugendhilfe zu Onlineberatungen mit denen der Psychotherapie in vielen Aspekten gleichen und dass die Professionen voneinander lernen können. In beiden Berufsgruppen sind Beratung und Unterstützung in Problemsituationen in einem Face-to-Face-Kontakt ein zentraler Bestandteil der Profession.

Nutzen und Risiken von digitalen Kommunikationsangeboten bei psychotherapeutischen Behandlungen werden schon länger diskutiert (u. a. auf einem Symposium der BPtK 2017), aber die Behandlungsform war bis Ende 2019 nicht Bestandteil der Regelleistungen der Krankenkassen (Maur 2021).

Die digitale Behandlung stellte in der Psychotherapie eine Ausnahme dar, denn Psychotherapeut*innen konnten nur in begründeten Ausnahmefällen bei besonderer Beachtung von Sorgfaltspflichten (u. a. beim Datenschutz) Behandlungen über elektronische Kommunikationsmedien durchführen (ebd.). Diese Optionen wurden jedoch bis zur Pandemie kaum genutzt. Der Großteil der Therapien fand ausschließlich in der klassischen Face-to-Face-Beratung statt. Während der Coronakrise gab es eine Kehrtwende bei den Krankenkassen und den Therapeut*innen und es kam aufgrund der pandemischen Lage erzwungenermaßen zu einem Durchbruch digitaler psychotherapeutischer Behandlungen und Beratungen. Während der Pandemie greifen 87,9 Prozent aller Psychotherapeut*innen auf Onlineformate zurück, davon wiederum 91,4 Prozent erstmals (BPtK 2020a). Die Therapeut*innen machten dabei (unerwartete) Chancen aus. Fast alle Therapeut*innen bekunden nach den Erfahrungen, die Videobehandlung als ergänzendes Element oder im Wechsel mit Therapiesitzungen vor Ort, weiter nutzen zu wollen (ebd., S. 6). Die Bundespsychotherapeutenkammer verzeichnet einen „Innovationsschub“ (ebd., S. 14). Zugleich sind bestimmte Möglichkeiten noch nicht ausprobiert worden. Denkbar wäre beispielsweise die Stimme der Klient*innen zu analysieren oder per Smartwatch den Puls zu messen, um Erkenntnisse über Erregungszustände zu gewinnen (Hartmann 2021).

Anderseits werden rein digitale Formate für bestimmte Erkrankungen und Zielgruppen als ungeeignet angesehen, zudem müssten zumindest Erstgespräche vor Ort im Realkontakt stattfinden (BPtK 2020a, S. 14 f.; Götz 2020). Außerdem sind die Rahmenbedingungen bei Videotherapien schwieriger, etwa aufgrund unzureichender Internetverbindungen (BPtK 2020a, S. 8), eingeschränkter Privatsphäre und mehr Ablenkung im häuslichen Umfeld sowie einem Verlust an Ganzheitlichkeit (Maur 2021). Dennoch: „Insgesamt ging es sehr viel besser als wir dachten. Auch per Video kann es persönlich und intensiv werden – wenn auch nicht so sehr wie im direkten Kontakt", so die Psychotherapeutin Ulrike Lupke (Götz 2020, S. 43). Interessant für den Kontext Jugendhilfe: Gerade im Angebot für junge Menschen ab 13 Jahren entdeckten die Therapeut*innen Potenzial. Es zeigte sich, dass der digitale Zugang Jugendlichen entgegenkommt (BPtK 2020a, S. 16).

Als Fazit der Erfahrungen kann konstatiert werden, dass die Videotherapie nicht für alle Erkrankungsformen und für jeden Menschen geeignet ist und auch keinesfalls als Ersatz für den persönlichen Kontakt herhalten kann (von Ausnahmen abgesehen), aber sie ist zugleich bei vielen Krankheitsbildern ähnlich erfolgreich wie die Therapie vor Ort (Hartmann 2021) und kann als neue Form der Unterstützung und als Ergänzung vielfach gut genutzt werden (Maur 2021). Auch hier wiederum treffen sich Psychotherapie und Jugendhilfe.

Die Parallelen der Entwicklungen der Psychotherapie und der Kinder- und Jugendhilfe sind offensichtlich: nach großer Zurückhaltung kommt es durch die Pandemie zu einem Durchbruch der videobasierten Kontakte und Unterstützungsformen, ebenfalls mit der Erkenntnis, dass mehr möglich ist als zuvor gedacht und dass mit den digitalen Formaten für einige Klient*innen, insbesondere Jugendliche, durchaus mit Vorteilen verbunden sind (Niedrigschwelligkeit, das Erreichen von (neuen) Zielgruppen, ‚Zwischendurch-Kontakte', Kriseninterventionen, Behandlungskontinuität sichern, zum Beispiel bei Wohnortwechsel oder aus berufsbedingten Gründen …).

g. Fazit – Onlineberatung in der Sozialen Arbeit mit Jugendlichen

Es gibt zunehmend Onlineberatungsangebote in verschiedensten Feldern Sozialer Arbeit. Dies ist zu begrüßen, da insbesondere junge Menschen sich schwertun, Beratungsangebote vor Ort aufzusuchen und ländliche Regionen eine mangelhafte Infrastruktur sozialer Unterstützungsangebote aufweisen. Soziale Arbeit muss in den digitalen Räumen entsprechend präsent sein und sich auf die spezifischen Konstellationen einer Beratung einlassen, die nicht Face-to-Face erfolgt. Im günstigen Fall kann eine vertiefende Beratung vor Ort angebahnt werden (Brückenfunktion), um die Vorteile einer Online-Beratung mit den erweiterten Möglichkeiten einer direkten Beratung zu verbinden.

Insgesamt stellt sich der Transformationsprozess hin zu mehr Online-Präsenz und Online-Beratung im Netz (immer noch!) als herausfordernd dar. Insbesondere Finanzierungsfragen und Organisationsformen sind als Problemfelder zu nennen. Zudem gibt es fachlich noch Nachbesserungsbedarfe, etwa beim Erreichen von Zielgruppen, die besondere Unterstützungsbedarfe aufweisen. Hierzu sind die Wege der Ansprache zu überdenken und zu erweitern.

Fachkräfte Sozialer Arbeit sollten Jugendlichen die Optionen digitaler Beratungen als eine Unterstützungsvariante offensiv präsentieren, schließlich erweitert die Onlineberatung das professionelle Handlungsspektrum und bietet für Jugendliche spezifische Vorteile. Vorbehalte gegen eine Beratung, die nicht Face-to-Face erfolgt, sind unangebracht, was schon die Telefonberatung gezeigt hat, die vor der Mediatisierung der Lebenswelten erfolgreich eingesetzt wurde. Andererseits ist auch Onlineberatung keine Patentlösung, Der ‚digital divide' zeigt sich auch bei Onlineangeboten.

Einigkeit herrscht in der Sozialen Arbeit in der Einschätzung, dass Onlineberatung die bestehenden Angebote sinnvoll ergänzen kann, aber ebenso in der Einschätzung, dass tradierte Formen der Beratung und Unterstützung nicht durch Onlinevarianten ersetzt werden können.

Tipps:

Onlineberatungsangebote speziell für Jugendliche

- www.bke-jugendberatung.de (keine Spezialisierung, für alle Fragen und Sorgen)
- www.nummergegenkummer.de/kinder-und-jugendberatung/online-beratung (keine Spezialisierung, für alle Fragen und Sorgen)
- www.jugendnotmail.de (breites Themenspektrum mit dem Schwerpunkt auf psychische und seelische Problemlagen)
- www.Krisenchat.de (breites Themenspektrum)
- www.b2-onlineberatung.de (B2gether: für Jugendliche zu allen Problemlagen)
- www.sextra.de (Fragen zu Partnerschaft und Sexualität)
- www.liebesleben.de/fuer-alle/beratung (HIV und sexuell übertragbare Infektionen, Coming Out ...)
- www.youngwings.de (für trauernde Kinder und Jugendliche bei Verlust eines Angehörigen durch Tod)
- www.da-sein.de (bei Krankheit, Verlust und Trauer)
- www.sofahopper.de (wohnungslose Jugendliche, Straßenkinder)
- www.fem-onlineberatung.de (Beratung für Mädchen und junge Frauen)
- www.hilfe-telefon-missbrauch.online (nicht nur für junge Menschen, Beratung telefonisch oder online)
- www.hilfe-portal-missbrauch.de (für Jugendliche und Erwachsene, Unterstützung telefonisch oder online)
- www.jmd4you.de (Jugendmigrationsdienste: Beratung für jugendliche Migrant*innen zur schulischen, beruflichen und sozialen Integration)
- www.kidkit.de (Beratung und Unterstützung von Kindern und Jugendlichen, die in Familien mit Suchterkrankungen, Gewalt oder psychischen Erkrankungen aufwachsen)
- www.juki-online.de (Beratung von Kindern und Jugendlichen, die von der Inhaftierung eines ihnen bekannten Menschen betroffen sind)

Onlineberatungsangebote für Jugendliche speziell zu digitalen Themen

- www.jugend.support.de (Hilfe bei Stress im Netz)
- www.safe-im-recht.de (Jugendrechtsberatungsstelle zur Sicherheit im digitalen Raum)

Peer-to-peer-Angebote (von Jugendlichen für Jugendliche)

- www.juuuport.de (Jugendliche in Krisensituationen)
- www.u25-freiburg.de (Suizidgedanken, Krisen)
- www.youth-life-line.de (Suizidgedanken, akute Krisen)
- www.lambda.de (Peersupport für lesbische, schwule, bi, trans, queere Jugendliche)

11. Digitale Medien in der stationären Erziehungshilfe

Im Folgenden werden exemplarisch die stationären Einrichtungen der Erziehungshilfe in den Blick genommen. Wie ist es in den Erzieherischen Hilfen mit der Digitalisierung bestellt? Wie reagieren die Einrichtungen und Fachkräfte auf den digitalen Wandel? Wie ist die Ausstattung der Einrichtungen? Gibt es medienpädagogische Konzepte? Wie agieren Fachkräfte in stationären Settings auf digitale Medien(nutzung)? Was wissen sie, was denken sie, wo sehen sie Problematiken und Chancen? Und wie nehmen Jugendliche die Situation vor Ort in den stationären Hilfen das Medienhandeln wahr und sehen sie ihre Bedarfe angemessen berücksichtigt?

Die Hilfen zur Erziehung sind ein sehr bedeutendes Feld in der Kinder- und Jugendhilfe, sowohl was die Zahl der unterstützten Kinder, Jugendlichen und Eltern anbelangt als auch von der Anzahl der dort tätigen Fachkräfte (Fendrich et al. 2021). Die Hilfen werden bewilligt, wenn „eine dem Wohl des Kindes oder des Jugendlichen entsprechende Erziehung nicht gewährleistet ist und die Hilfe für seine Entwicklung geeignet und notwendig ist" (§ 27 Abs. 1 SGB VIII). Zu den Hilfen gehören gemäß §§ 27–35 SGB VIII familienunterstützende Angebote wie die Erziehungsberatung, die Ambulante Familienhilfe, die Erziehungsbeistandschaft/ Betreuungshilfe und die Soziale Gruppenarbeit. Familienergänzend sind die Tagesgruppenangebote. Zu den familienersetzenden Angeboten, die besonders intensiv in der Ausgestaltung der Hilfen sind, zählen die Vollzeitpflege, die Heimerziehung, die Intensive Sozialpädagogische Einzelbetreuung sowie sonstige betreute Wohnformen. Die Eingliederungshilfe nach § 35a SGB VIII kann familienunterstützend sein oder als familienersetzendes Angebot erfolgen (§ 35a Abs. 2 SGB VIII). 2021 erhielten insgesamt 957.603 Menschen in Deutschland erzieherische Hilfen (Tabel et al. 2022), davon wuchsen ca. 122.700 Kinder und Jugendliche in 38.785 Einrichtungen der Erziehungshilfe auf. Weitere 87.300 junge Menschen fanden Aufnahme in einer Pflegefamilie (Statistisches Bundesamt 2022).

Die Kinder- und Jugendhilfe ist aufgefordert, junge Menschen in ihrer individuellen und sozialen Entwicklung zu fördern und dazu beizutragen, Benachteiligungen zu vermeiden oder abzubauen (§ 1 Abs 3, Satz 2 SGB VIII), was in besonderem Maße bei Kindern und Jugendlichen Beachtung finden muss, die außerhalb ihres Elternhauses untergebracht sind. Auch an dieser Stelle ist noch einmal zu betonen, dass es jungen Menschen gemäß § 1 Abs. 2 SGB VIII ihrem Alter und individuellen Fähigkeiten entsprechend zu ermöglichen ist, in allen sie betreffenden Lebensbereichen selbstbestimmt zu interagieren und damit gleichberechtigt am Leben in der Gesellschaft teilzunehmen. Sie haben ein Recht (!) auf Förderung ihrer Entwicklung und auf Erziehung zu einer selbstbestimmten, eigenverantwortlichen und gemeinschaftsfähigen Persönlichkeit (§ 1, Abs. 1 SGB VIII), wozu auch die Teilhabe durch digitale Medien gehört und die entsprechende Befähigung diesbezüglich durch Fachkräfte. Dabei sind individuelle Zugänge, zielgruppenspezifische und partizipative Ansätze sowie kontinuierliche Begleitung und Unterstützung grundlegend.

a. Digitale Medien in der Erziehungshilfe – Ebene der Wissenschaft

Eine Erhebung zum Stand von Studien und Fachartikeln zur Digitalisierung in stationären Settings hat einen hohen Forschungsbedarf aufgezeigt und bei der Recherche „wenig bis keine Ergebnisse" ergeben (Kochskämper et al. 2020, S. 5), gleichwohl lassen sich einige Beiträge zu den Erzieherischen Hilfen finden (Benisch/Gerner 2014; Hundenborn/Sussenburger 2017; Sussenburger 2018; Tillmann 2018; Kochskämper 2020; Schilling et al. 2021; AFET et al. 2021) und Sussenberger stellt fest, dass die Themen der Digitalisierung und Medienbildung auch in den Erzieherischen Hilfen „deutlich an Fahrt aufgenommen" haben (Sussenburger 2018, S. 23). Während sich also Fachartikel zumindest vereinzelt dem Themenfeld Digitalisierung in den Erzieherischen Hilfen widmen, gibt es zugleich immer noch erstaunlich wenig Studien (Steiner 2019, S. 131 f.; Feyer et al. 2020, S. 6; Kochskämper et al. 2020). Eine frühe Detailstudie, auf die vielfach in Beiträgen rekurriert wird, bezog sich auf die Handynutzung in stationären Einrichtungen (Benisch/Gerner 2014). Die erste umfassendere wissenschaftliche Analyse nahm die Studie ‚Medienkompetenz in der Sozialen Arbeit' (Mekis) vor, die 2017 durchgeführt wurde und sich auf stationäre Jugendhilfeeinrichtungen in der Schweiz bezog. Ziel war eine umfassende qualitative Analyse, allerdings haben sich von 742 Einrichtungen lediglich 16,8 Prozent beteiligt, vor allem kleinere Einrichtungen mit weniger als 50 untergebrachten Kindern und Jugendlichen (Steiner et al. 2017, S. 37). Immerhin konnte erstmals ein Einblick in stationäre (schweizer) Jugendhilfeeinrichtungen in Bezug auf die Ausstattung, Medienkompetenzförderung, die Haltungen von Fachkräften und Leistungskräften, die Team- und Einrichtungskulturen und das medienpädagogische Handeln der Fachkräfte gewonnen werden. Befragt wurden 361 Mitarbeiter*innen (ebd., S. 6). In Deutschland befassten sich zuletzt die Uni Hildesheim und die TU Köln von 2019 bis 2022 innerhalb des Projektes DigiPäd 24/7 forschend mit digitalen Medien in der Erziehungshilfeeinrichtungen, jedoch unter einem zum Teil anderen Fokus als die Mekis-Studie und nicht in Form einer quantitativen Gesamtbefragung (Feyer et al. 2022). Beiden Studien gemeinsam ist, dass sie die Sicht der

Fach- und Leitungskräfte beinhalten, in der DigiPäd-Studie wurden zudem in einigen Wohngruppen Befragungen von Jugendlichen durchgeführt.

Die Ergebnisse der Mekis- und der DigiPäd 24/7-Studien verweisen auf Handlungsbedarfe auf verschiedensten Ebenen, zeigen andererseits zugleich, dass die digitalen Herausforderungen grundsätzlich erkannt sind und auch in der Praxis keine „Leerstelle“ (Domes 2016, S. 102) mehr darstellen, wobei der Erkenntnis über die Relevanz der Medien nicht immer Konsequenzen folgen und das Bild sich zwischen den Einrichtungen und selbst innerhalb der Einrichtungen keineswegs einheitlich darstellt.

Die Mekis-Studie zeigt deutlich: In fast allen befragten stationären Einrichtungen (90 %) besteht grundsätzlich ein Zugang zu PCs oder Laptops (ebd., S. 44), was allerdings keine Aussagen über die Nutzungsmöglichkeiten und die Relation zu den untergebrachten Kindern und Jugendlichen zulässt. Deutliche Unterschiede zu Familien zeigen sich bei der Ausstattung mit Spielkonsolen (48 % zu 78 %) und bei Tablets (19 % zu 83 %) (ebd., S. 44). Für eine kreative Mediennutzung, etwa zur Videobearbeitung, bieten 36 Prozent der Einrichtungen entsprechende Software an und 68 Prozent stellen Lernsoftware zur Verfügung (ebd., S. 46). Zugleich besitzen 90 Prozent der Kinder und Jugendlichen Smartphones (ebd., S. 45), womit sie sich ihre Zugänge zur digitalen Welt grundsätzlich sichern können.

In Bezug auf die Eltern der Kinder und Jugendlichen hat die Studie ergeben, dass 72 Prozent der Fachkräfte sich mit den Eltern über die Mediennutzung austauschen und knapp ein Viertel bis ein Drittel der Einrichtungen Absprachen zur Mediennutzung der Kinder und Jugendlichen treffen oder Mediennutzungsverträge abschließen, wobei hervorsticht, dass Einrichtungen mit einem medienpädagogischen Konzept mit 36 Prozent Mediennutzungsabsprachen vornehmen, wohingegen Einrichtungen ohne Konzept nur zu acht Prozent Verträge mit den Eltern absprechen (ebd., S. 70).[2]

In der vom Bundesministerium für Bildung und Forschung geförderten DigiPäd 24/7-Studie (Feyer et al. 2022) werden die Rechte von Kindern und Jugendlichen auf digitale Zugänge und Medienbildung hervorgehoben und ein restriktiver Umgang von Einrichtungen und Fachkräften kritisiert. Ein kinderrechtebasierter Ansatz muss Grundprinzip der medienpädagogischen Ausrichtung von stationären Einrichtungen der Kinder- und Jugendhilfe sein, damit soziale Teilhabe möglich wird und digitale Ungleichheit überwunden werden kann. Die Perspektive der Fachkräfte und Einrichtungen ist hingegen stark auf Gefährdungsaspekte gerichtet, weshalb es zur Ausblendung von Potenzialen sowie (Teilhabe-)Rechten kommt (ebd., S. 12). Die Begründungen der Fachkräfte für Zugangsbeschränkun-

2 Weitere Studienaspekte zur Medienkompetenz der Fachkräfte, zu ihrem subjektiven Erleben, ihrem Handeln und ihrer Haltung sowie der Fortbildungsbedarfe werden an anderer Stelle aufgegriffen (vgl. Kapitel 11c)

gen sehen die Forscher*innen kritisch, da sich die Frage stellt, ob die vorgenommenen Maßnahmen pädagogisch sinnvoll und ob sie zum Schutz der Kinder und Jugendlichen „geeignet, erforderlich und angemessen" sind (ebd., S. 7). Die Autor*innen fordern vielmehr den Schutz dadurch zu gewährleisten, dass die jungen Menschen beteiligt, gefördert und befähigt werden (ebd., S. 6). Innerhalb der Einrichtungen der Hilfen zur Erziehung wird insgesamt nur „bedingt auf die medialen Wandlungsprozesse in den Lebenswelten ihrer Adressat*innen reagiert" (Kochskämper 2020, S. 5).

b. Unzureichende Zugänge zu digitalen Medien

Zwar gibt es kaum gesicherte Kenntnisse über die Ausstattung von stationären Einrichtungen in Deutschland bezüglich digitaler Technik (Knuth 2021, S. 24), doch wird andererseits durch die vielfach geäußerte Kritik von Wissenschaftler*innen, Fachverbänden und jungen Menschen deutlich, dass die technische Ausstattung unzulänglich und der Zugang zudem aufgrund von Reglementierungen erschwert ist (Tillmann 2018, S. 137; AFET et al. 2021). 45 Prozent der Fach- und Leitungskräfte in Einrichtungen bewerten den Digitalisierungsstand (bezogen auf Technik und Wissensstände) in ihrer Einrichtung als nur ausreichend (19 %) oder mangelhaft (26 %) (ACAJU 2020). Bei einer Umfrage in der Sozialwirtschaft finden sich identische Befunde. 45,8 Prozent benennen einen Mangel an Ausstattung mit Hard- und Software als Problem (Klemm 2021, S. 36).

Auch die Autor*innen der DigiPäd 24/7-Studie sehen in stationären Einrichtungen großen Handlungsbedarf zur Überwindung einer bestehenden digitalen Kluft im Vergleich zu Jugendlichen, die in Elternhäusern aufwachsen. Der ‚digital divide' bezieht sich zum einen auf die Ausstattung und zugleich auf die (beschränkte) zeitliche, inhaltliche oder örtliche Zugänglichkeit (Schilling et al. 2021, S. 54; Feyer et al. 2022, S. 5). Den Ausstattungszustand verbunden mit ungenügenden Zugängen bemängeln auch die jungen Menschen, indem sie sich öffentlich beschweren (Landesheimrat Bayern 2020, Kinder- und Jugendhilfe Landesrat Brandenburg 2021).

c. Digitale Medien in der Erziehungshilfe – Ebene der Fachverbände

2021, während der Coronazeit, meldeten sich verschiedene Fachverbände aufgrund der verschärften Situation mit Forderungen für einen Digitalpakt zu Wort, so zum Beispiel das Bundesjugendkuratorium (BJK 2021), der Kooperationsverbund Jugendsozialarbeit (KJS 2021) oder der Bundesjugendring (DBJR 2021).

Speziell zu den Erzieherischen Hilfen äußerten sich die vier Erziehungshilfefachverbände AFET, BVkE, EREV und IGfH in einer gemeinsamen Stellungnahme. Sie kritisieren die aktuelle Lage, identifizieren erhebliche mit der Digitalisierung verbundene Herausforderungen und formulieren Handlungsansätze. Die Verbände weisen darauf hin, dass gerade die ohnehin sozial benachteiligten jungen Menschen in den Hilfen zur Erziehung strukturell weiter ins Hintertreffen geraten, wenn es an ihrem Lebensort an adäquater Unterstützung fehlt und ihnen die Möglichkeiten von Partizipation und Teilhabe an der Gesellschaft durch mangelnden Zugang zu digitalen Medien genommen werden. Deshalb listet das Positionspapier verschiedene Handlungsansätze und Forderungen auf, die sich an die Politik wie an die Fachpraxis der Erzieherischen Hilfen richten (AFET et al. 2021). Die Verbände fordern, die Grundrechte der Kinder und Jugendlichen sicherzustellen, für den Ausbau der technischen Infrastruktur zu sorgen, indem finanzielle Ressourcen zur Verfügung gestellt werden (ähnlich wie beim Digitalpakt Schule), sowie eine kontinuierliche Qualifizierung und Fortbildung der Fachkräfte zu gewährleisten. Dazu stellen sie jeweils einen Maßnahmenkatalog auf. Als hoch bedeutsam wird von den Erziehungshilfefachverbänden erachtet, die jungen Menschen partizipativ in allen Fragen der Digitalisierung einzubeziehen, ihnen barrierefreie Zugänge zu ermöglichen und ihre Interessen und Belange ernst zu nehmen, was unter anderem in einem medienpädagogischen Konzept seinen Niederschlag finden sollte (ebd.).

i. Digitale Medien in der Erziehungshilfe – Ebene der Leitungskräfte

In Bezug auf die notwendigen strategischen Ansätze zur digitalen Transformation der Einrichtungen Erzieherischer Hilfen (sowie anderer Felder der Kinder- und Jugendhilfe) sind die Prozesse systematisch anzugehen und ihnen ist eine hohe Priorität einzuräumen. Bislang finden derartige Prozesse auf der fachlichen wie der Organisationsebene immer noch zu wenig Berücksichtigung (Kreidenweis 2019), auch wenn sich Bewegung aufgrund des entstandenen Drucks durch die fortschreitende Digitalisierung und in Folge der Coronapandemie zeigt (Gravelmann 2022a; Klemm 2021).

Wie weitgehend die Herausforderungen sind, beschreibt Kreidenweis, wenn er betont, dass die Einrichtungen der Kinder- und Jugendhilfe bei digitalen Veränderungsprozessen oft noch intern genutzte einfache Informationstechnologien wie Dokumentationssysteme oder digitale Kalender meinen (Kreidenweis 2019, S. 236). Dieses Denken in eng begrenzten Kategorien entspricht in keinster Weise den umfänglichen Möglichkeiten und Erfordernissen notwendiger Transformationsprozesse, allein schon deshalb nicht, weil die Klient*innen Sozialer Arbeit Veränderungen einfordern. Die (junge) Klientel erwarte, dass sich Soziale Organisationen neu aufstellen, indem sie beispielsweise datensichere Kommunikationswege über entsprechende Messengerdienste und soziale Medien nutzen, Onlineberatung anbieten, E-Learningmodelle in Bildungsmaßnahmen einbeziehen oder mit virtueller Realität arbeiten (ebd., S. 238).

Ohne dass die Einrichtungsleitungen sich des Themas als bedeutende Führungsaufgabe annehmen und den Veränderungsprozess den Mitarbeitenden gut vermitteln und sie umfänglich beteiligen, wird die fachlich-digitale Umgestaltung nicht gelingen (Maier-Suska 2019, S. 51). In eine Steuerungsgruppe sind IT-Fachleute, pädagogische Fachkräfte der Einrichtung und Jugendliche einzubinden, ggf. auch weitere relevante Personen. Der Umsetzungsprozess erfordert eine kontinuierliche und längerfristige Perspektive, zugleich muss akzeptiert werden, dass der Prozess der digitalen Transformation ein nie endender sein wird, da die Dynamik der digitalen Veränderungen fortlaufend ist.

Bei einer Digitalstrategie sind seitens der Führungskräfte unterschiedliche Prozessebenen zu bedenken (Sussenburger 2018; Graf/Hagen 2019). Für den fachlichen Veränderungsprozess ist zum einen eine Bestandsaufnahme notwendig, die aufzeigt, wo die Einrichtung steht, wie der Medienumgang in den Gruppen ist, wie die Haltung der Pädagog*innen sich darstellt, was die Anliegen der Kinder und Jugendlichen sind, ob und ggf. welche medienpädagogischen Regelungen und Konzepte es gibt, wie es um die technische Ausstattung bestellt ist u. a. m. Des Weiteren benötigen die Einrichtungen Medienkonzepte, Arbeitshilfen (beispielsweise zu rechtlichen Fragen oder Projektideen), Informationen zu den vielfältigen Unterstützungsangeboten im Netz und Verfahrensanweisungen für Fachkräfte, etwa wenn es zu Fällen von Cybergrooming, Cybermobbing, Sexting oder anderen kritischen oder strafbaren Handlungen kommt. Ebensolche Leitlinien sind für und mit Kindern und Jugendlichen zu erstellen. Für die Unterstützung im pädagogischen Alltag sowie für die Konzeptionierung von Medienkonzepten, Leitlinien, Arbeitshilfen und Verfahrensanweisungen bieten das Internet und die Fachliteratur vielfältige Anregungen, die zur Unterstützung herangezogen werden können. Die Erarbeitung bzw. Bearbeitung des Medienkonzeptes sollte mit allen Menschen der Einrichtung erfolgen und im besten Fall eine gemeinsame Haltung wiedergeben. Zudem sollten die Eltern und Sorgeberechtigten in die Überlegungen mit einbezogen werden, zumindest ist ein ausreichender Informationsfluss zu gewährleisten, damit Elternhaus und Einrichtung sich in Bezug auf die Mediennutzung der Kinder und Jugendlichen nicht konträr verhalten.

Auf der fachpraktischen Ebene sind Austauschformate, Fort- und Weiterbildungsangebote für Mitarbeitende sowie Kinder und Jugendliche anzubieten, die an deren Bedürfnissen orientiert sind. Einzelne Medienprojekte können zusätzlich ein geeigneter Ansatz sein. Hierbei sind die Anliegen der Kinder und Jugendlichen zu berücksichtigen, Projekte könne Gefährdungen aufgreifen oder Schutzbedarfe thematisieren, das Kennenlernen von kreativen Nutzungsoptionen beinhalten oder spezifische Schulungen oder Workshops für die jungen Menschen umfassen bis hin zur Umsetzung von Medien-Scout-Projekten.

Nach Möglichkeit sollten die Einrichtungen Medienbeauftragte ausbilden (lassen), ohne damit die anderen Mitarbeiter*innen von medienspezifischen Inhalten zu entbinden. Kenntnisse über externe Unterstützungsmöglichkeiten durch Medienpädagog*innen sind ebenfalls hilfreich.

Insgesamt sind die Akteure und Akteurinnen Sozialer Arbeit nicht gut aufgestellt, um die Veränderungsprozesse anzugehen, die eine hohe Dynamik beinhalten und daher entsprechend flexible Antworten erfordern. Dafür fehlen in den Einrichtungen bzw. bei vielen Leitungskräften die Kultur und die Strategien sowohl für die organisatorischen als auch fachlichen Veränderungsnotwendigkeiten (Maier-Suska 2019a, S. 44). Der digitale Umgestaltungsprozess ist für Leitungs- wie Fachkräfte zweifelsohne herausfordernd, da verschiedenste Ebenen zu berücksichtigen sind (Graf/Hagen 2019). Widerstände gegen die Transformationsprozesse sind ebenso zu erwarten wie Ermüdungserscheinungen, personelle Veränderungen bei den Fachkräften können ein Problem darstellen, wie der Wechsel der jungen Menschen in den Einrichtungen, finanzielle Grenzen zeigen sich oft ebenso wie unzureichende fachliche Kompetenzen und Vorbehalte in Bezug auf die Mediennutzung oder ethische Fragestellungen können eine Rolle spielen.

Zudem vermischen sich drei Ebenen. Auf der einen Seite stehen die digitalen Veränderungsnotwendigkeiten auf der organisationalen Ebene, wie eine bedarfsgerechte Ausstattung. Dazu zählen Breitbandanschlüsse zur Ermöglichung einer schnellen Internetanbindung, insbesondere in ländlichen Räumen, sowie Hard- und Software, die auf einem aktuellen Stand ist. Zum anderen hat die Digitalisierung Auswirkungen für die Soziale Arbeit als Profession (Stichworte: Veränderung des professionellen Selbstverständnisses, 24-Stunden-Erreichbarkeit, digitale Austausch- und Dokumentationssysteme, Onlineberatung, Technik/KI anstelle von Persönlichkeit und Gesprächen etc.). Und letztlich steht der unmittelbare Umgang mit Medien im Alltag der erzieherischen Prozesse im Fokus (Stichworte: Medienkonzepte, Rechtsfragen, Kenntnisfragen, Bedarfe der jungen Menschen …). Selbstverständlich müssen alle Ebenen in einen Transformationsprozess einbezogen werden. Dazu sind viele Kooperationspartner mit ins Boot zu holen. Die Fachstelle ‚stadtgrenzenlos – Fachstelle für Bildung und Soziale Arbeit in neuen Lebenswelten‘ der Ev. Jugendhilfe Godshorn, einem großen Träger mit 450 Mitarbeitenden, bezog Mitarbeiter*innen aus den Tätigkeitsfeldern Soziale Arbeit, Medienpädagogik, Sozialgeografie, der Betriebswirtschaft und der Technik/Grafik mit ein – darüber hinaus diverse Partner aus Wissenschaft und Praxis (Graf 2019, S. 9 f.). Für den Umsetzungsprozess wurden zudem Fördergelder eingeworben (ebd., S. 10). Es ist daher wenig überraschend, dass insbesondere kleinere und mittlere Träger sich oft noch „im Tal der digital Ahnungslosen“ befinden (Kreidenweis 2019, S. 240). Es mangelt unter anderem an Kompetenzen sowie personellen, zeitlichen und finanziellen Ressourcen für die Gestaltungsprozesse.

ii. Fachkräfte und digitale Medien in der Erziehungshilfe

Die Arbeit mit biografisch belasteten jungen Menschen, die in der Regel eine Kumulation individueller Problemlagen aufweisen, erfordert besonderes Geschick im Austarieren von Schutzaspekten einerseits und der Ermöglichung von Teilhabepotenzialen andererseits. Eine Feststellung, die nicht nur für den Kontext Medien gilt, aber eben auch. Zudem muss differenziert geschaut werden, welche Jugendlichen in welchen Settings untergebracht sind. So macht es einen Unterschied in der Herangehensweise, ob die jungen Menschen eine geistige Behinderung oder Lernbeeinträchtigung haben, ob der Eltern- oder Außenkontakt als förderlich oder als problematisch anzusehen ist, ob sie in geschlossenen Settings untergebracht sind oder nicht u. a. m.

Der Blick auf die Fachkräfte in den Einrichtungen der erzieherischen Hilfen ergibt ein heterogenes Bild bezüglich ihrer Haltungen, Einschätzungen und Handlungsweisen in Bezug auf digitale Medien (Steiner et al. 2017; Feyer et al. 2022; Matthiesen et al. 2023). An anderer Stelle ist bereits auf einige Aspekte eingegangen worden. Weitgehende Übereinstimmungen gibt es in der Wahrnehmung der hohen Relevanz des Themas gerade in der Arbeit mit jungen Menschen, wobei die daraus gezogenen Konsequenzen durchaus variieren. Einigkeit besteht des Weiteren darin, dass Fachkräfte die Mediennutzungsintensität der Kinder und Jugendlichen als problematisch ansehen (Steiner et al. 2017, S. 51). Diese Kritik teilen sie mit den Eltern, die in Umfragen die hohen Medienzeiten ebenfalls problematisieren und als einen der zentralen Punkte benennen, der sie beschäftigt, neben den eingeschränkten Kontrollmöglichkeiten, dem Gruppendruck unter den Kindern und Jugendlichen und der Sorge vor Gefährdungen (Wagner et al. 2016, S. 12 ff.). Weiterhin wird beschrieben, dass Mediennutzungsfragen und die damit verbundenen Regulierungs- und Kontrollmaßnahmen vielfach eine Ursache für Konflikte sind (ebd.).

Auffällig sind nicht nur die differierenden Einstellungen und Einschätzungen der Fachkräfte untereinander, sondern sie zeigen sich ebenso auf der Ebene Leitungs- und Fachkraft. Matthiesen et al. (2023) gehen so weit, dass sie von „maßgeblichen Differenzen“ (ebd., S. 6) in Bezug auf die Digitalisierungsprozesse in Einrichtungen der Sozialen Arbeit (nicht speziell der Erziehungshilfen) sprechen. So bewerten Leitungskräfte die technische Ausstattung deutlich besser als ihre Fachkräfte (ebd., S. 3), ebenso lassen sich Unterschiede in der Einschätzung zur Datensicherheit feststellen, die bei Leitungskräften der oberen Ebene signifikant höhere Zustimmung findet oder bei der Frage, ob die Pandemie zu einem Digitalisierungsschub geführt hat (95 % Zustimmung bei den Leitungskräften, hingegen 72 % bei den Fachkräften) (ebd., S. 4)

Auch die Mekis-Studie, die sich auf stationäre Erziehungshilfesetting bezieht, zeigt signifikante Unterschiede. Fachkräfte in stationären Einrichtungen nehmen die Kultur in der Einrichtung weniger positiv wahr als Leistungskräfte. Führungskräfte sehen eine breitere Akzeptanz von Regeln und eine höhere Übereinstimmung in Haltungsfragen als Fachkräfte, außerdem sind sie der Ansicht, dass jede*r seine*ihre Meinung einbringen kann, zumal es aus ihrer Sicht über Medienfragen einen regelmäßigen Austausch gibt. Aspekte, die bei Fachkräften weniger Zustimmung erfahren (vgl. Steiner et al. 2017, S. 68).

iii. Jugendliche und digitale Medien in der Erziehungshilfe

Die Autor*innen der DigiPäd 24/7-Studie machen in stationären Einrichtungen großen Handlungsbedarf aus, um die bestehende digitale Kluft im Vergleich zu Jugendlichen, die in Elternhäusern aufwachsen, zu überwinden. Die digitale Spaltung zeigt sich bei den Nutzungsweisen und -praktiken (*second digital divide*) ebenso wie bei der unzureichenden Ausstattung und beschränkter Zugänglichkeit (*first level digital divide*), da es in stationären Settings rechtliche, zeitliche, inhaltliche oder örtliche Beschränkungen gibt (Schilling et al. 2021, S. 54). Was sagen Jugendliche stationärer Hilfen? Der Landesheimrat Bayern spricht immerhin auch von stationären Einrichtungen, die technisch „bestens" ausgestattet sind und „hervorragende medienpädagogische Konzepte" aufweisen (Landesheimrat Bayern 2020, S. 1), benennt ansonsten jedoch Kritikpunkte, wie sie ebenso die wenigen anderen Stimmen äußern, die sich in der Fachliteratur finden. Die jungen Menschen beklagen vorrangig die mangelnde technische Ausstattung in stationären Settings, sehen aber zudem bei den Kompetenzen der Fachkräfte Entwicklungsbedarf und sie vermissen medienpädagogische Konzepte sowie den Schutz der Privatsphäre (Pförtner 2022; Kinder- und Jugendhilfe Landesrat Brandenburg 2021; Landesheimrat Bayern 2020; Erhard 2018). Eine Careleaverin beschreibt drastisch und anschaulich ihre Erfahrungen:

> „Und dann gibt es da in meinen Augen die Inseln der Jugendhilfe im Ozean der Gesellschaft, auf denen Personal arbeitet, das häufig eine totale Aversion gegen die Digitalisierung zu haben scheint. Aus Gemütlichkeit heraus oder unter Ausblendung der Tatsache, dass Jugendhilfe darauf vorbereiten soll, später mündig zu sein und mit den an Bürger_innen herangetragenen Herausforderungen auch klarzukommen, wird dann entschieden, dass dieses weite Feld in der Erziehung entweder ausgeklammert wird oder nur sehr oberflächlich an veralteten Rechnern geübt wird" (Erhard 2018, S. 132).

Zudem kritisiert sie das hohe Maß an Kontrolle und die Eingriffe in die Privatsphäre, sodass sie für sich Wege suchte und fand, um ungestört und unbeobachtet Freundschaften zu pflegen und im Internet zu surfen (ebd., S. 133).

iv. Forschungen und Projekte zu digitalen Medien in den Erzieherischen Hilfen

Die Bedarfe in den Einrichtungen der Erziehungshilfe und bei den Fachkräften sind evident. Einzelne durch Bundes- oder Landesmittel oder andere Organisationen geförderte Projekte versuchen darauf zu reagieren.

Deutlich erkennbar ist Schub durch die Pandemie, wovon einige Beispiele zeugen: Die Bertelsmann Stiftung hat eine Online-Konsultation mit der Frage durchgeführt, wie die Jugendhilfe neue Kommunikations- und Zugangswege finden, erproben und ausbauen kann (Bertelsmann Stiftung 2020). Die Diakonie RWL wird fünf Jahre von der Aktion Mensch gefördert, um ein E-Partizipationsprojekt unter Beteiligung der Jugendlichen in den stationären Hilfen durchzuführen, bei dem die Kinderrechte- und Beschwerde-App ‚Justy' entwickelt werden soll (Bild 2023). Das Institut für Sozialpädagogische Forschung Mainz (ISM) führt zusammen mit dem Erziehungshilfefachverband IGfH und dem Deutschen Institut für Jugendhilfe und Familienrecht e. V. (DIJuF) von 2021 bis 2024 ein vom BMFSJF gefördertes Projekt unter dem Titel ‚JAdigital' durch. Schwerpunktmäßig soll die Digitalisierung in den Jugendämtern in den Blick genommen werden, jedoch werden zudem umfängliche Informationen zur Digitalisierung und Kinder- und Jugendhilfe auf der im Juli 2023 freigeschalteten Homepage präsentiert (www.digitalejugendhilfe.de). In Rheinland-Pfalz hat der Jugendhilfeausschuss ein Projekt zur Entwicklung und Erprobung innovativer digitaler Beratungs- und Unterstützungskonzepte für den Erstkontakt in den Hilfen zur Erziehung aufgelegt, welches vom Land für 18 Monate gefördert wird, und der Paritätische NRW hat unter Mitarbeit von Fachkräften eine Arbeitshilfe zum digitalen Wandel in den Hilfen zur Erziehung erstellt (Längsfeld/Schweinsberg 2021). Erfreulich sind die Kooperationen zwischen Hochschulen und Einrichtungen sowie die Beteiligung der Fachkräfte. Junge Menschen werden jedoch weiterhin zu wenig einbezogen.

Diese Projekte sind sinnvoll und ein weiterer Schritt in die richtige Richtung, allerdings angesichts der großen Herausforderungen und der Vielzahl an Erziehungshilfeeinrichtungen bei Weitem nicht hinlänglich. Vor allem ist wichtig, dass eine Verstetigung und Ausweitung derartiger Ansätze stattfindet, der Transfer in die Jugendhilfeszene gelingt und dass für Leitungskräfte spezifische Unterstützung bei den anstehenden Transformationsprozessen zur Verfügung steht.

Es existieren über die projektbezogenen Forschungen und Unterstützungsansätze hinaus einige Angebote, die seit vielen Jahren finanziert werden und entsprechende Kontinuität gewährleisten können.

Die Landesstellen für Jugendschutz, die in vielen Bundesländern jeweils unter spezifischen Namen firmieren (www.jugendschutzlandesstellen.de/landesstellen_jugendschutz.html), sind ein positives Beispiel. Einige Landesstellen halten auch Angebote speziell für Einrichtungen der Erziehungshilfe vor, so die Landesstelle Jugendschutz Baden-Württemberg, die schon früh ein Peer-to-peer-Medienscoutprojekt initiierte (Blaich / Wegener 2014; Blaich 2015), die Unterstützung bei der Entwicklung eines medienpädagogischen Konzeptes in stationären und teilstationären Einrichtungen der Jugendhilfe anbietet und zudem Fortbildungs- und Schulungsangebote für Mitarbeiter*innen ambulanter Hilfen konzipiert. In Schleswig-Holstein wird in einem Tandem-Projekt der Aktion Kinder- und Jugendschutz (AKJS) angeboten, gemeinsam mit Bewohner*innen und Fachkräften aus Wohngruppen ein medienpädagogisches Konzept zu entwickeln (Tondorf 2021).

Das 2015 entstandene Praxisprojekt ‚PowerUp – Medienpädagogik und Erziehungshilfe in NRW' begleitet Einrichtungen der Erziehungshilfe, indem Fachkräften Beratung und Fortbildungen zu medienpädagogischen Ansätzen, insbesondere in Bezug auf die Entwicklung von Medienkonzepten und zu Haltungsfragen, unterbreitet werden (Hundenborn / Sussenburger 2017).

Das Projekt ‚Grenzenlos', existiert seit 2014. Seitdem wurden eine Vielzahl von medienpädagogischen Praxisprojekten durchgeführt, beispielsweise für junge Geflüchtete oder Careleaver*innen. Zudem werden unter anderem zertifizierte Ausbildungen zu Digitalpädagog*innen angeboten, die aus einem Curriculum von zehn Modulen mit insgesamt 80 Fortbildungsstunden bestehen. Es gibt des Weiteren Angebote zur Entwicklung einer Digitalstrategie in Einrichtungen der Erziehungshilfe und Medienscoutprojekte (www.stadtgrenzenlos.de).

Die Projekte zeigen, dass einige begrüßenswerte Ansätze durchaus schon relativ frühzeitig entwickelt wurden und dass durch die Pandemie weitere Projektideen entstanden sind, um neue Impulse und Ideen für die Erzieherischen Hilfen zu generieren und die bestehenden Bedarfe zumindest ansatzweise abzudecken. In Verbindung mit einer Zunahme von Fortbildungsangeboten, immer mehr informativen Internetseiten und Fachveröffentlichungen, Arbeitshilfen etc. kann zumindest von Fortschritten gesprochen werden, nicht nur in Bezug auf die Erzieherischen Hilfen, sondern für die gesamte Kinder- und Jugendhilfe. Es bleibt abzuwarten, ob die Förderungen über die Pandemiezeit hinausgehen – angesichts zunehmender Kürzungen und Sparvorgaben beim Bund, den Ländern und den Kommunen bedingt durch die Mehrausgaben während der Krisen der letzten Jahre (Corona, Flucht, Kriegsfolgen) sind Zweifel angebracht.

v. Projektangebote zu digitalen Medien für Jugendliche in den Erziehungshilfen

Bei Digital-Projekten, die sich an die Jugendlichen selbst wenden, ist bedeutsam, dass die Projekte an den Interessen der Kinder und Jugendlichen ansetzen und ausreichend Spielraum für eigenständiges (Nach-)Denken, eigene Ideen, selbstständiges Experimentieren und Handeln bieten. Medienangebote sind jedoch eher selten auszumachen (Tillmann 2017, S. 97) und kaum in medienpädagogische Projekte integriert, sondern oft abhängig von den Interessen und den Kenntnissen der Pädagog*innen in den Einrichtungen. Dabei gibt es eine Vielzahl von potenziellen Einzelprojekten zu unterschiedlichsten Medienthemen, die mit den Kindern und Jugendlichen durchgeführt werden können, etwa allgemein zu Medienkompetenzen oder zu spezifischen Aspekten wie Cybermobbing, Algorithmen, Fake News etc. Auch das Erstellen von Filmen oder Erlernen von Programmieren wären als Optionen zu nennen. Im Reallabor ‚AI4U' (englisch: Artificial Intelligence for you) wurde beispielsweise gemeinsam mit Jugendlichen eine auf Künstlicher Intelligenz basierende Smartphone-App zur Gesundheitsförderung entwickelt (Hiller et al 2023).

Zu Projekten mit Kindern und Jugendlichen finden sich Beispiele im Netz und in Fachzeitschriften oder es können externe Angebote etwa der Medienstellen aufgegriffen werden, die zum Teil sogar kostenlos zur Verfügung stehen. Ein Ansatz, der Fachkräfte und Jugendliche gemeinsam in ein längerfristiges Projekt einbindet, ist die Entwicklung von Medienscout-Konzepten: Peers unterstützen Peers in Medienfragen (u. a. Blaich 2015; Blaich / Wegener 2014).

d. Medienpädagogische Konzepte

Medienpädagogische Konzepte enthalten oft ein Leitbild der Einrichtungen zu digitalen Medien, das etwa auf den Homepageseiten präsentiert wird. Viele Konzepte thematisieren Medienregelungen für die Fachkräfte (z. B. zum Umgang mit dem Privathandy, der Erreichbarkeit, der Präsenz in sozialen Netzwerken etc.), zudem können die Konzepte Zuständigkeitsregelungen beinhalten sowie Absprachen in Bezug auf Eltern oder Externe. Vor allem Leitlinien zum Umgang mit Medien sind von zentraler Relevanz (Steiner et al. 2017, S. 64 f.). Die medienpädagogischen Leitlinien haben zum Ziel, Kinder und Jugendliche bei der Mediennutzung zu begleiten und sie zu einem reflektierten Gebrauch von Medien zu befähigen. Die Konzepte sollten sowohl die Chancen als auch die Risiken der digitalen Mediennutzung beinhalten und zu einem (selbst-)kritischen Umgang der Fachkräfte, Eltern sowie der Kinder und Jugendlichen beitragen. Teilhabe und Befähigung einerseits und Gewährleisten von Schutz vor Gefährdungen andererseits sind elementare Aspekte in einem zu entwickelnden Konzept. Es ist deutlich zu machen, welche Rechte bestehen und zugleich, welche (Schutz-)Regeln notwendig sind. Medienkonzepte können bei der Entwicklung wie bei der Anwendung zu gegenseitigen Lernprozessen beitragen und zu konstruktiv-reflexiven Auseinandersetzungen führen.

Während in der schweizer Mekis-Studie alle beteiligten Einrichtungen angeben, Nutzungsregeln aufgestellt zu haben, existieren medienpädagogische Konzepte hingegen nur in 54 Prozent der stationären Einrichtungen (Steiner et al. 2017, S. 63). Für Deutschland liegen keine Kenntnisse vor, aber die Zahlen dürften eher noch darunter liegen, wenn man die kritischen Einschätzungen als Grundlage nimmt, die sich in der Literatur finden (z. B. Domes 2016, S. 102; Tillmann 2018, S. 137). Dabei macht die Mekis-Studie die positiven Auswirkungen von medienpädagogischen Konzepten sehr deutlich: Einrichtungen, die Konzepte erstellt haben, agieren in Bezug auf digitale Medien bewusster und verhalten sich aktiver, indem sie Medienthemen zur Sprache bringen, medienbezogene Projekte anbieten und auch mehr Mediennutzungsvereinbarungen mit Jugendlichen abschließen. Zudem findet eine verstärkte Elternarbeit statt. Insgesamt sind positive Auswirkungen auf die Einrichtungskultur erkennbar (Steiner et al. 2017, S. 63 ff.). Besonders auffällig ist der Befund, dass 44 Prozent der Einrichtungen, die über ein medienpädagogisches Konzept verfügen, die Medienkompetenzförderung in die Bezugspersonenarbeit verankert haben, während dies nur bei sechs Prozent der Einrichtungen ohne Medienkonzept der Fall ist (ebd., S. 65).

Es zeigt sich somit, dass bei Trägern und Einrichtungen, die die Relevanz der Digitalisierung hoch einschätzen und aktiv agieren, die das Handeln der Mitarbeiter*innen absichern und unterstützen, sie motivieren, fordern wie fördern sowie zur Reflexion über Haltungsfragen beitragen, zugleich die Bedürfnisse, Bedarfe und Rechte der jungen Menschen in den stationären Settings mehr Berücksichtigung finden.

Medienpädagogische Konzeptentwicklung sollte unter Einbeziehung möglichst vieler Akteure erfolgen und möglichst zu einem konsensualen Ergebnis kommen, allein schon, um die Wahrscheinlichkeit zu erhöhen, dass das Konzept verinnerlicht und gelebt wird. Dabei zeigt sich in der Mekis-Studie, dass zwar das Team und die Leitungsebene in hohem Maße, aber Kinder und Jugendliche lediglich zu 21 Prozent eingebunden sind. Auch die Beteiligung Externer liegt mit 33 Prozent nur unbedeutend höher, während Eltern quasi überhaupt nicht einbezogen werden (2 %) (Steiner et al., S. 64). Die Zusammenarbeit mit Eltern bezüglich digitaler Medien findet aber immerhin deutlich häufiger statt, wenn ein Konzept vorliegt (ebd., S. 70).

Kritische Stimmen stellen unter anderem den hohen Zeitaufwand für die Erstellung von Medienkonzepten oder Guidelines gerade bei umfänglicher Beteiligung infrage (Gravelmann 2016, S. 22). Dem entgegenzuhalten ist, dass die intensive inhaltliche Befassung der Relevanz des Medienthemas angemessen ist, der

Prozess die Diskussionskultur befördert und zur Entwicklung einer (gemeinsamen) Haltung führt sowie die Handlungssicherheit erhöht.

Allerdings erfordern die schnelllebigen Veränderungen im Kontext von Digitalisierung eine ständige Auseinandersetzung, Reflexion und Anpassung. So hatte ChatGPT längst in den Kinder- und Jugendlichenwelten Eingang gefunden, als Erwachsene die Entwicklung noch staunend zur Kenntnis nahmen. Ziele und Aufgaben sind von den agierenden Personen in der Sozialen Arbeit stets zu überprüfen und weiterzuentwickeln. Dennoch – oder gerade deshalb – ist die Auseinandersetzung mit medienpädagogischen Einrichtungskonzepten geboten und der aufwändige Prozess anzugehen.

i. Social-Media-Guidelines und Regeln als Bestandteil eines Medienkonzeptes

Die in vielen Einrichtungen bestehenden medienpädagogischen Regeln für die Gruppen oder in Form von (Umgangs-/Nutzungs-)Verträgen mit den Jugendlichen und/oder Eltern (Steiner et al. 2017, S. 63 ff.) sind durchaus sinnvoll, aber nicht hinlänglich. Die Regelungen sind zudem nicht selten in verschiedenen Systemen (Jugendhilfe, Schule, Elternhaus) uneinheitlich und variieren zum Teil selbst innerhalb der Einrichtungen je nach Gruppe und/oder Einstellung der Fachkräfte. Entsprechend werden die Regeln von einem Teil der Jugendlichen als uneinheitlich, einschränkend und zudem nicht immer sinnvoll erlebt (Feyer et al. 2022, S. 10).

Auch Social-Media-Guidelines sind sinnvoll, aber stellen nur einen Part eines Medienkonzeptes dar. Social-Media-Guidelines sind eine Art positiv formulierte, im Umfang übersichtliche und sprachlich verständliche ‚Hausordnung' im Umgang mit digitalen Medien. Sie geben Leitungskräften, Mitarbeitenden und Kindern und Jugendlichen Orientierungshilfen, sind als eine Art Leitplanke zu verstehen und bieten Schutz, indem sie zur Verhaltens- und Handlungssicherheit beitragen, indem sie klären, wer, was, wann tun darf oder eben nicht darf. Sie stellen weder einen Verbotskatalog dar (dann wären sie missverstanden), noch können sie ein medienpädagogisches Konzept für die Einrichtung ersetzen, sondern sind Teil desselben oder der Anlass, ein weitergehenden Medienkonzept auszuarbeiten.

Tipps:

- Es gibt eine breite Palette an Organisationen, die Unterstützung bieten, beispielsweise die Landesjugendschutzstellen, medienpädagogische Einrichtungen wie die Landesmedienzentralen sowie spezifische Projekte. Angeboten werden medienpädagogische Praxisworkshops, Inhouse-Schulungen, Elterninformationsveranstaltungen oder Projekte mit den Jugendlichen selbst. Zudem existieren einige Peer-to-peer-Modelle. Sinnvoll ist es außerdem, von den Erfahrungen anderer zu profitieren, etwa bei der Entwicklung von Social-Media-Guidelines (Gravelmann 2016, 2016a) oder Medienkonzepten, Digitalisierungsstrategien oder Projekten. Selbstverständlich kann auch auf diverse kommerzielle Unterstützungsangebote zurückgegriffen werden.
- Die Broschüre „Jugendhilfe im Zeitalter von Smartphones und Social-Media" enthält eine Vielzahl kritisch-reflexiver Fragen in Bezug auf digitale Medien in Einrichtungen der Erziehungshilfe: Jung, Björn-Christian (2019): Jugendhilfe im Zeitalter von Smartphones und Social-Media. Diakonisches Werk Rheinland-Westfalen-Lippe e. V./Evangelischer Fachverband für Erzieherische Hilfen RWL • www.diakonie-rwl.de/sites/default/files/aktuelles/diakonie-handreichung-jugendhilfe-neue-medien-web.pdf
- Zur einfachen Erstellung von Mediennutzungsverträgen gemeinsam mit Kindern bietet die Website www.mediennutzungsverträge.de gute Vorlagen, die individuell angepasst werden können. Die Webseite ist für Jugendliche hingegen weniger geeignet.
- Medienpädagogische Konzepte: Schmid, Magdalene/Luginbühl, Monika (o. J.): Leitfaden zum Erarbeiten eines medienpädagogischen Konzepts in stationären Einrichtungen der Jugendhilfe • www.mekis.ch/leitfaden.html
- Ein Beispiel für ein Medienkonzept einer Jugendhilfeeinrichtung • www.jugendhilfe-olsberg.de/files/jugendhilfe-olsberg/dokumente/angebote/Medienp%C3%A4dagogisches%20Konzept_I_neu_formatiert_ohne_Grafiken_3_TKla.pdf
- Für Leitungskräfte: „Medienkompetenz in sozial-, heil- und sonderpädagogischen Institutionen. Leitfaden zur Standortbestimmung". Die Broschüre enthält unter anderem übersichtliche Fragen zu Medienkompetenzen in der Einrichtung und richtet sich an Leitungskräfte • www.mekis.ch/literatur.html

e. Fazit zum Umgang mit der Digitalisierung in stationären Einrichtungen

Die Fachkräfte wie die Einrichtungen stationärer Erziehungshilfen stehen angesichts der enormen Veränderungsdynamik im Zusammenhang mit den Digitalisierungsprozessen vor großen Herausforderungen.

Bedingt durch die Coronapandemie gab es deutlich erkennbare Veränderungen in den Einrichtungen und bei den Leitungs- und Fachkräften, die mit einer erheblichen Beschleunigung der Implementierung digitaler Ausstattungen sowie fachlicher Entwicklungsprozesse verbunden waren (Kochskämper

2020; Klemm 2021; Gravelmann 2022a; AGJ-Podcast 2022; Matthies et al. 2023, S. 73 f.). Die Krise zwang die in der stationären Erziehungshilfe Tätigen, sich mit digitalen Medien auf verschiedensten Ebenen verstärkt auseinanderzusetzen – bei technischen Ausstattungen angefangen über das Mediennutzungsverhalten der Kinder/Jugendlichen/Eltern bis hin zur Entdeckung und Nutzung von digitalen Möglichkeiten durch die Fachkräfte und Einrichtungen, die bis dato keine Rolle spielten. Die Potenziale digitaler Medien wurden plötzlich von vielen Mitarbeitenden und Führungskräften erkannt, in die Arbeitsprozesse integriert und als Lösung vieler Probleme wahrgenommen. Die neuen Erfahrungen haben sich auch förderlich auf die Auseinandersetzung der Fachkräfte mit dem Mediennutzungsverhalten der von ihnen betreuten jungen Menschen ausgewirkt (Kochskämper 2020).

12. Digitalisierung in der einrichtungsbezogenen Offenen Kinder- und Jugendarbeit

Der Fokus des nachfolgenden Kapitels liegt auf den Häusern der Offenen Kinder- und Jugendarbeit, Angebote, die speziell Jugendliche (und Kinder) ansprechen und erreichen sollen. Sind in diesen Häusern der Jugend angesichts der zunehmend genutzten virtuellen Räume Veränderungen erkennbar? Warten Sozialarbeitende in den einrichtungsbezogenen Standorten auf Interessierte, die die Offene Kinder- und Jugendarbeit in Anspruch nehmen oder sind sie auch ‚on' und in den Lebenswelten der jungen Menschen zu finden, suchen sie dort Anknüpfungspunkte, werben sie dort für ihre Angebote?

Im Bericht zum Modellprojekt ‚Qualitätsentwicklung der Jugendarbeit in Niedersachsen im Rahmen der Landesjugendhilfeplanung', das von 2016 bis 2018 stattfand, tauchen Digitalisierung und Medien nur an wenigen Stellen als Begriffe auf, inhaltlich spielen sie keine Rolle (Berger-Nowak et al. 2020). Das Dokument kann als exemplarisch angesehen werden, denn erst durch die Pandemiezeit kommt es auch in der Kinder- und Jugendarbeit zu massiven Veränderungen und die Diskussion über Digitale Medien nimmt erheblich an Fahrt auf. Ähnlich wie in allen anderen Feldern der Sozialen Arbeit/der Kinder- und Jugendhilfe wird das Thema schlagartig ‚das' zentrale Thema, als ‚das' Entwicklungsfeld (auch) für die Kinder- und Jugendarbeit entdeckt. Die mangelnde technische Ausstattung rückt dabei ebenso in den Fokus wie die fehlenden fachlichen Konzepte und die Erkenntnis über Potenziale wie Grenzen der Digitalisierung für die Kinder- und Jugendarbeit.

Der 15. Kinder- und Jugendbericht spricht von einer Jugend, der kaum „unverzweckte Räume" (Deutscher Bundestag 2017, S. 471) für ihre Entwicklung zur Verfügung stehen. Orte der Offenen Kinder- und Jugendarbeit gehören zu den wenigen Optionen, die diese bieten können, ebenso die digitalen Welten. Diese beiden ‚Räume' scheinen im Widerspruch zu stehen. Wer zuhause digital gebunden ist, kann nicht real in den Offenen Jugendhäusern zugegen sein. Dennoch besteht die Notwendigkeit, die Verbindung zwischen der Offenen Jugendarbeit und den digitalen Jugendwelten herzustellen, denn umgekehrt bestehen sie auf jeden Fall. Jugendliche, die die Jugendhäuser aufsuchen, bleiben ‚on' und über ihr Smartphone in Verbindung zur virtuellen Welt. Auch in diesem Feld Sozialer Arbeit gilt es, junge Menschen dort abzuholen, wo sie sich aufhalten. Allerdings ist es das Wesen der Kinder- und Jugendarbeit, freiwillige Angebote zu unterbreiten, sodass selbst in der Coronazeit, als die Zugangsmöglichkeiten zu den Jugendhäusern sehr beschränkt waren, einige Fachkräfte bei einer Befragung in Hamburg angeben, im aktiven Aufsuchen einen Widerspruch zu den Prinzipien und Handlungsmaximen der Kinder- und Jugendarbeit zu sehen (Voigts 2020, S. 10).

a. Wofür steht die Offene Kinder- und Jugendarbeit?

Kinder- und Jugendarbeit umfasst laut §11 SGB VIII für Mitglieder bestimmte Angebote, die Offene Jugendarbeit und gemeinwesenorientierte Angebote. Bei allen Schwerpunkten der Jugendarbeit, die das Gesetz auflistet, gilt es, an den Interessen der jungen Menschen anzuknüpfen. Der hohe Grad partizipativer Einbindung wird zudem deutlich, da der Gesetzgeber von der Jugendarbeit erwartet, dass Jugendliche durch Mitbestimmung und Mitgestaltung zur Selbstbestimmung befähigt werden (ebd.). Außerdem sollen junge Menschen zu gesellschaftlicher Mitverantwortung und sozialem Engagement angeregt und hingeführt werden (§11 SGB VIII, Abs. 1).

Damit die Jugendlichen und Heranwachsenden diese Entwicklungsräume nutzen können, hat die Jugendhilfe den Auftrag, jungen Menschen die zur Förderung ihrer Entwicklung erforderlichen Angebote der Jugendarbeit durch Verbände, Gruppen und Initiativen der Jugend, von anderen Trägern der Jugendarbeit und den Trägern der öffentlichen Jugendhilfe zur Verfügung zu stellen und dabei auch die Zugänglichkeit und Nutzbarkeit der Angebote für junge Menschen mit Behinderungen sicherzustellen (§11 SGB VIII, Abs 1 und 2).

Entsprechend sind Angebote der Offenen Kinder- und Jugendarbeit (OKJA) vom Zugang und von den Nutzer*innengruppen offen, sie leben von der Freiwilligkeit der Inanspruchnahme und der „Unverzweckheit", sie ermöglichen non-formale Bildungsprozesse und OKJA bietet den Jugendlichen Freiräume, Rückzugsräume, Gestaltungsräume und Erfahrungsräume durch selbstbestimmtes Agieren und Ausprobieren. Jugendliche können Kontakte anbahnen oder sich einfach zum ‚chillen' zurückziehen. Es steht den Nutzer*innen frei, unterbreitete Freizeit- oder Beratungs- und Unterstützungsangebote der Pädagog*innen der Jugendhäuser anzunehmen oder abzulehnen. Viele Parallelen zu digitalen Räumen werden offensichtlich, die ähnliche oder gleiche Funktionen für junge Menschen haben: von der Freiwilligkeit der Inanspruchnahme, der Selbstbestimmtheit und der Autonomie des Handelns über Gelegenheiten der Freizeitgestaltung, über die virtuellen Räume als Orte der Selbstdarstellung, der Persönlichkeitsbildung bis hin zu den Möglichkeiten der Kontaktherstellung zu Gleichaltrigen oder der Inanspruchnahme von Beratungsangeboten. Somit ist durchaus eine gewisse Konkurrenz von der OKJA und dem Word-Wide-Web auszumachen.

Es können zwei Ansätze digitaler Arbeit in der Offenen Kinder- und Jugendarbeit unterschieden werden: zum einen die medienbezogenen Angebote innerhalb der Einrichtungen und zum anderen die Nutzung der Medien für Zugänge in den digitalen Raum der Jugendlichen.

b. Mediennutzung innerhalb der Einrichtungen der Offenen Tür

Im Alltag der Jugendzentren und Jugendtreffs stehen Medienthemen aus Sicht der Fachleute neben lebenspraktischen Kompetenzen/Alltagskompetenzen ganz oben an (Kolbe et al. 2021, S. 467). Jugendarbeit hat die Bedeutung von Medien schon immer bedacht, die Medienaffinität junger Menschen aufgegriffen und medienvermittelte Angebote unterbreitet. Klassische Beispiele: das Fotolabor oder der Filmabend im Jugendzentrum. Die Fotolabore sind heute ungenutzt und auch der Reiz der Filmabende hat nachgelassen. Frühzeitig ist eine Neuorientierung unter Einbezug der digitalen Medien beispielsweise in Form von LAN-Partys erfolgt. Heute sind in Jugendzentren teilweise Internetcafés vorzufinden, Spielkonsolen stehen zur Verfügung, Medienprojekte werden durchgeführt oder Gamingveranstaltungen werden angeboten. Um Jugendliche für die Offene-Tür-Angebote zu gewinnen, können insbesondere digitale Spiele oder E-Sport wichtige Zugänge sein, da sie an ihre Lebenswelt und ihre Interessen anknüpfen (u. a. Maurer et al. 2023 und Kapitel 4b sowie 4e).

Jugendarbeit kann Räume bieten, in denen sich junge Menschen in pädagogischen Rahmungen mit digitalen E-Sport/Spielewelten befassen und austauschen. Beim E-Sport ist eine Kooperation mit Sportvereinen ebenso denkbar wie in Jugendeinrichtungen durchgeführte E-Sportturniere, Stadt-(Dorf-)Meisterschaften oder gemeinsam angeschaute E-Sportereignisse. Zugleich gibt es Problematiken und Gefährdungen, die die Fachkräfte über die Spiele bzw. den E-Sport ggf. aufgreifen können, beispielsweise exzessives Spielen, die beim E-Sport und im Spiel vermittelten Rollenbilder, Sexismus und Diskriminierung, die Beeinflussungsmöglichkeiten etwa durch radikale Islamist*innen und Rechtsextreme oder andere jugendgefährdende Inhalte. Auch können potenzielle Konflikte mit den Eltern, die sich gerade im Zusammenhang mit Computerspielen immer wieder entzünden, oder allgemeine Aspekte der Mediennutzung angesprochen werden. Die digitalen Spiele bzw. der E-Sport bieten somit neben dem hohen Unterhaltungswert, der von Fachkräften als Wert an sich anerkannt werden sollte, auch gute Anknüpfungspunkte, um jungen Menschen Gelegenheitsorte für einen Austausch untereinander wie mit Pädagog*innen zu bieten, sie in ihrer Persönlichkeitsentwicklung zu unterstützen, präventiv Jugendmedienschutz zu betreiben oder einen Einstieg in andere Medienthemen zu ermöglichen. Und wenn der Zugang zu den Jugendlichen gelungen ist, können die Fachkräfte die Heranwachsenden vielleicht auch für nicht-digitale Freizeitgestaltungen im Rahmen der Offenen Jugendarbeit gewinnen.

Wie schon in anderen sozialen Arbeitsfeldern deutlich geworden ist, stellt sich auch bei der Offenen Kinder- und Jugendarbeit die Frage nach (nicht) vorhandenen Kompetenzen bzw. Fortbildungsbedarfen.

c. Digitale Medien als Option der Raumerweiterung

Neben den Aktivitäten mit digitalen Medien innerhalb der Jugendhäuser ist auf einer zweiten Ebene digitale Jugendarbeit als eine Variante von Jugendarbeit zu verstehen, die sich ‚nach außen' wendet, die neben den stationären Häusern und dem realen Sozialraum, den virtuellen Raum einbezieht. Die Bundesarbeitsgemeinschaft der OKJA sieht die Einrichtungen und Fachkräfte bezüglich digitaler Jugendarbeit erst am Anfang stehen, da Konzepte noch zu entwickeln und medienpädagogisches Know-How noch aufzubauen ist (BAG OKJE + KV OKJA 2021, S. 2). Während der Pandemiezeit habe sich die OKJA aber „sehr experimentierfreudig, kreativ, lernbereit und netzwerk-orientiert" gezeigt, woran es anzuknüpfen gelte (ebd.). Es fanden erhebliche Entwicklungs- und Lernprozesse im Zeitraffer statt.

Die Coronapandemie hat neue Zugänge erzwungen und ein offensives Herangehen und ein Agieren in den Sozialräumen (z. B. Walk & Talk) wie den digitalen Räumen erfordert, da die Jugendhäuser zeitweilig geschlossen oder ihre Vor-Ort-Angebote nur eingeschränkt möglich waren. Die Fachkräfte kreierten und organisierten digitale Sport,- Bastel-, Tanz- oder Kochevents oder Gamingturniere und boten Video-Live-Chats und Online-Beratung wie digitale Nachhilfe. Es wurden Social-Media-Kanäle bespielt und Messenger genutzt, um den Kontakt zur Klientel zu halten, wobei die Kontaktaufnahmen offensiv erfolgten (zum Teil nach vorheriger Einwilligung der Eltern), u. a. m. (Voigt 2020).

Erschwert wurden digitale Formate durch eine ungenügende Ausstattung der Jugendzentren und -treffs. So gaben bei einer Befragung in Hamburg nur 31 Prozent der Mitarbeiter*innen an, ein Diensthandy zu haben, Laptops oder PCs standen nur in 56 Prozent der Einrichtungen zur Verfügung (ebd., S. 9). Ein weiteres, seit vielen Jahren ungelöstes Problem, ist der Spagat zwischen der Datenschutzgewährleistung einerseits und niedrigschwelligen Zugängen durch digitale Ansprache über die Standardmessenger oder über Social-Media – auch das ist kein Spezifikum der OKJA, sondern in allen sozialpädagogischen Feldern ein Problem. Während der Coronazeit wurde die Priorität in Richtung der Erreichbarkeit verschoben, um die jungen Menschen in der Krisenzeit unterstützen zu können (ebd., S. 9; Zumbrägel 2020, S. 38). 77 Prozent der Einrichtungen der OKJA nutzten Social-Media-Kanäle und Messengerdienste (Voigt 2020, S. 9). Bereits vor der Pandemie agierten Einrichtungen und Fachkräfte der Kinder- und Jugendhilfe (also nicht nur in der OKJA) ambivalent. 40 Prozent der Einrichtungen haben die Nutzung der Messengerdienste verboten, ebenso viele duldeten diese nicht datenschutzkonformen Anwendungen, 17 Prozent erlaubten sie unter bestimmten Bedingungen. Somit wird vielfach stillschweigend ein nicht legaler Weg beschritten, der pragmatischen Erwägungen folgt und den Datenschutz hintenanstellt (Klein 2019, S. 3).

Die Studie in Hamburg zur Offenen Kinder- und Jugendarbeit zur Coronazeit ergab, dass vor allem Jugendliche im Alter von 14–16 Jahren auch während der Pandemie gut erreicht werden konnten (Voigt 2020, S. 9), Kinder und Heranwachsende ab 18 Jahren hingegen sehr viel schlechter (ebd.), aber zugleich wurde konstatiert, dass selbst bei einer Ansprache über die jugendtypischen Zugänge per WhatsApp oder Social-Media-Plattformen über 28 Prozent der Kinder und Jugendlichen nicht reagierten (ebd., S. 18). Andererseits weist die Jugend- und Corona-Studie (JuCo) aus, dass durch die digitalen Zugänge in der Coronazeit 18 Prozent neue Nutzer*innen die OKJA in Anspruch nahmen (Andresen et al. 2021, S. 29 f.).

Jugendarbeit konkurriert um die frei verfügbare Zeit von Kindern und Jugendlichen unter anderem mit der Ganztagsschule, der Clique, den Eltern, den Sportvereinen und auch dem Internet, das das Freizeitverhalten der Jugendlichen stark verändert hat. Daher muss auch die Offene Kinder- und Jugendarbeit um ihre Angebote aktiv(er) werben und sich zum Beispiel auf den gängigen Social-Media-Plattformen präsentieren. Dies geschieht in Ansätzen, kann jedoch erheblich ausgebaut werden. Einige Städte und Einrichtungen sind hoch aktiv. Die Jugendförderung in Wolfsburg hat beispielsweise ein Jugendhaus mit dem Schwerpunkt digitale Medien (#dOKJA, digitale Offene Kinder- und Jugendarbeit), das zugleich Multiplikator*innen für Fragen zur Mediennutzung zur Verfügung steht (https://jugendraumgeben.de/). Ein weiteres Beispiel ist das Kinder- und Jugendhaus Immenweg aus Berlin Steglitz. Die Mitarbeiter*innen, insbesondere die Leitung, bringen sich mit vielfältigen Clips in Social-Media-Kanälen ins Gespräch und beziehen die digitalen Medien in die Jugendzentrumsarbeit mit ein. Die Mitarbeiter*innen waren in der Coronazeit besonders aktiv und haben zu Kunst- oder Tanzchallenges bei TikTok und Instagram aufgerufen, Entspannungsvideos eingestellt, Gesprächs- und Austauschrunden sowie Hausaufgabenhilfe digital angeboten. Eine Aktion war der Wettbewerb #VideochatYourOma – #VideochatYourOpa. Jugendliche sollten älteren Menschen die Funktion von Videochats beibringen und ein entsprechendes Video hochladen. Selbstverständlich gehörten auch gemeinsame digitale Spiele, die zum Teil gestreamt wurden, zur Angebotspalette. Die Coronakrise hat zudem dazu geführt, dass die Einrichtung seit 2020 neben YouTube, Facebook und Instagram auch auf TikTok aktiv ist und damit eine große Anzahl an Jugendlichen erreicht. Zum Jugendzentrumsalltag ohne Corona gehört das Erstellen von Filmen mit dem iPad, die Produktion von Musikvideos im Tonstudio, digitale Spiele mit den Jugendlichen oder Workshops, in denen Programmieren gelernt wird (By Team 2021). Damit werden Ansätze deutlich, wie digitale Zugänge zu den Jugendlichen Lebenswelten aussehen können. In der Coronapandemiezeit war das Einbeziehen von Jugendlichen nur begrenzt möglich, die aktive Beteiligung muss jedoch – gerade in der Kinder- und Jugendarbeit – selbstverständlich sein. Die Wünsche, Anliegen und Bedarfe, die Jugendliche einbringen, müssen im Zentrum stehen. Ein Grundsatz der für analoge wie digitale Angebote gilt.

Tipps:

- https://oja-wissen.info ist eine Plattform für Theorie und Praxis der OKJA. Auch digitale Jugendarbeit ist eine dort gelistete Unterrubrik. Unter anderem „bOJA-Leitfaden: Digitale Jugendarbeit" • www.oja-wissen.info/themen-pakete/digitale-jugendarbeit
- Praxistipps, Projektbeispiele, Materialien für die medienpädagogische Praxis (nicht nur) in der Jugendarbeit • www.medienpaedagogik-praxis.de
- Innovative Medienprojekte finden sich zum Beispiel bei Brenner, Gerd (2018): In Medienprojekten aktiv. In: deutsche jugend, H. 5, S. 201–208.
- Digitale wie analoge Beteiligungsmethoden für Fachkräfte der Offenen Kinder- und Jugendarbeit • www.machbarometer.de.
- Empfehlungen zum „Umgang mit Social-Media. Kommunikationsmethoden in der Jugendarbeit" • www.kjr-nuernberger-land.de in der Rubrik ‚Für Jugendleiter*innen und Vereine'.
- Eppler, Gerhard / Bollig, Christian / Fregin, Simon (2019): Digital.Total?! Handreichung zum Umgang mit Social-Media in der Mobilen Jugendarbeit • www.lag-mobil.de/wp-content/uploads/2020/01/digital.total_handreichung_2019l_online.pdf.

d. Anforderungen an die Offene Kinder- und Jugendarbeit

Vom Grundsatz her, ist es sinnvoll den realen wie den digitalen Sozialraum in die Offene Kinder- und Jugendarbeit aktiv einzubeziehen, denn der mediatisierte Sozialisationsraum kann nicht außen vor bleiben, wenn Jugendarbeit anschlussfähig zu den Lebenswelten der Jugendlichen bleiben will und wenn Offene Kinder- und Jugendarbeitsangebote für junge Menschen attraktiv bleiben/werden wollen. Im Detail muss dann geschaut werden, welche Optionen machbar und sinnvoll sind. Dazu sind Fragen zu stellen, diskursiv aufzugreifen und zu klären.

- Will, kann, soll, muss die Offene Kinder- und Jugendarbeit die Raumerweiterung durch das Digitale fortsetzen, quasi nicht nur eine offene Tür bieten, sondern die Jugendlichen aktiv(er) einladen und/oder in ihren Lebensräumen verstärkt aufsuchen – bildlich gesprochen, das Haus der Jugend verlassen und aufsuchende Arbeit (virtuell wie real) verstärken?
- Durch die Coronapandemie ist ein neuer Schritt in die digitalen Räume erfolgt, was die OKJA zur notwendigen Anpassung ihrer Konzepte herausfor-

dert, zugleich ist damit eine kritisch-reflexive Auseinandersetzung mit den Implikationen verbunden.

- Kinder- und Jugendarbeit lebt von der unmittelbaren Präsenz, den Kontakt zu den Kindern und Jugendlichen in ihren Einrichtungen, und baut auf die Prinzipien von Freiwilligkeit im Zugang, Freiheit in der Ausgestaltung und einem hohen Grad an Selbstorganisation. Passt das mit den (digital) aufsuchenden Formen von Jugendarbeit zusammen? Welche Haltung nehmend die Mitarbeitenden ein?
- Das veränderte Mediennutzungs- und Freizeitverhalten kann auch andere Aktivitäten in der Offenen Kinder- und Jugendarbeit be- oder verhindern. Wie können andere Angebote attraktiv bleiben oder attraktiv werden?
- Okkupiert digitale Soziale Arbeit weitere Lebensräume der Jugendlichen oder wird es von jungen Menschen begrüßt, wenn auch in den neuen Sozialisationsräumen die Soziale Arbeit mit Werbe,- Gesprächs- und/oder Freizeitangeboten präsent ist?
- Wie lassen sich Datenschutzaspekte mit dem Anspruch der Lebensweltnähe und der entsprechenden Nutzung von Apps und Social-Media-Plattformen vereinbaren?
- Wie kann verhindert werden, dass die sozialen Ungleichheitsstrukturen sich in digitalen Räumen vorsetzen? Also wie kann es gelingen, dass sich die Türen zu diesen Räumen auch für diejenigen öffnen, die schwer Zugang zu digitalen Formaten finden?
- Auch der Stadt-Land-Aspekt sollte besondere Beachtung finden. Kann digitale Jugendarbeit auf dem Land eine Option sein, räumliche Distanz zu überbrücken und fehlende Einrichtungen vor Ort wenigstens in eingeschränkter Form zu ersetzen?
- Seit Juni 2021 wird im § 11 Abs. 1 SGB VIII explizit gefordert, die Zugänglichkeit und Nutzbarkeit der Angebote der Jugendarbeit auch für Jugendliche mit Behinderungen zu gewährleisten. Können dabei digitale Zugänge und Formate unter inklusiven Erfordernissen hilfreich sein?
- Und wie kann eine Ausbildungs- und Qualifizierungsoffensive für die Fachkräfte aussehen, damit die digitalen Aktivitäten nicht vom Können und dem Interesse einzelner Mitarbeiter*innen abhängig bleiben?

Damit sind einige Fragen benannt, einige Gedanken formuliert, Grenzen und Optionen angedeutet worden – die intensive Befassung mit den Veränderungen durch die Mediatisierung in Bezug auf die OKJA, ist Aufgabe der Jugendhilfeplaner*innen und der Akteure in der Kinder- und Jugendarbeit. Deutlich geworden ist – wie schon zuvor an den Erzieherischen Hilfen und den Onlineberatungsangeboten – dass der Sozialen Arbeit durch die Pandemie ein enormer Schub verpasst wurde, der das Handlungsrepertoire erweitert, zu Denkanstöße geführt und auf Ausstattungs-, Wissens- und Zugangslücken hingewiesen hat (OKJA

2021). Dabei sind die ‚neuen' Medien keineswegs mehr als ‚neu' zu bezeichnen und dementsprechend hätten Veränderungen schon in größerem Ausmaß vor der Pandemie stattfinden können/sollen/müssen. Aber die Krise hat ebenso gezeigt, wozu die Akteure der Sozialen Arbeit grundsätzlich fähig sind und wie flexibel und variantenreich sie agieren können. Die Coronazeit hat Veränderungen bewirkt, die, sofern sie sich als tragfähig erwiesen haben, auch nach dem Ende der Pandemie beizubehalten sind. Es darf nicht sein, dass die Profession den ‚On-Schalter' wieder umlegt, um in alten Bahnen weiter zu agieren. Die Notwendigkeit, sich innovativ zu zeigen, liegt auf der Hand. Es geht aber nicht darum, die Maximen der bis dato geleisteten Arbeit grundsätzlich infrage zu stellen. Für die Offene Kinder- und Jugendarbeit gilt, wie für alle Felder der Sozialen Arbeit, dass die unmittelbare Face-to-Face-Arbeit und Angebote im Realraum mit Jugendlichen nicht ersetzt werden können. Auch die Ansprache der Zielgruppen muss weiterhin auf konventionellen Wegen erfolgen, aber ergänzt werden um digitale Formate. Dies gilt nicht nur für die Jugendhäuser der Offenen Kinder- und Jugendarbeit, sondern ebenso für andere Felder wie die (Jugend-)Verbandsarbeit.

13. Abschlussbemerkungen

Die Profession der Sozialen Arbeit ist durch die digitale Transformation gezwungen, ihr Professionsverständnis zu überprüfen, ihr Professionshandeln zu erweitern und sich den digitalen Herausforderungen für die Organisationen Sozialer Arbeit zu stellen. Ansonsten ist zu befürchten, dass Schillers Aussage „Wer nicht mit der Zeit geht, geht mit der Zeit" zur Realität für viele soziale Arbeitsfelder werden wird. Soziale Arbeit muss mit den Entwicklungen und Veränderungen der Gesellschaft Schritt halten. Es ist in den letzten Jahren in punkto Digitalisierung in der Sozialen Arbeit durchaus Bewegung aufgekommen, allerdings gibt es noch viele brach liegende Potenziale in der Kinder- und Jugendhilfe ebenso wie in anderen Feldern Sozialer Arbeit. Der Nachholbedarf, sowohl die Ausstattung betreffend als auch bei Aus- und Fortbildung, im Zugang und in der Arbeit mit der Klientel oder bezüglich der noch nicht genutzten Optionen, bleibt erheblich.

Es dürfte beim Lesen des Buches auch mehr als deutlich geworden sein, dass auf der fachpraktischen Ebene eine Auseinandersetzung mit den digitalen Welten und ihren positiven wie problematischen Implikationen ebenfalls unumgänglich ist, da die digitalen Veränderungen die Lebenswelten der Menschen beherrschen und sämtliche (!) Handlungsfelder und Handlungsvollzüge der Sozialen Arbeit durchdringen. Junge Menschen sind online, Fachkräfte dürfen nicht offline sein. Es gilt, sich mit den digitalen Welten verstärkt auseinanderzusetzen und Offenheit den digitalen Lebenswelten gegenüber zu zeigen, um dem Anspruch auf Lebensweltnähe zu den (jungen) Menschen gerecht werden zu können.

Tipps:

Wichtige Internetseiten für Fachkräfte und Jugendliche

Neben den im Buch bereits genannten Internetadressen zu spezifischen Themen gibt es darüber hinaus Seiten, die vielfältige allgemeine Informationen zu diversen Themen und zudem oft praktische Tipps und Anregungen enthalten (z. B. Quizze, Erklärvideos, Infografiken, (Unterrichts-)Material, FAQ's, weiterführende Links oder Literaturhinweise). Hilfreich sind auch Glossare/Lexika, die Begriffe erklären. Die meisten Seiten bieten außerdem ein kostenloses Newsletter-Abo an und RSS-Feeds (Abonnement für Websites, die regelmäßig aktualisiert werden). Viele Seiten wenden sich gezielt in einer Extrarubrik an Eltern und/oder Fachkräfte/Lehrer*innen.

- www.fsk.de
- www.gutes-aufwachsen-mit-medien.de
- www.handysektor.de
- www.ins-netz-gehen.info
- www.jugendschutz.net
- www.klicksafe.de
- www.saferinternet.at
- www.schauhin.info.de
- www.sicher-im-netz.de
- www.spieleratgeber-nrw.de
- www.usk.de

Internetseiten für Kinder

- www.blinde-kuh.de
- www.fragfinn.de
- www.internet-abc.de
- www.seitenstark.de
- www.kika.de
- www.flimmo.de
- www.dji (Datenbank ‚Apps für Kinder')

Literatur

ACAJU Studie (2020): Auswirkungen der Covid-19 Pandemie auf die Arbeit in der Kinder- und Jugendhilfe. www.zukunftsozial.de/projekte/acaju-studie (Abfrage: 09.07.2023).

AFET/BVkE/EREV/IGfH (2021): Brennglas Corona – Digitalpakt für die Kinder- und Jugendhilfe (01.06.2021). https://afet-ev.de/assets/themenplattform/Stellungnahme-DigitalPakt-Kinder–und.-Jugendhilfe_final.pdf (Abfrage: 17.07.2023).

AGJ – Arbeitsgemeinschaft für Kinder- und Jugendhilfe (2014): Mit Medien leben und lernen – Medienbildung ist Gegenstand der Kinder- und Jugendhilfe. www.agj.de/positionen (Abfrage: 27.07.2023).

AGJ – Arbeitsgemeinschaft für Kinder- und Jugendhilfe (2022): Transfer-Talks Folge 1: Was bleibt von der Turbo-Digitalisierung? Interview mit Gravelmann, Reinhold vom AFET. Bundesverband für Erziehungshilfe e. V. und Weßel, André von der TH Köln. www.youtube.com/watch?v=CeCfCAuoez8 (Abfrage 30.04.2023).

Albus, Stefanie/Micheel, Heinz-Günter/Polutta, Andreas (2010): Wirkungen im Modellprogramm. In: Albus, Stefanie/Greschke, Heike/Klingler, Birte/Messmer, Heinz/Micheel, Heinz-Günter/Otto, Hans-Uwe/Polutta, Andreas (Hrsg.): Wirkungsorientierte Jugendhilfe. Abschlussbericht des Evaluationsträgers des Bundesmodellprogramms „Qualifizierung der Hilfen zur Erziehung durch wirkungsorientierte Ausgestaltung der Leistungs-, Entgelt- und Qualitätsvereinbarungen nach §§ 78a ff SGB VIII. Münster: Waxmann, S. 105–164.

Alsago, Elke/Meyer, Nikolaus (2023): Zentrale Ergebnisse der Studie „Professionelle Krise nach Corona? Steuerungsbedarf in der Sozialen Arbeit nach der Pandemie (CriCo)“: Beschäftigte an der Belastungsgrenze. www.verdi.de/++file++64183a7eb9a6c7b954be915e/download/20230320_FactSheet_CriCo_final.pdf (Abfrage: 07.04.2023).

Amrhein, Christine (2018): Internetsucht, Handysucht oder Onlinesucht. www.therapie.de/psyche/info/index/diagnose/internetsucht/artikel (Abfrage 27.04.2023).

Andresen, Sabine/Heyer, Lea/Lips, Anna/Rusack, Tanja/Schröer, Wolfgang/Thomas, Severine/Wilmes, Johanna (2021): Das Leben von jungen Menschen in der Coronapandemie. Erfahrungen, Sorgen, Bedarfe. Gütersloh: Bertelsmann Stiftung. www.bertelsmann-stiftung.de/fileadmin/files/Projekte/Familie_und_Bildung/Studie_WB_Das_Leben_von_jungen_Menschen_in_der_Corona-Pandemie_2021.pdf (Abfrage: 27.07.2023).

Angelova, Velyana (2022): Zahl der Gamerinnen und Gamer in Deutschland wächst weiter. www.game.de/zahl-der-gamerinnen-und-gamer-in-deutschland-waechst-weiter (Abfrage: 10.02.2023).

Baacke, Dieter (1996): Medienkompetenz – Begrifflichkeit und sozialer Wandel. In: von Rein, Antje (Hrsg.): Medienkompetenz als Schlüsselbegriff. Bad Heilbrunn: Klinkhardt, S. 112–124.

BAG Jugendsozialarbeit (2021): BAG KJS fordert Bundesprogramm „Digitalisierung in der Jugendsozialarbeit“. www.bagkjs.de/bag-kjs-fordert-bundesprogramm-digitalisierung-in-der-jugendsozialarbeit (Abfrage: 17.07.2023).

BAG Kinder- und Jugendschutz (2012): Generation mobil – Jugendschutz bei Smartphones, Tablets & Co. In: Zeitschrift KJug – Kinder- und Jugendschutz in Wissenschaft und Praxis, H. 4.

BAG Kinder- und Jugendschutz (2014): Exzessive Mediennutzung, Medienabhängigkeit. Dossier, H. 4, BAG-Bundesarbeitsgemeinschaft Kinder und Jugendschutz, S. 1–4.

BAG Kinder- und Jugendschutz (2020): Gaming Disorder und exzessive Mediennutzung. Dossier, H. 2.

BAG OKJE + KV OKJA (2021): „Wir sind da!“ 5 Thesen zur Offenen Kinder- und Jugendarbeit in der Pandemie. www.entschlossen-offen.de/wp-content/uploads/21_01_25-Thesenpapier-OKJA-Corona.pdf (Abfrage 17.07.2023).

Bastian, Pascal / Schrödter, Mark (2019): Risikodiagnostik durch „Big Data Analytics“ im Kinderschutz. In: ARCHIV für Wissenschaft und Praxis der sozialen Arbeit, H. 2, S. 40–49.

Becker, Heidi (2023): Wenn Kinder Kinderpornografie verbreiten: Darauf sollten Eltern achten. www.rnd.de/familie/wenn-kinder-kinderpornografie-verbreiten-was-eltern-ueber-sexting-und-den-internetkonsum-ihrer-Q2SSXPYJPNAO3OIJDKZ6EVOGXQ.html (Abfrage: 10.07.2023).

Behnisch, Michael / Gerner, Carina (2014): Jugendliche Handynutzung in der Heimerziehung und ihre Bedeutung für pädagogisches Handeln. In: unsere jugend, H. 1, S. 2–7.

Belghaus, Nora (2023): „Alles geht zu schnell“. Interview mit Judith Simon. In: TAZ – die Tageszeitung (08.04.2023). https://taz.de/Risiken-von-KI/!5923244 (Abfrage: 27.07.2023).

Bennink, Jasper (2022): Ein virtueller Kampf gegen Zombies. In: Hannoversche Allgemeine Zeitung (08.11.2022), S. 20.

Berger-Nowak, Andrea / Wartenberg, Annika / Meyer, Friedrich-Wilhelm / Schröer, Wolfgang (2020): Qualitätsentwicklung der Jugendarbeit in Niedersachsen im Rahmen der Landesjugendhilfeplanung. Nds. Landesjugendamt. https://soziales.niedersachsen.de/startseite/kinder_jugend_amp_familie/jugend/jugendarbeit/qualitatsentwicklung_in_der_jugendarbeit/qualitaetsentwicklung-der-jugendarbeit-in-niedersachsen-145747.html (Abfrage: 17.07.2023).

Bergt, Svenja (2023): Keine Massenüberwachung. In: Die Tageszeitung (11.05.2023). https://taz.de/EU-Regulierung-fuer-ChatGPT-und-Co/!5933999 (Abfrage: 25.07.2023).

Bettendorf, Selina (2020): Anschluss verzweifelt gesucht. In: Der Tagesspiegel (25.08.2020). www.tagesspiegel.de/politik/warum-die-bundestagsfraktionen-so-wenig-erfolg-auf-social-media-haben-5967451.html (Abfrage: 10.02.2023).

Bild, Christoph (2023): Teilhabe durch Kinderrechte-App „Justy“ (13.03.2023). www.diakonie-rwl.de/themen/hilfen-zur-erziehung/digitalisierung-jugendhilfe-0 (Abfrage: 15.07.2023).

BJK – Bundesjugendkuratorium (2013): Souveränität und Verantwortung in der vernetzten Medienwelt. Anforderungen an eine kinder- und jugendorientierte Netzpolitik. BJK.

BKE – Bundeskonferenz für Erziehungsberatung e. V. (2011): Generation Digital. Neue Medien in der Erziehungsberatung. Eigenverlag. www.bke.de/sites/default/files/medien/dokumente/buecher/1324387610_Generation_digital_Band_19.pdf (Abfrage: 13.07.2023).

bke (2022): Der Chat mit Hund. In: bke-Onlineberatung 2021. www.bke.de/sites/default/files/medien/dokumente/bke_onlineberatung_bericht_2021_online.pdf (Abfrage: 10.02.2023).

Blaich, Henrik (2015): ajs Medienscouts Jugendhilfe – souverän im Netz unterwegs! In: Kinder und Jugendschutz in Wissenschaft und Praxis (KJug), H. 1, S. 8–10.

Blaich, Henrik / Wegner, Lothar (2014): Rechtliche Fragen der Mediennutzung in der Kinder- und Jugendhilfe. Interview. In: AJS-Informationen, Präsidium der Aktion Jugendschutz Landesarbeitsstelle Baden-Württemberg, H. 2. www.ajs-bw.de/media/files/ajs-info/2013/AJS-Informationen_2_2014_Web.pdf (Abfrage: 07.04.2023).

Blumenberg, Franz-Jürgen (1985): Begrüßung und Einleitung. In: Blumenberg, Franz Jürgen / Bozenhardt, Inge/von Kutzschenbach-Braun, Ruth (Hrsg.): Neue elektronische Medien. Gefährdung oder Bereicherung sozialpädagogischen Arbeitens. Wissenschaftliches Institut des Jugendhilfswerks Freiburg e. V./wiJHW-Schriftenreihe, Bd. 2, S. 7–8.

BMFSFJ – Bundesministerium für Familie, Senioren, Frauen und Jugend (2021): Reform des Jugendschutzgesetzes tritt in Kraft. www.bmfsfj.de/bmfsfj/aktuelles/alle-meldungen/reform-des-jugendschutzgesetzes-tritt-in-kraft-161184 (Abfrage: 10.02.2023).

BMFSFJ – Bundesministerium für Familie, Senioren, Frauen und Jugend / BAG Wohlfahrtspflege (2020): Digitale Transformation und gesellschaftlicher Zusammenhalt – Gemeinsame Erklärung von BMFSFJ und BAGFW zur Wohlfahrtspflege in der Digitalen Gesellschaft.

www.bmfsfj.de/resource/blob/161398/c410eb9bb1b2b9ab34716c22c76f6f36/20201022-bagfw-gemeinsame-erklaerung-data.pdf (Abfrage: 10.02.2023).
BMG – Bundesministerium für Gesundheit (2023): Sucht und Drogen (24.02.2023). www.bundesgesundheitsministerium.de/themen/praevention/gesundheitsgefahren/sucht-und-drogen.html (Abfrage: 11.03.2023).
Bojaryn, Jan (2023): Als die Bilder lügen lernten. In: Hannoversche Allgemeine Zeitung (07.02.2023), S. 21.
Borchert, Marret (2022): Wird Instagram irrelevant? In: Hannoversche Allgemeine Zeitung (04.03.2022).
BPtK – Bundespsychotherapeutenkammer (2017): Symposium der BPtK. https://bptk.de/neuigkeiten/internetprogramme-zur-geprueften-leistung-fuer-alle-versicherten-machen (Abfrage: 10.02.2023).
BPtK – Bundespsychotherapeutenkammer (2020): Elternratgeber Internet. Berlin: Bundespsychotherapeutenkammer.
BPtK – Bundespsychotherapeutenkammer (2020a): Videobehandlung. Eine Umfrage zu den Erfahrungen und der Psychotherapeut*innen (05.11.2020). www.bptk.de/wp-content/uploads/2020/11/20201105_BPtK-Studie_Videobehandlung.pdf (Abfrage: 10.02.2023).
Brandes, Ada (2010): Das Monsterspiel. In: Süddeutsche Zeitung (19.05.2010). www.sueddeutsche.de/panorama/super-nanny-das-monsterspiel-1.923743 (Abfrage 30.04.2023).
Brandstädter, Philipp (2023): Hausaufgaben aus der Maschine. In: wochentaz (18.–24.03.2023), S. 25–27.
Breher, Nina (2019): Rezos Abrechnung mit der Politik: „Die Zerstörung der CDU" ist erfolgreichstes YouTube-Video 2019. In: Der Tagesspiegel (05.12.2019). www.tagesspiegel.de/gesellschaft/medien/die-zerstorung-der-cdu-ist-erfolgreichstes-youtube-video-2019-5044720.html (Abfrage: 10.02.2023).
Brenner, Gerd (2018): Medienprojekten aktiv. Handlungsideen für die Kinder- und Jugendarbeit. In: deutsche jugend, H. 5, S. 201–208.
Brock, Johannes (2017): Hybride Streetwork. In: sozialraum.de, H. 1. www.sozialraum.de/hybride-streetwork.php (Abfrage: 25.07.2023).
Brown, Deborah (2022): EU-Parlament verabschiedet bahnbrechende Regeln für Internetplattformen. www.hrw.org/de/news/2022/07/08/eu-parlament-verabschiedet-bahnbrechende-regeln-fuer-internetplattformen (Abfrage: 11.03.2023).
By Team (2021): Wir reden über TikTok. Podcast Episode 04 (23.07.2021). www.digitalejugendarbeit.de/2021/07/podcast-episode-004 (Abfrage: 31.07.2023).
BZgA – Bundeszentrale für gesundheitliche Aufklärung (2020): Neunte Welle der BZgA-Studie „Jugendsexualität". www.forschung.sexualaufklaerung.de/fileadmin/fileadmin-forschung/pdf/ Jugendsexualitaet_9te_Welle/201201_Infoblatt_Jugensexualitaet_9_Welle.pdf (Abfrage 07.04.2023).
BZKJ – Bundeszentrale für Kinder- und Jugendmedienschutz (o. J.): Homepage. www.bzkj.de (Abfrage: 12.09.2023).
Carlos (2023): ChatGPT: Die wichtigsten Statistiken und Daten. https://finantio.de/wissen/chatgpt-statistiken (Abfrage: 07.04.2023).
Ceccio, Larissa (2023): „Apple GPT": Der neue KI-Chatbot des iPhone-Konzerns fordert Konkurrenz heraus. In: Online-Marketing.de https://onlinemarketing.de/technologie/apple-gpt-ki-chatbot (Abfrage: 21.07.2023).
Clegg, Nick (2023): New Features and Additional Transparency Measures as the Digital Services Act Comes Into Effect. In: Meta (22.08.2023). https://about.fb.com/news/2023/08/new-features-and-additional-transparency-measures-as-the-digital-services-act-comes-into-effect (Abfrage: 26.08.2023).
Council of Europe (2019): Leitlinien zur Achtung, zum Schutz und Verwirklichung der Rechte des Kindes im digitalen Umfeld, Empfehlung CM/rec(2018)7 des Ministerkomitees der Mitglieds-

staaten. Stiftung Digitale Chancen (dt. Fassung). https://rm.coe.int/168092dd25 (Abfrage: 30.04.2023).
DAK (2020): Mediensucht 2020 – Gaming und Social Media in Zeiten von Corona. DAK-Gesundheit. www.dak.de/dak/gesundheit/dak-studie-gaming-social-media-und-corona-2295548.html# (Abfrage: 10.03.2023).
DAKJEF – Deutscher Arbeitskreis für Jugend-, Ehe- und Familienberatung (2010): Qualitätsstandards für die psychosoziale und psychologische Beratung im Internet. www.dakjef.de/pdf/Qualitaetsstandards_psychosoziale_psychologische-Beratung_im_Internet.pdf (Abfrage: 10.03.2023).
Dampz, Nils (2023): KI so gefährlich wie Pandemien oder Atomkrieg. In: Tagesschau (30.05.2023). www.tagesschau.de/wirtschaft/technologie/ki-chatgpt-100.html (Abfrage: 30.07.2023).
DBJR – Deutscher Bundesjugendring (2012): ePartizipation. Beteiligung im und mit dem Internet. www.dbjr.de/fileadmin/Positionen/2012/2012-DBJR-Position-vv-85-epartizipation.pdf (Abfrage: 30.04.2023).
DBJR – Deutscher Bundesjugendring (2021): Digitalpakt Kinder- und Jugendarbeit (01.11.2021). www.dbjr.de/artikel/digitalpakt-kinder-und-jugendarbeit (Abfrage: 17.07.2023).
Deutsche Fußballliga (2023): eFootball. www.dfl.de/de/hintergrund/efootball (Abfrage: 04.03.2023).
Deutscher Bundestag (2002): 11. Kinder- und Jugendbericht. Bericht über die Lebenssituation junger Menschen und die Leistungen der Kinder und Jugendhilfe in Deutschland, Drucksache 14/8181. Berlin. www.dji.de/fileadmin/user_upload/bibs/Elfter_Kinder_und_Jugendbericht.pdf (Abfrage: 30.04.2023).
Deutscher Bundestag (2013): 14. Kinder- und Jugendbericht. Bericht über die Lebenssituation junger Menschen und die Leistungen der Kinder und Jugendhilfe in Deutschland, Drucksache 17/12200. Berlin. www.bmfsfj.de/resource/blob/93146/6358c96a697b0c3527195677c61976cd/14-kinder-und-jugendbericht-data.pdf (Abfrage: 30.04.2023).
Deutscher Bundestag (2017): 15. Kinder- und Jugendbericht. Bericht über die Lebenssituation junger Menschen und die Leistungen der Kinder und Jugendhilfe in Deutschland, Drucksache 18/11050. Berlin. www.bmfsfj.de/resource/blob/115438/d7ed644e1b7fac4f9266191459903c62/15-kinder-und-jugendbericht-bundestagsdrucksache-data.pdf (Abfrage: 30.04.2023).
Deutscher Bundestag (2020): 16. Kinder- und Jugendbericht. Förderung demokratischer Bildung im Kindes- und Jugendalter, Drucksache 19/24200. Berlin. www.bmfsfj.de/resource/blob/162232/27ac76c3f5ca10b0e914700ee54060b2/16-kinder-und-jugendbericht-bundestagsdrucksache-data.pdf (Abfrage: 30.04.2023).
Deutscher Caritasverband e. V. (2019): Sozialpolitische Positionen zur Jahreskampagne 2019. sozial braucht digital. Freiburg im Breisgau: Deutscher Caritasverband e. V.
Deutscher Ethikrat (2023): Mensch und Maschine. Herausforderungen durch Künstliche Intelligenz. www.ethikrat.org/fileadmin/Publikationen/Stellungnahmen/deutsch/stellungnahme-mensch-und-maschine.pdf (Abfrage: 07.04.2023).
Deutscher Verein für öffentliche und private Fürsorge e. V. (2022): Fachlexikon Soziale Arbeit. Baden-Baden: Nomos.
DGSVO – Datenschutzgrundverordnung (2023): Art. 8, Bedingungen für die Einwilligung eines Kindes in Bezug auf Dienste der Informationsgesellschaft. https://dsgvo-gesetz.de/art-8-dsgvo (Abfrage: 30.04.2023).
Die Lochies (2013): Durchgehend online. www.youtube.com/watch?v=vK2iIjHze2A (Abfrage: 10.02.2023).
Die Lochies (2023): Biografie. https://dielochis.de/bio (Abfrage:10.02.2023).
Dieball, Heike/Lehmann, Karl-Heinz. M./Stücker, Ulrike (2021): Basiswissen Aufsichtspflicht. Theorie und Praxis der Jugendhilfe. In: EREV, H. 33.

DigiPäd 24/7 (2022): Das Recht junger Menschen auf analog-digitale Teilhabe verwirklichen – Empfehlungen für stationäre Einrichtungen der Kinder- und Jugendhilfe sowie Internate. TH Köln / Universität Hildesheim. https://doi.org/10.18442/211 (Abfrage: 30.04.2023).

DigiPäd 24/7 (2022a): Das Recht junger Menschen auf analog-digitale Teilhabe verwirklichen – Empfehlungen für stationäre Einrichtungen der Kinder- und Jugendhilfe sowie Internate. Ergänzende Rechtsinformationen für Einrichtungsträger. TH Köln / Universität Hildesheim. https://doi.org/10.25528/145 (Abfrage: 30.04.2023).

Doerk, Michael / Huber, Alois / Luginbühl, Monika / Barra, Sebastian, S. / Stade, Peter / Steiner, Olivier / Waldis, Barbara (2022): Soziale Arbeit und Digitalisierung. Eine Positionierung anhand von 6 Thesen. In: unsere jugend, H. 3, S. 102–114.

Domes, Michael (2016): Medienpädagogik in der Kinder- und Jugendhilfe – eine lehrreiche Leerstelle? In: unsere jugend, H. 3, S. 98–107.

Döring, Nicola (2019): Jugendsexualität heute. In: Voß, Heinz-Jürgen / Katzer, Michaela (Hrsg.): Geschlechtliche und sexuelle Selbstbestimmung durch Kunst und Medien. Gießen: Psychosozial, S. 219–244. www.nomos-elibrary.de/10.30820/9783837974560-219/jugendsexualitaet-heute-zwischen-offline-und-online-welten?page=0 (Abfrage: 10.03.2023).

Döring, Nicola (2019a): Sexualaufklärung in digitalen Medien: Der aktuelle Forschungs- und Entwicklungsstand. In: Forum Sexualaufklärung und Familienplanung, H. 1, S. 12–15.

dpa (2023): Tim Berners-Lee fordert mehr Privatsphäre bei KI. In: FR-Frankfurter Rundschau (27.07.2023). www.fr.de/panorama/tim-berners-lee-fordert-mehr-privatsphaere-bei-ki-zr-92426252.html (Abfrage: 28.07.2023).

Eldem, Rea (2017): Bin ich ich im Netz? In: taz am Wochenende (14./15.10.2017), S. 11.

Emmerich, Nadine (2023): „Hausaufgaben sind tot“. In: Erziehung und Wissenschaft, H. 3, S. 26–29.

Engelhardt, Emely M. (2018): Lehrbuch Onlineberatung. Göttingen: V & R.

Engelhardt, Emely M. (2019): Beratung im Zeitalter der digitalen Transformation – zum aktuellen Stand und den zukünftigen Entwicklungen der Onlineberatung. In: Praxisinstitut Systemische Beratung, S. 17–30. www.praxis-institut.de/fileadmin / Redakteure / Sued / Praxis-Dialog/2019_Engelhardt_Onlineberatung.pdf (Abfrage: 10.03.2023).

Engelhardt, Emely M. (2022): Onlineberatung. In: socialnet Lexikon. www.socialnet.de/lexikon/29561 (Abfrage: 10.02.2023).

Erhard, Anne (2018): Digitale Medien in der stationären Jugendhilfe aus der Perspektive einer Careleaverin. In: Forum Erziehungshilfen, H. 3, S. 132–134.

Erz, Michael (2013): Social Media – Chance für soziale Organisationen? Überlegungen zur Nutzung von Social Media in Organisationen sozialer Arbeit. In: Beiträge zur Theorie und Praxis der Jugendhilfe, H. 4.

Fendrich, Sandra / Pothmann, Jens / Tabel, Agathe (2021): Monitor Hilfen zur Erziehung 2021. AKJstat. www.hzemonitor.akjstat.tu-dortmund.de/fileadmin/user_upload/documents / Monitor_Hilfen_zur_Erziehung_2021.pdf (Abfrage 17.07.2023).

Feyer, Jessica / Kochskämper, Dorothee / Müller, Tom / Rusack, Tanja / Schilling, Carina / Schröer, Wolfgang / Tillmann, Angela / Weßel, André / Zinsmeister, Julia (2020): Digitalisierung in der stationären Kinder- und Jugendhilfe – nicht nur in Zeiten der Covid-19-Pandemie. BMBF / TH Köln. https://doi.org/10.18442/145 (Abfrage: 30.04.2023).

Feyer, Jessica / Rusack, Tanja / Schilling, Carina / Schröer, Wolfgang / Tillmann, Angela / Weßel, André / Zinsmeister, Julia / Johannsen, Dorthe (2022): Das Recht junger Menschen auf analog-digitale Teilhabe verwirklichen – Empfehlungen für stationäre Einrichtungen der Kinder- und Jugendhilfe sowie Internate. BMBF / TH Köln. https://doi.org/10.25528/145 (Abfrage: 30.04.2023).

Fichtner, Ullrich (2015): Abnabelung. In: Der Spiegel, H. 9, S. 54.

Flaake, Karin (2020): Körpergestaltungen, Körperpräsentationen und Körperinszenierungen junger Frauen und Männer. In: deutsche jugend, H. 12, S. 513–522.

Fuchs, Thorsten (2023): Der Hochrisikofilm. In: Hannoversche Allgemeine Zeitung (08.03.2023), S. 28.

Fuchs, Thorsten (2023a): Deutschlands heimlicher KI-Star. In: Hannoversche Allgemeine Zeitung (18.03.2023), S. 3.

Furtner, Sandra Barbara (2023): „Wird bei jedem Ansehen witziger“: Video von stalkender Nachbarskatze sorgt für Begeisterung. www.landtiere.de/katzen/viral-italien-kommentare-katze-blick-anstarren-verhalten-video-tiktok-katzensprache-91933977.html. (Abfrage: 04.03.2023).

Garkisch, Michael (2017): Digitalisierung@Soziale Arbeit. In: Blätter der Wohlfahrtspflege, H. 5, S. 177–180.

Gebel, Christa / Lampert, Claudia / Brüggen, Niels / Dreyer, Stephan / Lauber, Achim / Thiel, Kira (2022): Jugendmedienschutzindex 2022. Der Umgang mit online bezogenen Risiken. Ergebnisse der Befragung von Kindern, Jugendlichen und Eltern. FSM – Freiwillige Selbstkontrolle Multimedia-Diensteanbieter e. V. www.fsm.de/files/2023/01/fsm_jmsindex_2022_barrierefrei.pdf (Abfrage: 30.04.2023).

Genius (2023): Durchgehend online. Lyrics. https://genius.com/Die-lochis-durchgehend-online-lyrics (Abfrage: 10.02.2023).

Gernert, Johannes (2010): Generation Porno: Jugend, Sex, Internet. Köln: Fackelträger.

Gnambs, Timo / Senkbeil, Martin (2023): Wie entwickeln sich ICT-Kompetenzen im Jugendalter? In: NEPS-Forschung kompakt, H. 1. www.lifbi.de / Portals/2 / Transferberichte / NEPS_Forschung-kompakt_01_ICT-Kompetenzen.pdf (Abfrage: 21.07.2023).

Goege, Hartmut (2012): Die Anfänge des Privatfernsehens. In: Deutschlandfunk. www.deutschlandfunk.de/die-anfaenge-des-privatfernsehens-100.html (Abfrage: 27.04.2023).

Götz, Alina (2020): „Auch per Video kann es intensiv werden“. In: TAZ-Nord, S. 43. https://taz.de/Psychotherapeutin-ueber-den-Lockdown/!5692754 (Abfrage: 17.04.2023).

Götz, Karla (2018): Ahnungslose Facebook-Nutzer: Umfrage belegt Unkenntnis über Verarbeitung persönlicher Daten.

Gravelmann, Reinhold (2016): Social-Media-Guidelines in Einrichtungen der Kinder- und Jugendhilfe. In: Dialog Erziehungshilfe, H. 3, S. 21–23.

Gravelmann, Reinhold (2016a): Entwicklung von Social-Media-Guidelines – Anregungen für die Praxis. In: Dialog Erziehungshilfe, H. 4, S. 44–48.

Gravelmann, Reinhold (2020): Dialogpartner Technik?! Digitale Welten treffen auf reale Welten. Welche Konsequenzen ergeben sich für die Kinder- und Jugendhilfe. In: Herz, Birgit / Hoyer, Jan / Liesebach, Jochen (Hrsg.): Brennpunkt Erziehungshilfe. Dialogpartner Technik? Bad Heilbrunn: Julius Klinkhardt, S. 81–92.

Gravelmann, Reinhold (2021): Selbstfindung in der schönen neuen Welt. In: Thema Jugend. Zeitschrift für Jugendschutz und Erziehung, H. 1, S. 17–20. www.thema-jugend.de/fileadmin/redakteurinnen/archiv23 / THEMA_JUGEND / TJ_1_2021_WEB.pdf (Abfrage: 10.04.2023).

Gravelmann, Reinhold (2022): Coronakrise als Beschleunigungsmomentum für Veränderungsprozesse. In: Dialog Erziehungshilfe, H. 1, S. 33–37.

Gravelmann, Reinhold (2022a): Jugend in der Krise. Die Pandemie und ihre Auswirkungen. Weinheim / Basel: Beltz Juventa.

Gravelmann, Reinhold (2023): Herausfordernde Zeiten – Zwischen gesellschaftlichen Transformationsanforderungen und pragmatischem Alltagshandeln. In: Dialog Erziehungshilfe, H. 1, S. 7–9.

Grimm, Imre (2021): Ist ihnen das Alter lieber als die Jugend, Reinhold Beckmann? Interview. In: Hannoversche Allgemeine Zeitung/„Sonntag“ (13.03.2021), S. 3.

Grimm, Imre (2022): Alexa, was weißt du über mich? In: Hannoversche Allgemeine Zeitung (26./27.02.2022), S. 1.

Güthlein, Michael (2023): Die Achtsamkeit der Wikinger. In: Chrismon, H. 1 https://chrismon.evangelisch.de/artikel/2023/53443/wie-sich-computerspiele-auf-die-psyche-auswirken (Abfrage: 27.07.2023).

Hafenegger, Benno (2019): Erziehung durch Arbeit und Gemeinschaft. In: Reinhardt, Marion / Umbach, Bernd (Hrsg.): Von Altlasten und Neuanfängen. Die ersten Jahrzehnte des Internationalen Bundes. Schwalbach am Taunus: Wochenschau, S. 15–36.
Hagemann, Tim (2017): Informationen, Daten, Wissen. In: Blätter der Wohlfahrtspflege. Digitalisierung, H. 5, S. 166–168.
Hagen, Björn (2019): Editorial. In: Graf, Klaus / Hagen, Björn (Hrsg.): Theorie und Praxis der Jugendhilfe H. 27, S. 6–8.
Hajok, Daniel (2016): Jugendsexualität und digitale Medien: Chancen, Risiken, Prävention. In: Jugendhilfe, H. 3, S. 139–147.
Hajok, Daniel (2019): Herausforderungen für die Kinder- Jugend- und Erziehungshilfen: pädagogische Fachkräfte im Spannungsfeld digitaler Medien. In: analog – digital – virtuell, S. 36–61.
Hajok, Daniel (2023): Sexuelle Gewalt im Netz: Erfahrungen junger Menschen und Handlungsbedarfe. In: Evangelische Jugend, H. 1, S. 27–34.
Hamburger, Franz (2010): Medialisierung der Alltagswelt. In: Sozialmagazin, H. 7–8, S. 21–25.
Hartmann, Corinna (2021): „Psychotherapie per Video wirkt ähnlich gut wie Therapie vor Ort". Interview mit Baumeister, Harald. In: Spektrum.de. www.spektrum.de/news/fernbehandlung-psychotherapie-per-video-wirkt-aehnlich-gut-wie-vor-ort/1816145 (Abfrage: 17.04.2023).
Haselberger, Jasmin (2022): Die Top 20 Gaming-YouTuber 2022. https://blogde.influence4you.com/die-top-20-gaming-youtuber-2022 (Abfrage: 10.02.2023).
Haußmann, Leander (2019): Computerspiele: Erzähl mir, was du spielst. In: Zeit Wissen, H, 3 (16.04.2019).
Heinitz, Stefan (2020): Digitale Transformation im Kinderschutz? In: unsere jugend, H. 11–12, S. 464–468.
Hellerling, Peer (2022): Zocken, schlafen, zocken. In: Hannoversche Allgemeine Zeitung (16.12.2022), S. 21.
Henning, Gina (2023): Traumjob Influencer. In: Hannoversche Allgemeine Zeitung (06.04.2023), S. 24.
Hepp, Lea Sophie (o. J.): Esport. www.game.de/esport (Abfrage: 30.07.2023).
Hillebrand, Ingrid (2016): Medienpädagogische Elternarbeit in einer mediatisierten Gesellschaft. Dossier 2 der BAG Kinder- und Jugendschutz.
Hiller, Selina und diverse Co-Autor*innen: (2023): Gemeinsam gestalten?! Wie junge Menschen, Praxis und Wissenschaft bei der Entwicklung einer Smartphone-App zusammenfinden. In: unsere jugend, H. 2, S. 77–91.
Hoffmann, Dagmar / Reißmann, Wolfgang (2014): Jugend und Sexualität. Überlegungen zur Sozialisation in On- und Offlinewelten. In: deutsche jugend, H. 12, S. 513–520.
Hundenborn, Alexander / Sussenburger, Martina (2018): Digitalisierung in der Kinder- und Jugendhilfe. Nicht nur eine technische Herausforderung. In: unsere Jugend, H. 6, S. 260–266.
Hüther, Jürgen / Podehl, Bernd (2005): Geschichte der Medienpädagogik. In: Hüther, Jürgen / Schorb, Bernd (Hrsg.): Grundbegriffe Medienpädagogik, 4. Auflage. München: kopaed, S. 116–127.
Hyperbole-TV (2020): Frag eine Depressive. www.youtube.com/watch?v=63eyoUe-2uE (Abfrage: 05.08.2023).
Hyperbole-TV (2020a): Frag einen Schizophrenen. www.youtube.com/watch?v=oplVbrFHDB4 (Abfrage: 05.08.2023).
Hyperbole-TV (2023): Über uns. www.hyperbole.de/ueber-uns (Abfrage: 05.08.2023).
influence me (o. J.): Die 5 erfolgreichsten Sinnfluencer. https://influenceme.de/die-5-erfolgreichsten-sinnfluencer (Abfrage: 10.02.2023).
Initiative Keine Bildung ohne Medien (2015): Initiative „Keine Bildung ohne Medien" fordert!: Grundbildung Medien für alle pädagogischen Fachkräfte. In: KJug – Kinder- und Jugendschutz in Wissenschaft und Praxis, H. 1, S. 28–29.

Initiative Keine Bildung ohne Medien (2014): Grundbildung Medien für alle Fachkräfte. www.keine-bildung-ohne-medien.de/wp-content/uploads/2014/11/Position_Grundbildung_KBoM.pdf (Abfrage: 07.04.2023).

Internet-abc e. V. (2022): YouTube Nr. 1: Ryan, 8 Jahre. www.internet-abc.de/kinder/hobby-freizeit/neues-uebers-netz/archiv/april-juni-2019/youtube-star-nr-1-ryan-8-jahre (Abfrage: 17.07.2023).

Ivw – Informationsgemeinschaft zur Feststellung der Verbreitung von Werbeträgern e. V. (2023): Titelanzeige Bravo. www.ivw.de (Abfrage: 10.02.2023).

Jakobs, Benjamin (2022): Der deutsche Games-Markt legt 2021 um 17 Prozent zu und setzt 9,8 Milliarden Euro um. www.eurogamer.de/der-deutsche-games-markt-legt-2021-um-17-prozent-zu-und-setzt-98-milliarden-euro-um (Abfrage: 10.02.2023).

Jebe, Frank/Konietzko, Sebastian/Lichtschlag, Margrit/Liebau, Eckart (2019): Jugend/YouTube/Kulturelle Bildung. Horizont 2019. Rat für Kulturelle Bildung e. V. www.bosch-stiftung.de/sites/default/files/publications/pdf/2019-06/Studie_Jugend%20Youtube%20Kulturelle%20Bildung%202019.pdf (Abfrage: 05.08.2023).

JFMK – Jugend- und Familienministerkonferenz (2015): Beschluss am 21./22.05.2015, Top 7.1. https://jfmk.de/wp-content/uploads/2019/01/Protokoll-JFMK-2015-mit-Anlagen-EXTERN.pdf (Abfrage: 10.02.2023).

JFMK – Jugend- und Familienministerkonferenz (2018): Jugendmedienschutz: Bund-Länder-Eckpunktepapier „Kinder- und Jugendmedienschutz als Aufgabe der Jugendpolitik" TOP 7.1. https://jfmk.de/wp-content/uploads/2018/12/a-JFMK-03._04.-Mai-2018_Protokoll-mit-Anlagen.pdf (Abfrage: 10.02.2023).

Jud, Andreas/Kindler, Heinz (2019): Übersicht Forschungsstand sexualisierte Gewalt an Kindern und Jugendlichen im deutschsprachigen Raum. Expertise. https://beauftragte-missbrauch.de/fileadmin/user_upload/Materialien/Publikationen/Expertisen_und_Studien/200917_UBSKM_Expertise_V4.pdf (Abfrage: 07.04.2023).

Jugendschutz.net (2023): BeReal – Neues soziales Netzwerk mit bekannten Risiken (14.07.2023). www.jugendschutz.net/themen/social-media/artikel/bereal-neues-soziales-netzwerk-mit-bekannten-risiken (Abfrage: 17.07.2023).

Jung, Björn-Christian (2019): Jugendhilfe im Zeitalter von Smartphones und Social Media. Diakonisches Werk Rheinland-Westfalen-Lippe e. V. – Diakonie RWL. Evangelischer Fachverband für Erzieherische Hilfen RWL. www.diakonie-rwl.de/sites/default/files/aktuelles/diakonie-handreichung-jugendhilfe-neue-medien-web.pdf (Abfrage: 30.04.2023).

Jung, Dorothea/Sutara, Christine (2022): bke-Onlineberatung 2021. www.bke.de/sites/default/files/medien/dokumente/bke_onlineberatung_bericht_2021_online.pdf (Abfrage: 10.02.2023).

Kammerl, Rudolf (2013): Exkurs: Exzessive Mediennutzung. In: BMFSFJ – Bundesministerium für Familie, Senioren, Frauen und Jugend (Hrsg.): Medienkompetenzförderung für Kinder und Jugendliche. Eine Bestandsaufnahme. BMFSFJ, S. 65–70.

Kazaz, Sharon Maja (2023): Was ist TikTok? Die Trend-App im Überblick. https://medienkompass.de/tiktok-trend-app-bei-jugendlichen (Abfrage: 31.07.2023)

Kernchen, Tanja (2021): Möglichkeiten und Grenzen des Einsatzes intelligenter Systeme für jugendrichterliche Entscheidungen. In: ZJJ – Zeitschrift für Jugendkriminalrecht und Jugendhilfe, H. 2, S. 108–116.

Kinder- und Jugendhilfe Landesrat Brandenburg (2021): Positionspapier zur Bereitstellung digitaler Medien für junge Menschen in (teil)stationären Angeboten der Hilfen zur Erziehung. Soziale Teilhabe sichern und Bildungsbenachteiligung verhindern! https://kjlr-brandenburg.de/files (Abfrage: 09.07.2023).

KJLR – Kinder- und Jugendhilfe Landesrat Brandenburg (2021): Positionspapier zur Bereitstellung digitaler Medien für junge Menschen in (teil)stationären Angeboten der Hilfen zur

Erziehung. Soziale Teilhabe sichern und Bildungsbenachteiligung verhindern! https://kjlr-brandenburg.de/files/Positionspapier_Digitalisierung_KJLR_2021.pdf (Abfrage: 30.04.2023).
KJS – Kooperationsverbund Jugendsozialarbeit (2021): Digitale Teilhabe in der Jugendsozialarbeit fördern (23.09.2021). https://jugendsozialarbeit.de/wp-content/uploads/2021/09/Zwischenruf_-Forderung-digitaler-Teilhabe_-092021.pdf (Abfrage: 17.07.2023).
Klein, Alexandra (2012): Beratung im Internet: Befunde und Perspektiven. In: KJug – Kinder- und Jugendschutz in Wissenschaft und Praxis, H. 2, S. 35–41.
Klein, Martin (2019): WhatsApp und das Datenschutzdilemma. In: Jugendsozialarbeit aktuell, H. 181, S. 1–4.
Klemm, Britta (2021): Befragungen zu den wirtschaftlichen Auswirkungen der Corona-Pandemie auf das Sozial- und Gesundheitswesen. Studie der Bank für Sozialwirtschaft.
Klicksafe (2022): Challenges – ein Social-Media-Phänomen (11.10.2022). www.klicksafe.de/challenges (Abfrage: 04.03.2023).
Klicksafe (2022a): Desinformation und Meinung. www.klicksafe.de/desinformation-und-meinung/fake-news (Abfrage: 04.03.2023).
Klicksafe (2023): Instagram ab 13, WhatsApp ab 16 und YouTube ab 18? (27.06.2023) www.klicksafe.de/news/instagram-ab-13-whatsapp-ab-16-youtube-ab-18 (Abfrage: 31.07.2023).
Klicksafe (2023a): Influencer. Wichtige Vorbilder oder schlechter Einfluss? (23.01.2023) www.klicksafe.de/influencer (Abfrage: 04.03.2023).
Kochskämper, Dorothee (2020): Das (An)Erkennen digitaler Möglichkeiten durch Corona. Aktuelle Entwicklungen der stationären Erziehungshilfe. https://nbn-resolving.org/urn:nbn:de:gbv:hil2-opus4-11240 (Abfrage: 04.03.2023).
Koenigsdorf, Simon (2019): China: Gesetz soll Zeit von Kindern in Onlinespielen begrenzen. In: Heise online News, H. 11. www.heise.de/newsticker/meldung/China-Gesetz-soll-Zeit-von-Kindern-in-Onlinespielen-begrenzen-4580227.html (Abfrage: 10.03.2023).
Kolbe, Simon/Tersteegen, Mel-David/Rueß, Hanna (2021): Digitale Jugendarbeit als Zukunftsstrategie. In: unsere jugend, H. 11, S. 465–473.
Kolsquare (2022): Die Top 10 Influencer in Deutschland in 2022. www.kolsquare.com/de/blog/top-10-influencer-in-deutschland (Abfrage: 10.02.2023).
König, Maximilian (2023): TikTok unter Verdacht. In: Hannoversche Allgemeine Zeitung (03.02.2023), S. 2–3.
Krauss, Sabrina (2020): Cybermobbing – Unterschätztes Phänomen oder Hysterie der Digitalisierungsverweigerer? In: Evangelische Jugend, H. 3, S. 179–186.
Kreidenweis, Helmut (2017): Soziale Arbeit im digitalen Wandel. In: Blätter der Wohlfahrtspflege, Digitalisierung, H. 5, S. 163–165.
Kreidenweis, Helmut (2019): Digitalisierung sozialer Dienstleistungen. In: Jugendhilfe, H. 3, S. 235–240.
Kreidenweis, Helmut (2021): Haltung entwickeln! Ethische Reflexion zur Digitalisierung sozialer Organisationen. In: Evangelische Jugendhilfe, H. 1, S. 4–7.
Kreidenweis, Helmut/Halfar, Bernd (2012): Die Roboter kommen. In: Sozialwirtschaft, H. 2, S. 7–11.
Kruse, Bonnie (2020): Influencer-Verdienst: So viel verdienen die Top-Influencer in Deutschland. In: Cosmopolitan. www.cosmopolitan.de/influencer-verdienst-91096.html (Abfrage: 10.02.2023).
Kutscher, Nadja (2013) Die neue Macht der Medien. In: DJI-Impulse, H. 1, S. 29–31.
Kutscher, Nadja (2014): Virtuelle soziale Netzwerke als Herausforderung für eine mediatisierte Kinder- und Jugendhilfe. In: AJS-Informationen, Präsidium der Aktion Jugendschutz Landesarbeitsstelle Baden-Württemberg, H. 2, S. 4–9.
Kutscher, Nadja (2019): Algorithmen und ihre Implikationen für Soziale Arbeit. In: Sozialmagazin, H. 3–4, S. 26–35.

Kutscher, Nadja (2020): Digitalisierung in der Kinder- und Jugendhilfe. In: JAmt, H. 7–8, S. 346–350.

Kutscher, Nadja (2021): Digitalisierung in der Kinder- und Jugendhilfe: künstliche Intelligenz, Roboter und Virtual Reality. In: Forum Jugendhilfe, H. 2, S. 20–27.

Lage, Klaus (1984): 1000 und eine Nacht. (Zoom!). www.klauslage.de/texte_detail.php5?song=1001 (Abfrage: 09.07.2023).

Landesanstalt für Medien NRW (2021/2022): Kinder und Jugendliche als Opfer von Cybergrooming. Zentrale Ergebnisse der 1. und 2. Befragungswelle 2021/2022. LfM. www.medienanstalt-nrw.de/fileadmin/user_upload/NeueWebsite_0120/Medienorientierung/Cybergrooming/211216_Cybergrooming-Zahlen_Praesentation_LFMNRW.pdf (Abfrage: 09.07.2023).

Landesheimrat Bayern (2020): Für eine Anbindung aller Einrichtungen der stationären Kinder- und Jugendhilfe an digitale Infrastruktur/WLAN – Teilhabe ermöglichen! Positionspapier vom 20.05.2020. #ohne WLAN geht es nicht. www.landesheimrat.bayern.de/imperia/md/images/stmas/landesheimrat/20200604_lhr_positionspapier_wlan_ljha.pdf (Abfrage: 30.04.2023).

Längsfeld, Linda/Schweinsberg, Sabine (2021): Digitaler Wandel in den Hilfen zur Erziehung. Arbeitshilfe. Paritäter NRW. www.paritaet-nrw.org/fileadmin/EigeneDateien/05-service/publikationen/broschueren/digitaler-wandel-in-den-hilfen-zur-erziehung_paritaet-nrw.pdf (Abfrage: 21.07.2023).

Larch, Florian (2023): In 70 Jahren: Die Evolution des eSports zum Milliardenmarkt (08.02.2023). www.ispo.com/sports-business/esport-geschichte-wie-alles-begann (Abfrage: 04.03.2023).

Lehmann, Robert (2020): Die Professionalisierung der Onlineberatung. In: BZgA-Forum Sexualaufklärung und Familienplanung, H. 2, S. 3–5.

Liermann, Renato (2015): Jungen und ihre Körperkonzepte in der Leistungsgesellschaft. In: deutsche jugend, H. 9, S. 374–382.

Lill, Felix (2023): Auf die schlichte Tour. In: Hannoversche Allgemeine Zeitung (28.04.2023), S. 28.

Lindau, Jan (2019): Fortnite: Vom Videospiel zum sozialen Massenphänomen. In: tn3 digital pionieers. https://t3n.de/magazin/fortnite-248132 (Abfrage: 10.03.2023).

Litschko, Konrad (2022): Fehlender Zugriff. In: Tageszeitung/TAZ (14.12.2022), S. 7.

Lobe, Adrian (2023): Geschichten von morgen. In: taz zwei, S. 13.

Lohmeyer, L. (2023): Marktdurchschnittspreis für einen Beitrag von Influencern auf Instagram weltweit 2022. https://de.statista.com/statistik/daten/studie/1119636/umfrage/influencer-einkommen-pro-post (Abfrage: 31.07.2023).

Lorenz, Stephan (2019): Virtuelle Gespräche über Gott und die Welt. In: Loccumer Pelikan, H. 1, S. 67–72.

Lossau, Norbert (2019): Kann Facebook Suizide verhindern? In: Welt (13.02.2019). www.welt.de/gesundheit/article188741417/Facebook-Algorithmen-mit-KI-erkennen-Suizid-Gefahr.html (Abfrage: 07.04.2023).

Maciej, Martin (2023): TikTok KI-Chatbot: So funktioniert Tako (26.05.2023). www.giga.de/tipp/tiktok-ki-chatbot-so-funktioniert-tako (Abfrage: 08.07.2023).

Macsenaere, Michael/Feist-Ortmanns, Monika (2021): Stimmt es eigentlich … dass Partizipation zu Recht eine solch große Bedeutung zukommt? https://ikj-mainz.de/wp-content/uploads/sites/3/2021/02/nachgehakt_01_2021.pdf (Abfrage: 30.04.2023).

Macsenaere, Michael/Feist-Ortmanns, Monika (2022): Viel Partizipation bringt viel. www.caritas.de/content/viel-partizipation-bringt-viel/2173134 (Abfrage: 30.04.2023).

Maier-Suska, Diana (2019): Verunsicherung und Widerstände im digitalen Gestaltungsprozess. In: Graf, Klaus/Hagen, Björn (Hrsg.): Digitalen Wandel gestalten. Theorie und Praxis der Jugendhilfe, H. 27, S 50–52.

Maier-Suska, Diana (2019a): Warum Projektmanagement bei der Umsetzung digitaler Projekte wichtig ist. In: Graf, Klaus/Hagen, Björn (Hrsg.):Digitalen Wandel gestalten. Theorie und Praxis der Jugendhilfe, H. 27, S. 44–49.

Mairhofer, Andreas / Peucker, Christian / Pluto, Liane/van Santen, Eric (2023): Digitale Kommunikation sozialer Dienste mit Jugendlichen in Zeiten der Corona-Pandemie. In: Forum Erziehungshilfen, H. 1, S. 53–58.

Mann, Franz (2022): Die gamescom ist zurück: Hunderttausende vor Ort und Millionen weltweit feiern gemeinsam Games. https://presskm.koelnmesse.net/pm/0480/complete_pm_0480_2022_21_DE.pdf (Abfrage: 10.02.2023).

Mannweiler, Antonia (2023): Was kann ChatGPT? In: www.Tagesschau.de (13.01.2023). www.tagesschau.de/wirtschaft/technologie/chatgpt-microsoft-ki-texte-101.html (Abfrage: 10.02.2023).

Martyniuk, Urszula (2013): Sexuelle Erfahrungen von Jugendlichen im Web 2.0. In: Matthiesen, Silja (Hrsg.): Jugendsexualität im Internetzeitalter. Bundeszentrale für gesundheitliche Aufklärung. https://shop.bzga.de/pdf/13300037.pdf (Abfrage: 10.03.2023).

Matthies, Annemarie / Tetens, Jacob / Wahren, Juliane (2023): Zwischen Arbeitserleichterung und De-Professionalisierungsgefahr. Perspektiven auf Stand und Auswirkungen der Digitalisierung in Einrichtungen der Sozialen Arbeit. In: Sozial Extra, H. 3. https://link.springer.com/content/pdf/10.1007/s12054-023-00588-2.pdf?pdf=core (Abfrage: 09.07.2023).

Maur, Sabine (2017): „Wir brauchen Lösungen für verschlüsselte Kommunikation". In: BPtK-Dialog. Bundespsychotherapeutenkammer, H. 1, S. 3.

Maur, Sabine (2021): Meine Meinung zur videobasierten Psychotherapie. www.kbv.de/html/26956.php#content52319 (Abfrage: 07.04.2023).

Maurer, Daniel / Rehfeld, Steffi / Kiefer, Florian (2021): E-Sport und Gemeinschaft. In: Kinder- und Jugendschutz in Wissenschaft und Praxis (KJuG), H. 3, S. 95–101.

Meineck, Sebastian (2022): Porno-Deepfakes per Knopfdruck. https://netzpolitik.org/2022/millionenfach-installierte-apps-porno-deepfakes-per-knopfdruck (Abfrage: 07.04.2023).

Milmo, Dan (2022): Risky online behaviour ‚almost normalised' among young people, says study. In: The Guardian (05.12.2022). www.theguardian.com/technology/2022/dec/05/risky-online-behaviour-almost-normalised-among-young-people-says-study (Abfrage: 30.04.2023).

Mingels, Guido (2019): Früher war alles schlechter Nr. 173: Bekämpfte Innovationen. In: Der Spiegel, H. 18, S. 38.

Moll, Diana (2022): Wegen TikTok-Trend: Ozempic und Co. sind keine Lifestyle-Arzneimittel! In: Deutsche Apotheker Zeitung/daz-online. www.deutsche-apotheker-zeitung.de/news/artikel/2022/11/07/wegen-TikTok-Trend-ozempic-und-co-sind-keine-lifestyle-arzneimittel (Abfrage: 17.07.2023).

Möller, Kurt (2011): Alles Porno, oder was? In: deutsche jugend, H. 4, S. 159–169.

MPFS – Medienpädagogischer Forschungsverbund Südwest (1998): JIM 1998. Jugend-Information-(Multi-)Media. www.mpfs.de/fileadmin/files/Studien/JIM/1998/JIM_Studie_1998.pdf (Abfrage: 10.02.2023).

MPFS – Medienpädagogischer Forschungsverbund Südwest (2000): JIM 2000. Jugend-Information-(Multi-)Media. www.mpfs.de/fileadmin/files/Studien/JIM/2000/JIM_Studie_2000.pdf (Abfrage: 10.02.2023).

MPFS – Medienpädagogischer Forschungsverbund Südwest (2005): JIM 2005. Jugend – Information – (Multi-)Media. www.mpfs.de/fileadmin/files/Studien/JIM/2005/JIM_Studie_2005.pdf (Abfrage: 10.02.2023).

MPFS – Medienpädagogischer Forschungsverbund Südwest (2020): KIM-Studie 2020. Kindheit, Internet, Medien. www.mpfs.de/fileadmin/files/Studien/KIM/2020/KIM-Studie2020_WEB_final.pdf (Abfrage: 10.02.2023).

MPFS – Medienpädagogischer Forschungsverbund Südwest (2021): JIM-Studie 2021. Jugend-Information-Medien. www.mpfs.de/fileadmin/files/Studien/JIM/2021/JIM-Studie_2021_barrierefrei.pdf (Abfrage: 10.02.2023).

MPFS – Medienpädagogischer Forschungsverbund Südwest (2021): JIM-Studie 2022. Jugend-Information-Medien. www.mpfs.de/fileadmin/files/Studien/JIM/2022/JIM_2022_Web_final.pdf (Abfrage: 10.02.2023).

MPFS – Medienpädagogischer Forschungsverbund Südwest (2022): JIM 2022. Jugend – Information – Medien. www.mpfs.de/fileadmin/files/Studien/JIM/2022/JIM_2022_Web_final.pdf (Abfrage: 10.02.2023).

Muhshoff, Mirko (2013): Dein Spiel. Dein Leben. Gewinnerclip. www.youtube.com/watch?v=WP-Bua7Zw39M (Abfrage: 10.02.2023).

Muuß-Merholz, Jöran (2013): Von Computerspielen lernen. In: E & W. Erziehung und Bildung, H. 12, S. 2. www.gew.de/fileadmin/media/publikationen/hv/Zeitschriften/Erziehung_und_Wissenschaft/2013/EW_12_2013_Computerspiele.pdf (Abfrage: 10.02.2023).

Naudiet, Silke (2017): Onlineberatung. In: Deutscher Verein für öffentliche und private Fürsorge e. V. (Hrsg.): Fachlexikon der sozialen Arbeit. Baden-Baden: Nomos.

Nebel, Steve (2022): Digitale Lernspiele. www.bpb.de/themen/kultur/digitale-spiele/504574/digitale-lernspiele (Abfrage: 05.08.2023).

Ngo (2022): Massenhaft Schlösser zerstört – Video auf Tik-Tok als Ursache?. In: Kölner Rundschau (23.03.2022). www.rundschau-online.de/koeln/kvb-in-sorge-massenhaft-schloesser-zerstoert-video-auf-tik-tok-als-ursache-144176 (Abfrage: 04.03.2023).

Nikles, Bruno W./Roll, Sigmar (2015): Felix Austria? In: Kinder- und Jugendschutz in Wissenschaft und Praxis (KJug), H. 1, S. 16–20.

O'Gieblyn, Meghan (2022): Wann ist ein Hund ein Hund? In: TAZ am Wochenende, S. 28–30.

Oljaca, Jelena/Reule, Christine (2017): Niedrigschwellige Anlaufstelle. In: bke-Jahresbericht 2017, S. 21–24. www.bke.de/sites/default/files/migrated/virtuelle-beratungsstelle/2018/online-projektbericht-2017-web.pdf (Abfrage: 10.02.2023).

Orwell, George (1949): Neunzehnhundertvierundachtzig. Zürich: Diogenes.

Paar, Elisabeth (2021): Künstliche Intelligenz im Rahmen der Beurteilung der strafrechtlichen Schuldfähigkeit Jugendlicher – Grundrechtliche Überlegungen aus deutscher und österreichischer Perspektive. In: ZJJ – Zeitschrift für Jugendkriminalrecht und Jugendhilfe, H. 2, S. 117–125.

Paersch, Jan (2023): Ein Leben in Acryl. In: Hinz & Kunzt, H. 360, S. 36–41.

Paritätischer Gesamtverband (2023): Veranstaltungsreihe zu Künstlicher Intelligenz. In: Newsletter (12.04.2023).

Parship (2022): Lasst und Dating auf ein neues Level bringen – mit Parship. Videoclip. www.youtube.com/watch?v=0YYm2n3PG8I&list=PL72F6AC1D3D2C6334&index=1 (Abfrage: 07.04.2023).

Paulsen, Nina (2018): Jeder Fünfte folgt Online-Stars in sozialen Netzwerken. Bitkom-Studie (16.03.2018). www.bitkom.org/Presse/Presseinformation/Jeder-Fuenfte-folgt-Online-Stars-in-sozialen-Netzwerken.html (Abfrage: 10.02.2023).

Paulsen, Nina (2022): Die Hälfte folgt Influencerinnen und Influencern in sozialen Medien. Pressemitteilung 05.05.2022. Bitkom-Studie. www.bitkom.org/Presse/Presseinformation/Haelfte-folgt-Influencern (Abfrage: 10.02.2023).

Peker, Emre (2021): Wer ist Rezo? Alle Infos über den YouTuber. https://praxistipps.chip.de/wer-ist-rezo-alle-infos-ueber-den-youtuber_111358 (Abfrage: 10.02.2023).

Pförtner, Thomas (2022): Medien und Digitalisierung: Schritte der partizipativen Konzeptentwicklung. In: Evangelische Jugendhilfe, H. 4, o. S.

Plafky, Christina/Kratz, Norbert/Kuck, André/Frischhut, Hans (2022): KI-basierte Entscheidungsunterstützung in der Praxis Sozialer Arbeit. In: unsere jugend, H. 3, S. 115–121.

Pöhls, Uwe (2020): Wikipedia – das Weltwissen. (Noch) alternativlos, aber frauenfeindlich und selektiv. In: Blog der Republik. www.blog-der-republik.de/wikipedia-das-weltwissen-noch-alternativlos-aber-frauenfeindlich-und-selektiv (Abfrage: 07.03.2023).

Postman, Neil (1985): Wir amüsieren uns zu Tode. Frankfurt am Main: Fischer.

Potor, Marinela (2021): Woher hat Instagram eigentlich seinen Namen? www.basicthinking.de/blog/2021/12/31/instagram-name-bedeutung (Abfrage: 17.07.2023).

Prigge, Marcel (2023): Bard – Alles rund um den neuen Chatbot von Google. www.ingame.de/guides/bard-google-ai-ki-chatgpt-chatbot-chat-fehler-weltraum-dall-e-92085400.html (Abfrage: 25.07.2023).

Pryce, Jonathan Daniel (2019): Traumjob? 86 Prozent der jungen AmerikanerInnen wollen InfluencerIn werden. www.vogue.de/lifestyle/artikel/traumjob-influencer (Abfrage: 10.02.2023).

Raabe, Maren (2020): Deutschland zum besten Esport-Standort machen. Positionspapier. Game-Verband der Deutschen Games-Branche. www.game.de/wp-content/uploads/2020/06/2020-06-30-Esport-Positionspapier.pdf (Abfrage: 17.07.2023).

Reindl, Richard (2012): Qualitätskriterien für Online-Beratung. In: Kinder- und Jugendschutz in Wissenschaft und Praxis, H. 2., S. 42–46.

Reuter, Markus (2017): Schnüffelpuppe „my friend Cayla" in Deutschland verboten. https://netzpolitik.org/2017/schnueffelpuppe-my-friend-cayla-in-deutschland-verboten/

Rüth, Frauke (2023): Was ziehen Avatare an? In: Hannoversche Allgemeine Zeitung. Stilfragen (25.02.2023).

Rybin, Irina (2023): Mehr Transparenz und erweitertes Schutzziel: USK zieht positive Bilanz zu neuen Prüfregeln bei digitalen Spielen. Presseerklärung 04.07.2023. https://usk.de/usk-pressemitteilung-erste-bilanz-neue-pruefregeln (Abfrage: 17.07.2023).

Schau hin (2023): Instagram – einfach erklärt. www.schau-hin.info/grundlagen/instagram-einfach-erklaert (Abfrage: 17.07.2023).

Schau hin (2023a): TikTok. Das steckt hinter der Trend-App. www.schau-hin.info/grundlagen/tiktok-das-steckt-hinter-der-trend-app (Abfrage: 17.07.2023).

Schau hin (2023b): Snapchat – einfach erklärt. www.schau-hin.info/grundlagen/snapchat-einfach-erklaert (Abfrage: 17.07.2023).

Schau hin (2023c): Künstliche Intelligenz bei Snapchat: My AI (04.05.2023). www.schau-hin.info/news/kuenstliche-intelligenz-bei-snapchat-my-ai (Abfrage: 17.07.2023).

Schmidt, Gunter (2013): Was machen Jungen mit Pornografie? Bundeszentrale für gesundheitliche Aufklärung, S. 171–197. https://shop.bzga.de/pdf/13300037.pdf (Abfrage: 10.03.2023).

Schmidt, Kai (2022): Nicht-Special. Lehrerschmidt sagt danke (04.12.2022). www.youtube.com/watch?v=S-n1yc4QpxQ (Abfrage: 10.03.2023).

Schröer, Wolfgang / Struck, Norbert / Wolff, Mechtild (Hrsg.) (2002): Handbuch Kinder- und Jugendhilfe. Weinheim / München: Juventa.

Schughart, Anna (2021): „Man wird die Identität von Menschen kapern". Interview mit Nina Schick. In: Hannoversche Allgemeine Zeitung (23.08.2023), S. 22.

Schulze, Sven (2022): Künstliche Intelligenz – Warum sollte sie nur von Autobauern genutzt werden? In: unsere jugend, H. 3, S. 130–132.

Schwarz, Bianca (2023): Zahl der Straftaten in Deutschland gestiegen. In: Tagesschau (30.03.2023). www.tagesschau.de/inland/straftaten-deutschland-kriminalstistik-101.html (Abfrage: 07.04.2023).

Schwarzer, Matthias (2021): Das Comeback des Quadrats. In: Hannoversche Allgemeine Zeitung (13.07.2021).

Sievers, Christian (2023): Erstes heute-journal-Interview mit KI (30.04.2023).

Spitzer, Manfred (2012): Digitale Demenz. Wie wir uns und unsere Kinder um den Verstand bringen. München: Droemer.

Statista (2023): Entwicklung der verkauften Auflage der Tageszeitungen in Deutschland in ausgewählten Jahren von 1991 bis 2022 (in Millionen Exemplaren) (24.02.2023). https://de.statista.com/statistik/daten/studie/72084/umfrage/verkaufte-auflage-von-tageszeitungen-in-deutschland (Abfrage: 29.04.2023).

Statistisches Bundesamt (2022): 210.000 junge Menschen wuchsen 2021 in Heimen oder Pflegefamilien auf. Pressemitteilung Nr. 454 vom 27. Oktober 2022. www.destatis.de / DE / Presse / Pressemitteilungen/2022/10 / PD22_454_225.html (Abfrage: 30.04.2023).

Steiner, Olivier / Heeg, Rahel / Schmid, Magdalene / Luginbühl, Monika (2017): MEKiS. Studie zur Medienkompetenz in stationären Einrichtungen der Jugendhilfe. Hochschule für Soziale Arbeit, Berufs-, Fach- und Fortbildungsschule Bern sowie Curaviva Schweiz.

Sussenburger, Martina (2018): Digitale Transformation der Erziehungshilfe – Vom Konzept zur Umsetzung. In: Dialog Erziehungshilfe, H. 4, S. 23–25.

Tabel, Agathe / Fendrich, Sandra / Frangen, Valentin (2022): Hilfen zur Erziehung 2021. Blick auf die Entwicklung im zweiten Coronajahr. www.akjstat.tu-dortmund.de/fileadmin/user_upload/Kurzanalyse_HzE_2021_AKJStat.pdf (Abfrage: 30.04.2023).

Technische Hochschule Würzburg-Schweinfurt (2023): Schwache vs. Starke KI. https://ki.thws.de/thematik/starke-vs-schwache-ki-eine-definition (Abfrage 07.04.2023).

Theiß Laura / Schäfer, Dorothee (2016): „Was darf sein? Was darf nicht sein?“ – Zum intrapersonellen Zwiespalt im Umgang mit Sexualität in der stationären Kinder- und Jugendhilfe. In: Evangelische Jugend, H. 3, S. 148–154.

Thomasius, Rainer (2021): Mediensucht während der Corona-Pandemie. www.dak.de/dak/download/praesentation-2508260.pdf (Abfrage: 10.02.2023).

Tillmann, Angela (2017): Jugend ermöglichen – in einer digital-vernetzten Welt. In: KjuG – Kinder- und Jugendschutz in Wissenschaft und Praxis, H. 3, S. 93–99.

Tillmann, Angela (2018): Erziehungshilfen im Kontext der Digitalisierung: Herausforderungen und Aufgaben. In: Forum Erziehungshilfen, H. 3, S. 135–140.

Tondorf, Uli (2021): MeKo-Tandems – ein Medien-Projekt für die stationäre Jugendhilfe. In: KJug – Kinder- und Jugendschutz in Wissenschaft und Praxis, H. 1, S. 12–15.

USK (2022): In-Game-Käufe, Chats und Lootboxen: USK erweitert Prüfkriterien. Pressemitteilung 14.12.2022. https://usk.de/usk-pressemitteilung-umsetzung-neues-jugendschutzgesetz (Abfrage: 10.02.2023).

Van Egmond-Fröhlich, Andreas / Mößle, Thomas / Ahrens-Eipper, Sabine / Schmid-Ott, Gerhard / Hüllinghorst, Rolf / Warschburger, Petra (2007): Übermässiger Medienkonsum von Kindern und Jugendlichen: Risiken für Psyche und Körper. In: Deutsches Ärzteblatt, H. 10, S. 480. www.aerzteblatt.de/archiv/57182/Uebermaessiger-Medienkonsum-von-Kindern-und-Jugendlichen-Risiken-fuer-Psyche-und-Koerper (Abfrage: 10.03.2023).

Viactiv (2020): Digital zu Diensten. In: Viactiv-Kundenzeitung, Ausgabe Winter.

Virtual Humans (o. J.): Virtual Influencers. www.virtualhumans.org/#influencers (11.09.2023).

Voigts, Gunda (2020): Gestalten in Krisenzeiten: „Der Lockdown ist kein Knock-Down!“ www.haw-hamburg.de/fileadmin/Bilder-zentral/News-Presse-Veranstaltungen/2020/PDF/OKJA_in_Corona-Zeiten__Erste_Forschungsergebnisse_1.07.2020__finale_Fassung.pdf (17.07.2023).

Völkel, Petra (2017): Spiel. In: Lexikon der Sozialen Arbeit. 8. Auflage. Deutscher Verein für öffentliche und private Fürsorge e. V. Baden-Baden: Nomos, S. 860 f.

von Bremen, Marie (2017): Den ganzen Tag nichts anderes. In: taz. (29.12.2017). https://taz.de/Endlich-18–Plaedoyer-fuer-das-Smartphone/!5470609 (Abfrage: 10.02.2023).

von der Brelie, Kira (2023): Geht's noch? In: Hannoversche Allgemeine Zeitung (04./05.03.2023).

von Gottberg, Hans-Joachim (2015): Fragen an Prof. Joachim von Gottberg. In: KJug – Kinder- und Jugendschutz in Wissenschaft und Praxis, H. 1, S. 21.

von Notz, Konstantin / Rößner, Tabea (2013): Safer Internet Day legt Versäumnisse der Bundesregierung offen. www.tabea-roessner.de/2013/02/04/safer-internet-day-legt-versaumnisse-der-bundesregierung-offen (Abfrage: 29.01.2023).

von Sydow, Elisabeth (2020): Die Lochis: Karriere, Familie und Vermögen der Zwillingsbrüder. https://praxistipps.focus.de/die-lochis-karriere-familie-und-vermoegen-der-zwillingsbrueder_122230 (Abfrage: 10.02.2023).

Wächter, Franziska (2017): Jugend. In: Fachlexikon der sozialen Arbeit. 8. Auflage. Deutscher Verein für öffentliche und private Fürsorge e. V. S. 459–460.

Wächter, Natalia / Hollauf, Isabella (2018): Soziale Herausforderungen und Entwicklungsaufgaben im Medienalltag jugendlicher Videospieler/innen. In: deutsche jugend, H. 5, S. 218–226.

Wagner, Ulrike / Eggert, Susanne / Schubert, Gisela (2016): mOfAM – Mobile Medien in der Familie. Langfassung der Studie.

Wampfler, Philippe (2014): Generation „Social Media". Wie digitale Kommunikation Leben, Beziehungen und Lernen Jugendlicher verändert. Göttingen: V & R.

Wank, Regina (2023): EU nimmt Facebook und Co. an die Leine. In: Hannoversche Allgemeine Zeitung (25.08.2023), S. 9.

Warras, Jörg (2010): Soziale Arbeit im Internet – Chancen und Grenzen des Mediums in der Praxis. In: unsere jugend, H. 3. S. 98–105.

Wiechmann, Jan Christoph (2023): „Alle Jobs werden sich verändern". Interview mit Socher, Richard. In: Capital H. 4, S. 34.

Wilke, Tobias (2023): Kinderpornografische Inhalte Cyberkriminologe. Thomas-Gabriel Rüdiger im Interview. In: MDR Sachsen (31.03.2023). www.mdr.de/nachrichten/sachsen/interview-kriminologe-jugendliche-straftaten-100.html (Abfrage: 20.04.2023).

Woellert, Lutz (2015): Generation Game – Reden wir endlich über Spiele. Bremen: Kompetenzzentrum Kultur und Kreativwirtschaft des Bundes, Initiative Kultur- & Kreativwirtschaft der Bundesregierung/u-institut für unternehmerisches Denken und Handeln e. V. www.stiftung-digitale-spielekultur.de/generation-game-reden-wir-endlich-ueber-spiele (Abfrage: 10.02.2023).

ZDF (2022): Deutsche Post stellt Dienst ein: Das Ende des Telegramms. In: ZDF-heute (29.12.2022). www.zdf.de/nachrichten/wirtschaft/telegramm-ende-deutsche-post-100.html (Abfrage: 21.01.2023).

ZDF (2023): Experten warnen vor Vernichtung. In: Heute journal (31.05.2023). www.zdf.de/nachrichten/panorama/ki-gefahr-menschheit-risiko-vernichtung-100.html (Abfrage: 25.07.2023).

Zelada, Sebastian (2018): Fortnite: Battle Royale – Eine Milliarde US-Dollar Umsatz nur durch Ingame-Käufe. www.gamestar.de/artikel/fortnite-battle-royale-eine-milliarde-us-dollar-umsatz-nur-durch-ingame-kaeufe,3332529.html (Abfrage: 10.03.2023).

Ziethen, Peggy (2015): Liebe Leserin, lieber Leser. In: KJug – Kinder- und Jugendschutz in Wissenschaft und Praxis, H. 2, S. 33.

Eike Rösch
Jugendarbeit in einem mediatisierten Umfeld
Impulse für ein theoretisches Konzept
2019, 172 Seiten, broschiert
ISBN: 978-3-7799-3943-6
Auch als E-BOOK erhältlich

In der Jugendarbeit besteht kein Zweifel, dass es angesichts der Mediatisierung der jugendlichen Lebenswelt veränderte Angebote braucht, um Heranwachsende in ihrer Sozialisation entsprechend zu begleiten. Allerdings sind in der Breite nur geringe Veränderungen in der Praxis von Jugendarbeit auszumachen. Jugendarbeit kann sich aber »von innen heraus« entwickeln und so eine Basis für die Integration von Medien in die Arbeit legen. Mit dem in diesem Band entwickelten theoretischen Konzept werden sorgfältig und gut lesbar zahlreiche Perspektiven miteinander verknüpft. Es bietet damit Orientierung und konkrete Anknüpfungspunkte für die pädagogische Praxis.

www.beltz.de
Beltz Juventa · Werderstraße 10 · 69469 Weinheim